古代歷史文化研究輯刊

五 編

王明蓀 主編

第 14 冊

金初漢族士人的政治參與

陳昭揚 著

國家圖書館出版品預行編目資料

金初漢族士人的政治參與／陳昭揚 著 — 初版 — 新北市：花
木蘭文化出版社，2011〔民100〕
序 2+ 目 2+178 面；19×26 公分
（古代歷史文化研究輯刊 五編；第 14 冊）
ISBN：978-986-254-427-3（精裝）
1. 政治參與　2. 漢族　3. 金史
618　　　　　　　　　　　　　　　　　　　　100000585

ISBN-978-986-254-427-3

9 789862 544273

古代歷史文化研究輯刊
五　編　第十四冊　　　　　　　　ISBN：978-986-254-427-3

金初漢族士人的政治參與

作　　者　陳昭揚
主　　編　王明蓀
總 編 輯　杜潔祥
印　　刷　普羅文化出版廣告事業
出　　版　花木蘭文化出版社
發 行 所　花木蘭文化出版社
發 行 人　高小娟
聯絡地址　新北市永和區中正路五九五號七樓之三
　　　　　電話：02-2923-1455／傳眞：02-2923-1452
電子信箱　sut81518@gmail.com
初　　版　2011 年 3 月
定　　價　五編 32 冊（精裝）新台幣 56,000 元

金初漢族士人的政治參與

陳昭揚　著

作者簡介

陳昭揚，台灣台南人，1972 年出生，中興大學歷史學系碩士，清華大學歷史研究所博士，現任國立台灣師範大學歷史學系助理教授。研究領域為金史，主要關懷課題為士人活動與政治制度。

提　要

　　十二世紀初，以完顏部為首的氏族聯盟在完顏阿骨打的領導下，在統一了原先各自為政的女真族落後，隨即以不及掩耳之勢南下滅遼破宋，建立此後金朝在淮河以北百餘年的統治。為求擴大政權規模並鞏固其生存基礎，此時金朝不斷吸納各族各類的人才，而漢族士人正是金朝極力爭取的對象之一。是以有關漢族士人與金朝如何在政治面向中結合的探討，可說是金初歷史研究的重要課題。本書主要探討金代太祖至熙宗年間，漢族進士進入金朝的背景與過程，以及入金之後的相關政治活動。書中以金初兩大漢族士人群體 —— 遼系與宋系漢族士人為主體，分別論述了其入金歷程與入金後的參政行為及態度，同時也分析了當時遼、宋、金三國的待士政策與國際情勢的變動對這兩大漢族士人群體入金參政的影響。

自 序

第一章 緒 論 ………………………………………………… 1

第二章 遼系漢族士人的入金 ………………………… 7

　　第一節 宋金間的抉擇 ……………………………… 7

　　第二節 金朝的遼系漢士引用政策 ……………… 21

第三章 宋系漢族士人的入金 ………………………… 31

　　第一節 宋士與金朝的初次接觸 ………………… 31

　　第二節 齊國的建立對宋士的影響 ……………… 44

　　第三節 齊廢之後——金朝與宋士關係的再建立 … 51

第四章 漢族士人入金後的政治活動 ……………… 65

　　第一節 遼系漢族士人入金後的政治作為 …… 65

　　第二節 宋士的參政的挫折 ……………………… 79

　　第三節 漢族士人參政的合理化 ………………… 92

第五章 結 論 ……………………………………………… 107

附 表 ………………………………………………………… 113

　　表一 遼系漢人入金過程一覽表 ………………… 113

　　表二 宋系漢士入金經過一覽表 ………………… 117

　　表三 宋系漢士仕齊經過一覽表 ………………… 122

　　表四 金初宋朝遣金使者一覽表（太祖至海陵王時
　　　　　期）……………………………………………… 124

　　表五 金初金朝遣宋使者一覽表（太祖至海陵王時
　　　　　期）……………………………………………… 131

　　表六 金初金朝遣宋使者族屬表（太祖至海陵王時
　　　　　期）……………………………………………… 136

　　表七 金初科舉年表（太宗至海陵王年間）……… 137

　　表八 金初進士榜（太宗至海陵王時期）………… 139

徵引書目 …………………………………………………… 143

附錄 金代漢族士人的地域分布——以政治參與
　　　　為中心的考察 …………………………………… 147

自 序

　　本書原爲筆者就讀於中興大學歷史學研究所的碩士論文。文中主要以漢族士人爲主角，觀察他們在遼、宋、金三國角力下的出處進退之道。當年選題之際，學界雖多遼、宋、金之際的研究成果，不過以士人爲主體的研究尚少，也罕見探討漢族士人對於當下時局的思考，及此一思考與其政治行爲的關係，這便是本文最初欲以漢族士人爲觀察重點的原因之一。進而本文的最初設定不但欲以漢族士人爲主角，更有意將這批亂世的漂流者還原爲常人。所謂之「還原爲常人」，簡單而言，便是試著落實闡述這些士人的成就與當代時局的互動歷程，將他們的活動均視爲各式環境的牽動所致。也許是這種設定，加上相較於一般的漢人王朝時期，這批漢族士人在此時的活動空間也確實受到極大的壓縮，由今所見，本文對於人物的描述基調竟是頗爲黯沈，總見強調這批士人的無力與無奈，他們雖然曾有積極改造未來的意圖，但是時勢流轉卻將他們最終的抉擇與作爲逼入一處他們主觀想法上無意也不願的處境當中。現在看來，這種看法應是低估了這批漢族士人對當時局勢的影響力道與自身的主動性，畢竟即便個別士人確實頗難與大環境抗衡，但是士人群體對於社會、政治、文化等各類議題上的共識與努力，卻也使他們完成了遠超過自身當下期望的歷史成就。

　　除了解決研究者自身的好奇外，研究成果也須提供學界助益，因此除了透過論述抒發研究者對於關注主題的懷想外，論述的價值也須以能否補充學界之不足，或是能否糾改過去誤解爲衡量標準。由於這篇論文是筆者的初習之作，無論是分析或敘述均屬見青澀，重新瀏覽，所謂助益云云，實深感惶恐。不過本文處理的幾個課題，仍有部分至今尚爲學界未見深論之處，尤其

是關於齊國立廢對宋士入金的影響，目前似僅有外山軍治〈金朝的華北統治與傀儡國家〉曾論，如此則或仍有刊行價值。同時，本文也有部分論述需要修正與補充，例如遼系漢族士人政治力量的衰退，本文承襲當時學界說法而以田穀黨禍爲其大舉退出金朝政壇的轉折時間點，但是目前所見，恐怕直至世宗朝結束爲止，遼系漢士仍然能與宋系士人勉強抗衡，對此筆者後於〈金代漢族士人的地域分佈——以政治參與爲中心的考察〉一文曾有辨明。另外又如金初科舉的興辦詳情與作用，本文所論甚簡，對此筆者後於博士論文《征服王朝下的士人——金代漢族士人的政治、社會、文化論析》中亦有補充分析。

　　本文的完成，受到指導教授王明蓀老師極大的鼓勵與指導，亦在論文口試時獲趙振績與蕭啓慶兩位老師的糾謬提點。不過也必須坦承，當時諸位師長所揭示的問題，至今仍有不少猶爲筆者所努力思考而未能利用此次出版機會全面修訂改寫，也因此本書所論當有許多仍值商榷之處，此還望讀者諒察並賜教指正。

陳昭揚　序於 2010 年冬

第一章　緒　論

　　十二世紀初，以完顏部為首的氏族聯盟在完顏阿骨打的領導下，藉由其父祖數代經營的根基，統一了原先各自為政的女真族落。西元 1114 年（遼天慶四年）九月，由於不堪遼朝的賦役需索，完顏阿骨打帶領著女真族人正式挑戰遼朝，進而於 1115 年正月稱帝，國號「金」，隨即以破竹之勢南下滅遼破宋，建立金朝此後在淮河以北百餘年的統治。在這兵馬倥傯、戰火四起的時代，金朝不斷地吸納各族各類的人才，以期擴大政權規模並鞏固其生存基礎。此時，漢族士人正是金朝極力爭取的對象之一。是以有關漢族士人與金朝如何在政治面向中產生結合關係的探討，可說是研究金初歷史發展的重要課題。

　　對於此一結合，我們至少需要從兩個觀察點切入思考。首先，金朝究竟是透過哪些政策來吸引，或強迫漢族士人加入。漢族士人的存在本外於女真政權，金初所要引用的漢族士人全是來自遼朝與宋朝，而遼朝與宋朝此刻卻是金朝的敵國，如何從敵國陣營吸收這批漢族士人，抑或是在攻下遼宋舊地之後，如何「馴服」這些新附地區的漢族士人，對金朝而言正是項重要而又未曾面對過的任務。關於這段時期金朝引用遼、宋漢士的政策，無疑是金朝能夠在燕雲及華北地區站穩腳步的重要關鍵。

　　第二個問題是漢族士人參與金朝的過程為何，期間是否存在著「階段性」發展，這個問題包括了漢族士人如何加入金朝政權，以及漢族士人內在認同與外在活動之間的落差與調和。對漢族士人而言，入金仕宦並非僅是異地仕宦，在由異朝入仕金朝的過程中，他們除了必須適應不同的政治體制外，還需要重新調整政治認同的對象。尤其是對由宋入金的漢士而言，這種適應與調整過程是一種艱苦的折磨，而對這種折磨的反思也將是我們今日回首理解

當時漢族士人心靈活動的重要關鍵。

　　透過這兩個角度的觀察，我們才有把握探討此時漢族士人與金朝關係的建立，其中發展的意義所在。由於以往的學界研究未見能夠全面檢討此一課題，對此進行整理與分析便爲研究金初歷史一項亟待處理的工作。過去的中國歷史研究中，相對於其他朝代，金代的研究頗爲稀少，遑論金初種種。進而就已有學界成果所見，金初歷史多半是以宋金關係與女眞部族的社會習俗作爲討論主軸。當然也有部份成果已經涉及本文即將要探討的內容，以下將對此簡單整理。

　　目前的金史研究多存在於臺灣、中國、美國、日本等四地，如果單就整體金朝漢族士人的政治活動來觀察，則研究成果多出現於中國與美國。在中國方面，有關金初漢族士人與金朝之間互動的研究，較值得注意的有何俊哲〈論十二世紀初年燕京地區官僚豪強在宋、遼、金角逐中的作用〉、都興智〈金初女眞人與遼宋儒士〉、宋德金〈金代女眞的漢化、封建化與漢族士人的歷史作用〉等三篇。其中何文詳細整理了十二世紀初遼系漢族士人與當時歷史局勢演變的互動，指出遼系漢士於遼、宋、金三國交鋒期間具有關鍵性的作用。〔註1〕都氏一文則以金朝對遼宋漢士的政策作爲討論主軸，說明金朝爭取漢士加入的過程。〔註2〕宋文是針對漢族士人在女眞民族漢化及封建化的過程中所扮演的角色討論，探討層面較廣，論述時間則含金朝全期。〔註3〕除上述直接相關於本文討論的三文外，尚有不少間接涉及本文探討重點的成果，如金初政治制度、宋金關係的探討等，唯此論述眾多，便不多贅言介紹。

　　美國漢學界中，金代漢族士人的政治思考是近年頗爲熱門的研究領域，已有不少學者參與，而 Peter K. Bol（包弼德）爲代表。在此領域中，美國漢學家多半是從比較宋遼、金、元士人活動的角度觀察金代漢族士人活動的特殊性。所論頗爲宏觀，也提供我們進一步細察此一課題的基礎。進而美國學界的討論，具體成果乃以華裔學人，尤其是陳學霖與陶晉生兩位先生的貢獻較大。陳學霖之成就在於說明了漢族士人是如何幫助金朝建構其統治思想的

〔註1〕 何俊哲〈論十二世紀初年燕京地區官僚豪強在宋、遼、金角逐中的作用〉，《遼金史論集》第 5 輯（北京：文津出版社，1991 年），頁 255～269。

〔註2〕 都興智〈金初女眞人與遼宋儒士〉，《遼寧師範大學學報（社科版）》1991 年 6 期，頁 70～75。

〔註3〕 宋德金〈金代女眞的漢化、封建化與漢族士人的歷史作用〉，《宋遼金史論叢》第 2 輯（北京：中華書局，1991 年），頁 315～325。

架構，尤其是「正統論」的討論，代表著作有 *Legitimation in Imperial China: Discussions under Jurchen-Chin Dynasty*。陶晉生則更不待言，自〈金代的政治結構〉、〈金代的政治衝突〉至其博士論文 *The Jurchen in Twelfth-Century: A Study in Sinicization*（之後陶氏又加以補充，並譯成中文在國內出版，即《女眞史論》）與後來的幾篇論文中，陶氏以多年研究建立了金朝政治運作模式的討論架構。於〈金代的中國知識分子〉一文中，陶氏更是全面揭示了金朝漢族士人的活動基調。

　　不過整體而言，目前學界對於金初漢族士人的政治活動仍有不足，但因此時之漢士活動乃爲後來漢士與金朝關係建立的奠基期，於是強化此一課題的觀察或有必要。在此動機上，以下將試著探討金初漢族士人的政治參與。在討論前，在此先設定本文所要論述的範圍。第一、全文的討論時間將置於金初時期，即自收國元年（1115 年）金太祖建國起，至皇統九年（1149 年）熙宗被殺之間的 35 年間。以此時爲討論重點的主要原因，乃是此時正爲第一代入金的漢族士人活躍於金朝政壇的時刻。相較於未曾出仕「異朝」的第二代漢士，第一代漢士均是來自遼、宋等曾經或正在與金敵對的政權，大部份都有出仕「異朝」、「敵國」的經歷。雖然一般學者，尤其是文學研究者，多將「金初時期」斷限至正隆六年（1161 年）海陵王被殺爲止。〔註 4〕但因本文所處理的對象，即第一代漢族士人，至海陵王時期多已凋零，而此時政壇上較有影響力的漢族士人如蔡松年、胡礪等人，其政治生涯多爲入金之後才得開展，嚴格說來已經不屬標準的第一代漢士，所以本文遂放棄一般學界合論熙宗海陵王時期的習慣，僅以 1149 年以前的漢士活動爲主要論述重點。不過如有必要，亦會略論海陵王時期的漢士活動。第二，討論人物主要將是女眞統治階層與漢族士人。進而爲免議題蔓衍過廣，本文僅論出仕金朝的漢族士人，至於因拒仕金朝而隱逸不出，甚至組織義軍抗金的漢族士人，則待來日再論。第三，觀察焦點將置於兩方面，一是理解金朝政府漢族士人政策的制訂及實施過程對漢族士人加入金朝的影響，二是注意金朝漢族士人在加入金朝的前後，其政治認同與從政態度上的變化。

〔註 4〕　研究金代文學史的學者爲研究方便，多將金朝歷史分爲初期、中期、晚期等三期做討論。中晚期之斷限雖然各家多有爭議，但初期將之界定於正隆六年爲止則是一般的公論。參見胡幼峰《金詩研究》（台北：嘉新水泥公司文化基金會，1978 年）第三章第二節〈金詩的分期〉中的論述，其中可見如許文玉、蘇雪林等學者均如是主張。另外詹杭倫雖將金朝文學發展分爲五期，但第一期亦止於正隆末年，見氏著《金代文學史》（台北：貫雅文化，1993 年）〈引文〉，頁 5。

　　進一步，我們也有必要檢討金初「漢族士人」的身份界定。首先，爲了資料處理上的方便，本文所謂「士人」的定義將盡量寬鬆，原因主要是此時的史料並無法提供我們對當時出現的各式人物進行嚴格的身份判定。對此，本文將借引何冠彪《生與死：明季士大夫的抉擇》一書對「士大夫」的界定，書中作者認爲「士大夫」乃指「一切已出仕和未出仕的讀書人」。〔註5〕於是我們便不強求此人必爲某科登第才算「士人」，更不以其言行舉止是否合乎中國傳統對士人的界定才將之列入討論。〔註6〕在此僅以該人具有「詩文背景」，即在史料中曾經出現有詩文之創作、論著之傳世、或學習經籍典禮等記載，便認定該人具備士人身分。經由這項界定，我們才能整理出足夠的資料釐清在此亂世之際，這群曾經接受傳統中國知識訓練的「讀書人」是如何面對他們這段時期的經歷。

　　再者，漢族身份之界定亦爲一項困難的工作。這牽涉到兩個問題，第一是這批士人的血統狀況究竟是否能讓他們被稱爲是「漢族士人」，第二是這批士人本身是否意識到自己是漢族士人。這兩個問題，尤其在我們思考遼系漢族士人的國家認同時實難以避免。然而要討論有關漢族身份的認定也是件相當吃力的事，直至今日，這類問題的認定與思考，不僅是歷史學者，也是社會人類學家一項極大的挑戰。〔註7〕但因資料過少，我們只能暫且擱置遼系漢族士人對於自我族屬認知的全面分析，而僅在相關記錄已能提供局部觀察的情形下簡單的討論。至於宋系漢士，由於他們與過去的士人均呈現著相同的政治思考模式，且在所見資料中，宋系漢士也似乎並未懷疑自己的族群取向，

〔註5〕 此項定義引自何冠彪《生與死：明季士大夫的抉擇》（台北：聯經出版事業公司，1997年），頁2～3。該書所論乃是明末（1628至1662年）士大夫的殉國情形及明清時期士大夫對於上述殉國者的意見，書中何氏便具體指出所謂「已出仕和未出仕的讀書人」，「前者包括各級在任、停職及致仕等官員；後者包括已取得進士銜而仍未授職的士人、其他具有科舉頭銜的士人（如舉人、生員）、國子監和地方庠序的學生，以及一般布衣之士。」

〔註6〕 如么書儀在《元代文人心態》（北京：文化藝術出版社，1993年）中，便以「具有專門的『知識』，並且以某種知識技能作爲自己的專業和謀生手段的人」、「這些人還應該表現爲在某程度上關懷著社會理想，以及自身基本價值的實現」等兩項條件界定他所認知的「文人」。（見書前「幾點說明」頁1～2）其中第二項可說是界定文人或士人相當嚴格的條件。由於金初漢士活動記載的漏簡，難以確認當時人物是否眞爲「某種程度上關懷著社會理想」，故本文不擬採此觀點。

〔註7〕 社會人類學的討論，關於「中國人」、「漢人」的概念界定，詳參王明珂《華夏邊緣》（台北：允晨文化，1997年）。

其身份似少可議之處。於是關於「漢族士人」的身份界定，本文均以過去研究爲基礎，首先以前朝背景爲依據，即出身於宋朝的士人均視爲漢族出身，除非他們具有明顯的非漢族血緣背景且足以影響到他們日後對出仕政權的判斷；在遼系士人方面，則以其姓氏、族系兩項條件作爲判定標準，若姓氏爲漢姓者，只要史料並未明白指出他們曾有非漢族的先世背景，則均視爲漢人。

最後，金初活動於金朝政府中的漢族士人，絕大多數均來自遼、宋兩地，本文將之定名爲「遼系漢族士人」與「宋系漢族士人」。〔註8〕這兩類士人由於入金時間及雙方出身條件的差異，致使入金後的參政活動各具特色，因此有必要將之區隔分論。但須注意的是，金初漢士雖因地域出身而有此兩類「群體」的出現，但是他們卻未必因此結黨組派並藉此分別「我類」與「他群」，此點我們在第四章第三節將有論述。這種分類在當時除了有金朝政府在官員銓敘的作用外，對這兩類士人的交往，無論是日常生活或是政治活動上，似乎無法構成明確而直接的影響。以上是討論之前須先說明者。

女眞統治階層及漢族士人之間的互動將是本文處理的焦點所在。但另一處值得我們思考的問題，恐怕是在宋遼金三國更迭競爭之際，漢族士人將如何安排他們的出處，進而成就自己的歷史形象。雖然此時的漢族士人並非全然沒有左右世局的能力，然而他們在多數時間中卻連自保都是極爲困難。多數的漢族士人非但無法維持最低的生活條件，有時甚至連深藏於內心的道德價值都要被迫不斷地被提出批判、改造。關於中國古代文人在生命中必須面臨到的矛盾，有學者曾道：

> 古代中國文人總是處於種種矛盾的夾縫之中，一輩子在仕與隱、君與親、忠與孝、名節與生命、生前與身後等問題上痛苦地煎熬。這種痛苦與矛盾的文化性格，來自於中國傳統文化心理，也與複雜的社會環境有關。〔註9〕

〔註8〕 「遼系漢士」與「宋系漢士」的命名乃參考陶晉生先生的分類而得。在陶氏〈金代的政治衝突〉（《中央研究院歷史語言研究所集刊》第43本1分，1971年，頁135～161）中，曾以「燕人」及「南人」分別兩者。（其分類尚包含非士人身份者）而〈金代的中國知識份子〉（《中央研究院國際漢學會議論文集：歷史考古組》，台北：中央研究院，1981年，頁981～994）一文中，陶氏則稱來自北宋的士人爲「北宋系士人」（頁983）。爲求敘述方便，在此姑且將此兩組漢人群體名爲「遼系漢士」與「宋系漢士」。最後，理論上漢族士人也能來自党項夏、高麗等遼宋以外政權，但史料未見，故可不論。

〔註9〕 參見么書儀《元代文人心態》，鄧紹基序中所引之么書儀的書信內容，頁1。

這是么書儀從元代文人事蹟的研究中所得的感受。這種矛盾，正也展現在十二世紀初期士人在亂世之中的無奈。政治環境的轉換，使漢族士人被迫面臨政治認同與價值觀的錯亂，尤其在統治政權的更替中，漢族士人究竟要顧全身家性命而強迫自己改變政治效忠的對象，還是要依循傳統儒家學說對忠節的講求，選擇放棄榮華富貴甚至是以一己或親朋的性命換取自己對此一信念的堅持，這均是此時士人所無法迴避的兩難糾葛。另一方面，多數士人則在避免極端的考慮中，盡力思求一能夠兼顧人情義理又能苟全於亂世的兩全之道。在理念與現實的琢磨間，這段時期的士人遂以各式作爲在這些矛盾的縫隙中掙扎。

由於金初史料的貧瘠，欲爬梳整理漢族士人心靈活動，總難免出現過度推論之嫌。金初的歷史研究基本上是以《金史》、《大金國志》、《三朝北盟會編》、《建炎以來繫年要錄》、《遼史》與《宋史》等史料爲主。〔註10〕這幾部史著中，《三朝北盟會編》與《建炎以來繫年要錄》均爲當代實錄，但因記事者爲宋人，其敘事角度及史料選裁上頗不利於以仕金漢士的角度進行觀察。而元修三史又因距離已遠與裁減修飾，金初漢族士人的活動情形記載有限。至於《大金國志》關於金初漢士的記載則更是缺乏，且訛誤甚多。此外，可資利用的史料尚有金人文集（含後人輯編者）與當時宋人的文集筆記，前者有《金文雅》、《金文最》、《九金人集》、《中州集》、《全金元詞》、《全金詩》等，其中《金文雅》、《金文最》與《九金人集》三部由於收錄之金初詩文數量不多，故在此則以《中州集》、《全金元詞》、《全金詩》等三種史料作爲討論金初漢士心態層面的主要依據。至於宋人的文集小說，問題同於《三朝北盟會編》與《建炎以來繫年要錄》，但其中卻也有不少言外之意足堪玩味。以上大致是本文在討論之前，對可供利用的史料所做的整理與理解。

本文將以入金時間的先後分別敘述遼系漢士與宋系漢士的仕金經歷。第二章將從金朝收納遼系漢士的政策整理遼系漢士的入金過程，並探討遼系漢士是如何以選擇仕金作爲最後依歸。第三章則討論宋士入金的過程，說明宋士是在哪些歷史條件中入金並出仕任官。第四章則檢視漢族士人加入金朝後的政治活動，且因當時之宋系士人詩文現存較爲豐富，因此將嘗試由這些詩文進一步掌握宋士入金後的感受，說明入金出仕的選擇對宋士在政治思考上的影響。

〔註10〕史料版本，詳見書末「徵引書目」。

第二章　遼系漢族士人的入金

第一節　宋金間的抉擇

　　在入金前，遼系漢人已在遼朝的統治下生活百餘年，在這段時間中，遼地漢人適應了在所謂「異族政權」下的生活。並且因爲與遼國境內各民族的接觸，遼國中的漢人與非漢民族間逐漸在生活習俗乃至於整體文化上，產生出「涵化」（acculturation）的現象。〔註1〕但是，文化的融合現象卻無法令我們據此確認遼系漢人已經在政治上成功與遼朝契丹統治階層結成一體，尤其是遼朝末年，當遼國在女眞的攻擊下岌岌可危之際，遼系漢族士人的出處更可說明這個現象。

　　遼末時期，在遼系漢人的政治認同現象上，有兩個現象甚值得我們注意。第一，雖然他們在遼朝統治期間，表面上看起來已經認同了遼朝的統治，但在遼朝採取了因俗而治，即所謂「以國制治契丹，以漢制待漢人」〔註2〕的政策下，致使遼朝中的契丹統治階層與漢人之間依舊保持著政治權力的分配不均等問題，這造成遼系漢人與契丹統治階層之間的貌合神離。這種現象在遼朝政權穩固的時候並不會對雙方產生太大的影響，但在遼朝末年動盪的局勢之下，則嚴重地衝擊了遼系漢士對遼朝的效忠。

〔註1〕 所謂「涵化」（acculturation），乃指兩個或兩個以上的獨立文化因爲彼此接觸而相互產生文化變遷的現象。遼朝漢人的文化與生活，詳參 Wittfogel, Karl A. & Feng Chia-Sheng（馮家昇）, *History of Chinese Society: Liao (907～1125).* Philadelphia: American Philosophical Society, 1949. pp. 213～225。
〔註2〕 語見《遼史》卷45〈百官志〉，頁685。

　　第二個值得我們注意的現象是遼系漢人在遼朝的統治之下，逐漸因為生活環境的類似而產生了休戚與共的觀念。換言之，因為遼朝境內的漢人多生活在燕雲地區，而當地的漢人社會在遼朝的統治下，透過了婚配、交際等各項人際活動形成了一個半封閉的社會結構。在這個社會結構中，遼系漢人，至少是燕雲地區的遼系漢人，彼此的價值理念逐漸被整合與強化。如此，一個半獨立的「命運共同體」遂被製造而出，而這個群體的代言人則由其中有著更多機會接觸政治的遼系漢士所擔任。

　　由於這些背景，面對遼朝末年的局勢，遼系漢士遂有其特殊的因應之道。首先，遼朝中的漢族官員擁有比契丹族官員更開闊的空間得以思考他們的政治前途。此刻遼系漢士對於他們的前途不外有三種選擇，即存遼、入宋或是降金。但事實上選擇存遼一途的遼系漢士，其實也僅是努力於遼亡之前。在遼亡後，這批漢士更並未在延續遼朝政權一事上的表現出有如宋系漢士效忠宋朝般的堅持，這從遼朝滅亡之後遼系漢士轉投宋、金的「流暢」可以得知。況且，至少就今日可見的史料來看，並沒有看到有關遼系漢士做出情願以自己的身家性命來效忠遼朝的記載。至於此時韓昉的努力折衝於遼宋之間，〔註3〕或如其他漢族官員曾經為遼朝力守城池，其實也都無法表示遼系漢士對遼朝的忠心，因為這些作為最多不過是遼系漢士忠於職守的表現，並非是忠於遼朝。〔註4〕由此可見前述所言的排擠效應，確實是明顯地表現在遼系漢士在遼末阽陷之際不願挺身而出盡節於遼朝的現象上，而使遼系漢人竟得「燕人自古忠直者鮮」〔註5〕

〔註3〕天輔六年（宋宣和四年，1122年），韓昉曾與契丹人蕭容代表遼朝入宋造訪童貫、蔡攸，企圖以納款稱臣的方式阻止宋朝與金國的聯兵。參見《三朝北盟會編》卷10，頁1～2。

〔註4〕觀察遼系漢族士人在遼末的作為，我們可以注意到遼系官員如果盡心於他們職務的表現時，似乎並非是單純來自於「忠遼之心」所致。倘若我們將此時部份遼系漢士之無視金軍強大，而仍堅守遼朝所授職務的狀況，認為便是遼系漢士忠於遼朝的表現，那我們就很難解釋何以一旦金軍攻破城池，稍早堅守城池的遼系漢士即迅速選擇效忠金朝，而未見選擇退隱甚或殉國以報遼恩的現象。如韓昉在遼亡前夕仍猶汲汲為遼奔走遼宋之間，待為金收用後，卻又安於金朝所授與他的任務。可以推測的是，這批遼官此時之堅守崗位，很可能只是基於他們盡心於職務的責任感。而這種「責任感」，在今日的說法即是所謂的「職業道德」，並無關於其對遼朝的忠心程度。是以所謂「忠於職守」及「忠於遼朝」這兩個概念，在此似乎有分開討論的必要。

〔註5〕語出大定二十三年（1183年）金世宗所言，全文為「燕人自古忠直者鮮，遼兵至則從遼，宋人至則從宋，本朝至則從本朝，其俗詭隨，有自來矣。雖經邊變而未嘗殘破者，凡以此也。」《金史》卷8〈世宗本紀下〉，頁184。

的臭名。換言之，如果考量遼朝終將滅亡，則遼系漢士的抉擇恐怕就只有入宋及降金二途。

　　另一方面，在當時的社會環境之下，由於燕雲地區漢人社會中人際關係的緊密，使得當地大部份的漢族士人，在擁有比其他身份的百姓更具有接觸政治的機會下，必須負起顧及燕雲地區漢人群體利益的責任。他們在處理政治前途的選擇時，便難以僅就自己的需要考量自身的出處。於是在這樣的環境下，遼系漢士遂在遼末遼宋金三國交鋒之間跳脫出既定的政權效忠模式，既不強求為遼朝盡節，也不以身為漢族而堅持依附宋朝。他們的唯一顧慮，就是如何在考慮自己政治前途的同時，能夠兼顧整個燕雲漢人社會的權益。也因此在遼宋金三國為了爭取燕雲之地而做努力時，對遼系漢士而言，佐遼、入宋或仕金的關鍵，就在於這三個政權何者能給他們最大的利益。所以，遼系漢族士人對於存遼、入宋或是仕金，最初當無定見。

　　在天輔六年（遼保大二年，1122 年）金朝尚未攻下遼國的漢人聚居區域之前，罕見遼系漢士入金。（詳情見後）但因金國兵威甚銳，除了部份仍猶汲汲努力於遼朝的未來外，已有不少遼系漢士漸興思遷之念。而投宋一途，無疑極為誘人。一方面是宋朝在南方立國甚久，其國勢及文明之盛均對遼系漢士有著極大的吸引力；再者遼系漢士自也深知宋朝對於收回燕雲地區尚抱持著強烈的意願。前者成為遼系漢士選擇投宋的誘因，後者則促成了宋朝的配合。其中最早發難的遼系漢士，當屬馬植。關於馬植入宋時間，目前尚多爭議，但至少不晚於政和五年（遼天慶五年，金收國元年，1115 年）。〔註6〕此外，馬植入宋也非其個人行為，在《三朝北盟會編》卷 8 中，已經入宋而改名為趙良嗣的馬植，在向童貫說明約結當時在遼朝太尉李處溫的可靠性時，曾道：「良嗣舊在大遼，與處溫結莫逆交，後論及天祚失德事，欲與良嗣同約南奔，嘗於北極廟拈香為盟，欲共圖滅契丹。」〔註7〕另外在《宋史》所收之通宋書信中，馬植便言自己曾在遼朝與李處溫之子李奭、族兄馬柔吉、豪士劉範三人「結義同心，欲拔幽薊歸朝」。〔註8〕由此，馬植入宋似非個人行為。而當李處溫在遼的結宋事蹟敗洩時，史料亦有傅遵說、趙履仁、劉耀齋等漢

〔註6〕　關於馬植入宋時間，參見何俊哲〈論十二世紀初年燕京地區官僚豪強在宋、
　　　　遼、金角逐中的作用〉，頁 256 至 267 的討論。
〔註7〕　《三朝北盟會編》卷8，頁9。
〔註8〕　《宋史》卷 472〈姦臣二・趙良嗣傳〉，頁 13734。

民與之共謀而遭到株連的記載。諸如種種，相當程度均說明了當時遼朝內部確實是有不少漢人試圖結宋叛遼。〔註9〕

這種結宋想法，又可從李處溫父子欲挾遼后入宋的事件中看出端倪。李處溫，析津人，祖父李仲禧仕至南院樞密使，賜姓耶律；伯父李儼仕至知樞密院事，並曾修《國朝實錄》七十卷。〔註10〕在當時，李處溫的家世算是非常顯赫。後由於李儼與蕭奉先友善，李儼過世後，蕭奉先便推薦李處溫繼其伯父之位。〔註11〕保大二年（天輔六年，1122年）天祚帝在金朝的進攻下，留宰相張琳、魏國王耶律淳以及李處溫留守燕京地區，自己則西奔夾山。天祚帝西奔之後，處溫「即與弟處能、子奭，外假怨軍，內結都統蕭幹，謀立淳」。然而在三個月後耶律淳病亡，李氏父子在政爭中不敵掌握軍權的蕭幹，又懼謀立事件被發，《遼史》言其遂「南通童貫，欲挾蕭太后納土于宋，北通于金，欲為內應，外以援立大功自陳。」〔註12〕關於「北通于金」，似為欲加之罪，並無旁證，但「南通童貫」一事，除上述《三朝北盟會編》卷8處尚存有李奭回覆趙良嗣的信件外，卷9處更記錄了李處溫與童貫聯絡經過及其中間人。〔註13〕六月，李處溫父子終以通敵罪名被遼朝所殺。〔註14〕

因此，從馬植與李處溫父子的事件經過來看，遼末確實是有批燕雲人士有意依投宋朝。至於這批燕雲人士最初投宋的動機究竟為何？是如馬植送李處溫之信所言，乃源自燕人自被遼朝統治以來一直不肯放棄的夢想，所謂欲「全燕人以歸中國」？〔註15〕抑或僅為一單純基於個人前途利益的考量？還是因為已經注意到遼朝滅亡已為必然，想要盡早取得一自保之道？由於此時關於這批人士所留下的詩文書信數量太少，我們並不容易定論其舉。但如果從這批附宋燕雲人士此時與日後的表現所見，他們的選擇入宋，很可能是為了在遼末動盪來臨之前早日求取自保。但是我們亦可注意到，當遼系漢士入

〔註9〕 《三朝北盟會編》卷9，頁2、3；《遼史》卷102〈李處溫傳〉，頁1441。

〔註10〕 《遼史》卷98〈耶律儼傳〉，頁1415、1416。

〔註11〕 《遼史》卷102〈李處溫傳〉，頁1440。

〔註12〕 《遼史》卷29〈天祚皇帝本紀三〉，頁343～344。

〔註13〕 《三朝北盟會編》卷8，頁11、12；卷9，頁2、3；其事另見《遼史》卷102〈李處溫傳〉，頁1441。

〔註14〕 李處溫父子事蹟亦載陸游《家世舊聞》卷上，頁192。之中提到後來宋朝佔領燕雲時，得知其作為後，「追贈處溫燕王，且以其居地為廟，妻刑氏亦追封燕國夫人。」

〔註15〕 《三朝北盟會編》卷8，頁11。

宋後鼓吹宋朝收復燕雲地區時，則幾乎均以燕人久望宋師收拾舊土的說法來打動宋朝。於是，就歸宋遼系漢士在宋廷上的說法來看，燕雲漢人似乎不待遼朝政權傾頹就有醞釀歸宋意圖；但就其作為來看，這個歸宋意圖則是萌發於遼朝政權的岌岌可危。

在分析前述的矛盾之前，我們可以進一步討論史料中所記載這批遼系漢士在宋朝中的行事與言論。關於這批遼系漢士在宋朝中鼓勵宋朝取回燕雲地區的說辭，今日可見以馬植的資料最為詳盡。在封有功所撰的《編年》中，便收錄了馬植在政和五年（1115 年）入宋時的兩封投書。三月時馬植在對宋朝邊臣知雄州和詵的投書中，首先說明自己的家世，進而強調「自遠祖以來，悉登仕路，雖披裘食祿不絕如縷，然未嘗少忘堯風，欲裀左衽，而莫遂其志。」接著又說明遼政日衰，「語不云乎，『危邦不入，亂邦不居』」，是以有意入宋。〔註16〕同年四月入宋上朝拜見徽宗，回答徽宗詢問其歸宋原因時，馬植道：

> 臣國主天祚皇帝，耽酒嗜音，禽色俱荒，斥逐忠良，任用群小，遠近生靈悉被苛政。比年以來，有女眞阿骨打者，知天祚失德，用兵累年，攻陷州縣。加之潰卒，尋為內患。萬民罹苦，遼國必亡。願陛下念舊民塗炭之苦，復中國往昔之疆，代天譴責，以順伐逆。王師一出，必壺漿來迎，願陛下速行薄伐。脫或後時，恐為女眞得志。
> 蓋先動則制人，後動則至於人。〔註17〕

在上述表達馬植自己心意的兩段文字中，有兩點值得我們注意：一、「遼國必亡」、「危邦不入，亂邦不居」是馬植此時選擇入宋的關鍵，而「萬民罹苦」則是馬植的關心焦點。《三朝北盟會編》卷 1 談到馬植的入宋動機時，徐夢莘說道：

> 植，燕京霍陽人，涉獵書傳，有口才，常於智數。見契丹為女眞侵暴，邊害益深，賊盜蜂起，知契丹必亡，陰謀歸漢。〔註18〕

從這段記載可以看出在後來的宋人理解中，他們認為馬植投宋並非是思漢之心，而是「知契丹必亡」。二、至於「願陛下念舊民塗炭之苦，復中國往昔之疆」、「王師一出，必壺漿來迎」之語，則是馬植用來勾動宋徽宗恢復舊土的雄心。關於第二點，一向是遼系漢人，甚至是非漢族裔的降宋遼將勸說宋朝

〔註16〕《三朝北盟會編》卷 1，頁 3、4。
〔註17〕《三朝北盟會編》卷 1，頁 4。
〔註18〕《三朝北盟會編》卷 1，頁 1。

出兵的重要理由。如渤海人郭藥師在宣和四年（1122 年）十月獻取燕京之策時，便是以「漢民知王師至，必為內應，燕城可得」的理由，認為宋軍可選輕騎，直搗燕京城。〔註 19〕而這項理由在遼系漢士的宣傳下，在日後宋朝內部評估進攻或接收燕雲地區的難易度時，亦同時為部份對接收燕雲地區抱持樂觀態度的將領官員所接受，成為其繼續進兵的藉口之一。〔註 20〕但事實上，遼系漢人內部卻未必如馬植所言一般地同心期望宋師之到來，至少從宋軍在宣和四年燕京之役的戰況中來看，馬植等人所宣傳遼系漢人的「望宋之心」非但沒有幫助宋軍取得勝利的戰果，反而有不少宋將在輕信遼系漢人「必壺漿來迎」之下，吃下了不該有的敗仗。〔註 21〕

在附宋遼系漢士的宣傳與相信這批遼系漢士之宋朝官員的極力鼓吹下，在遼亡前夕宋朝對於收復燕雲一事一直表現出高度興趣，並且配合以相當積極的策略與行動。但是結果非但不如先前預期的樂觀，並且連遼系漢士所宣

〔註 19〕《三朝北盟會編》卷 11，頁 1。

〔註 20〕關於宋朝內部贊成與反對收復燕雲地區官員的意見及雙方爭執經過，詳參李天鳴〈宋金聯合攻遼燕京之役——燕山之役〉。至於宋朝官員將領信從降宋遼人所言之「燕民思內附」的例子甚多。如宣和四年（金天輔六年，1122 年）春，童貫所以力持出兵收復燕雲之議，即是曾獲邊報云：「燕民思內附。」但後來童貫軍潰，將領种師道認為：「契丹兵勢尚盛，而燕人未有應者，恐邊臣誕謾誤國事也。」參見《宋史》卷 446〈忠義一・劉韐傳〉，頁 13163。而在當年六月，童貫軍已入遼地，時遼國因耶律淳逝世請和。宋本有意班師，但宋徽宗卻得知中山詹度所奏，言當地自耶律淳死後湧入大量燕人，這批燕人「皆以契丹無主，願歸土朝廷為言」。這項消息致使徽宗在猶豫之際，為主戰的王黼說動而決定再度出兵。參見《三朝北盟會編》卷 9，頁 4；《建炎以來繫年要錄》卷 1，頁 7。另外在進軍前夕，种師道曾因持重而欲調派親信部隊增援，唯此舉將使出兵延期，於是知雄州和詵也以「燕薊之民，真若沸羹，望我以蘇懍金鼓一鳴，必便比肩係頸，簞食壺漿，以迎王師，豈有他哉！」之論譏斥師道不敢應時作為。事見《三朝北盟會編》卷 6，頁 6。

〔註 21〕除前註所引諸例外，宣和四年五月二十六日的一場戰役中，种師道的裨將楊可世便是因為輕信「燕人久欲內附，若王師入境，必簞食壺漿以迎」，僅以輕騎攻燕京城而招致大敗。見《三朝北盟會編》卷 7，頁 4。然而此敗癥結應是宋將過於高估遼系漢人附宋行為的成效，而非遼系漢人全無「思漢之心」。資料仍見不少遼系漢人在宋軍入燕之時，利用各種方式表達友好之意。如宣和四年五月，當馬擴潛赴燕京出榜招諭漢人時，便有涿州漢民劉宗吉暗中與之溝通。見《三朝北盟會編》卷 8，頁 7～8 所引馬擴《茅齋自敘》。不過劉宗吉最後仍為遼朝所獲而遭斬首。另於同年十月，宋軍一度攻破燕京外城，時有燕人馬賢良獻詩祝賀，中道：「破虜將軍曉入燕，滿城和氣接堯天，油然霢霂三千里，洗盡腥羶二百年。」見《三朝北盟會編》卷 11，頁 2。

傳，由於遼系漢人的久思漢治可令宋軍進攻有如摧枯拉朽般的勢態亦是未曾出現。對於這種結果，不少宋朝官員在稍後檢討收復燕雲政策的合理性時，便開始懷疑這批附宋遼系漢士所宣傳的內容，進而質疑這批附宋遼系漢士的入宋動機。宣和四年（天輔六年，1122 年）六月時，宋昭在上書請求遵守宋遼雙方的盟誓時，便直斥馬植等人所言不可信，其道：

> 又謂山後之民皆有思漢之心，或欲歸順，此尤妄誕之易見者。不惟
> 北虜爲備日久，山後之民往往徙居漠北，又自唐末於今，數百年間，
> 子孫無慮已經數世，今則盡爲番種，豈復九州中國舊民哉？〔註22〕

宋昭之言雖略見偏激，可是亦道出馬植未言之處。換言之，宋朝內部也開始認識到遼系漢人在遼朝百餘年的統治下，縱使不如宋昭所言之「盡爲番種」，但也絕非如馬植等人所言之「皆有思漢之心」。於是在反覆的詰辯過程中，宋朝內部對遼系漢人的看法逐漸有了變化，由最初積極歡迎遼系漢人的歸附，轉變爲懷疑遼系漢人入宋的動機。

　　此時的轉變，加上日後宋人態度的變化，相當程度模糊了今日我們對遼系漢士的認識。由於絕大多數作爲今日我們討論依憑的史料均是出自宋人之手，而後來又因諸多事件的推演，如入宋遼系漢人與宋朝之間關係的惡化（詳見本節後文的敘述），以及遼系漢人之盡心於金朝的表現等（詳見第四章第一節），再再均增強了當時宋人對遼系漢士的敵視，基於這些敵視，宋人最終便容易將最初遼系漢士的入宋視爲僥倖行險、追逐功賞之舉。至於元朝編撰《宋史》時，則更進一步將馬植評爲「行污而內亂，不齒於人」之徒而名列於「姦臣」中。不過這種高度負面的評價並非是《三朝北盟會編》、《建炎以來繫年要錄》等當代史料的主要基調，或許可以推測的是，這是《宋史》作者根據宋朝內部的資料所剪裁而成，如此也透露出對於馬植等入宋遼系漢士，宋人的敵視之心似有順時攀升之態。當宋人開始認定遼系漢士的附宋是爲貪求功名之舉時，緊接著宋人不免推翻附宋遼系漢士在入宋時所說明的理由，進一步甚至做出所謂「山後之民盡爲番種」、「皆無思漢之心」的論斷。

　　不過當我們今日想要重新評估當時這批遼系漢士的附宋動機之時，事實上也因史料的缺乏而難以深入探討。比較可以確定的是，在上述提及幾位遼系漢士的事蹟中，他們確實有表達出入宋的意願。至於這意願在全體遼系漢士的思考中究竟佔有多大的比重，尤其是在遼末之際，對他們的行爲舉止到

〔註22〕《三朝北盟會編》卷8，頁3。

底有何深刻影響，甚或這意願是否眞是出自他們的眞心期盼，在遼人文集今存過少的情形下，我們難以妄下斷論。〔註23〕不過從他們的作爲及他人記載所見，雖然無法確認「思漢之心」的眞僞與影響，但卻可以注意到遼系漢士的投宋似乎存在著另一個更爲清楚的動機，即安保個人與燕雲百姓的未來。此一動機早於馬植的投書中已現端倪，而在越晚的局勢中，由遼系漢士的作爲可見，此一動機將更加明確地成爲他們選擇入宋或是仕金的重要判別標準。這種現象，或從天輔七年（1123年）五月的張覺事件可見一斑。

張覺，平州義豐人，遼朝進士出身。在金朝定燕京時，隨遼興軍節度使時立愛以平州降，時覺爲遼興軍節度副使。入金之後，金朝以平州爲南京，命覺爲南京留守。當時金朝初據平州，人心未定，且其時民間有傳言「金人所下城邑，始則存撫，後則俘掠」，故當時立愛在投降之前，尚請太祖下詔撫諭，以安民情。〔註24〕這種紛擾的民心，自然也影響到遼系漢族士人對政治局勢的思考，如時立愛請求太祖安撫平州人心，所據立場雖有幫金朝穩固政權的意圖，但從燕雲百姓的利益上著眼應是一更深層而重要的因素。張覺既然身爲平州長官，亦當有如此考慮。是以當平州入金的數月後，金朝與宋朝達成「燕地留宋，燕民與金」的協議而開始大舉遷移燕京富戶時，這項嚴重影響燕雲漢人利益的舉動，便使張覺產生金朝不可依憑的想法。於是當這批被遷的燕京民眾於天輔七年五月被押經平州時，在他們的吹鼓之下，張覺叛金入宋，並逮補了以燕京降金的左企弓、虞仲文等輩。《大金國志》記道：

〔註23〕在陳述所編的《全遼文》中，收錄一則〈王安裔墓誌銘〉，陳述據其中文字說明當時遼系漢人存有內應宋朝的想法。但是此篇墓誌銘的完成時間是1124年，即遼保大四年、金天會二年、宋宣和六年的閏三月，中道：「推公之旋，爵位同揚，歷政事之善，皆處虜界之所有，更不可備載。今復於燕山府宛平縣房仙鄉萬合里之原，發其故墓。以宣和六年閏三月二十三日乙時（案：乙時疑爲巳時）爲之合葬。」陳述在墓誌銘文後說明，由於當時燕京已爲金朝所據，是以墓誌銘作者以宋朝所改制的地名「燕山府」稱其地，指遼境爲「虜界」，誌年稱「宣和」，「正是居民內應心情」。但陳述解釋時只提出宣和四年宋軍攻燕未克，而後燕京爲金軍所佔領，卻未注意到金朝在宣和五年四月後曾與宋朝達成協議而一度將燕京交割宋朝。換言之，從宣和五年四月到宣和七年十二月金軍攻下改制後的燕山府爲止約二年半的時間中，該地一直爲宋所佔。所以宣和六年時燕山仍爲宋朝所治，墓銘中之「虜界」用語與宋朝正朔的使用實是宋朝統治燕京地區的正常現象，並非是當地在金朝治下仍猶望宋治。以上參見陳述編《全遼文》卷11〈王安裔墓誌銘〉，頁341。

〔註24〕《金史》卷78〈時立愛傳〉，頁1776；卷133〈張覺傳〉，頁2844。

時燕人患遠徙，私訴于覺曰：「企弓不謀守燕，而使吾民流離至此。近聞天祚復振，若明公仗義興復，先責企弓罪而殺之，縱燕人歸南朝，宜無不納。如金國復來，內用平州之兵，外借宋朝之援，何懼乎？」覺以其事問李石，石以爲然。遂拘企弓，數其罪殺之，遂以平州附宋。〔註25〕

根據《三朝北盟會編》記載，張覺及燕地百姓以爲左企弓等人之罪有十，其中罪一至罪六是責備他們在遼朝任職時未能盡責，至於第七至十罪，「臣事金國，不顧大義，七也；根括燕中錢帛悅金人，八也；致燕人遷徙而失業，九也；教金國發兵，先下平州，十也」，其中八、九兩罪正是張覺以燕雲百姓的立場對左企弓等仕金舉動所提出的不滿，認爲他們有身爲燕人卻無視同胞流離痛苦之嫌。當六月張覺宣布悉還燕人爲常勝軍所佔產業時，燕民「皆大悅」。〔註27〕

　　將入宋做爲保護自己權益的手段，是遼系漢人在戰亂中的自保之策。而燕民之意既可令張覺叛金入宋，亦可令左企弓向金太祖力爭。左企弓等降金漢人是否眞是「致燕人遷徙而失業」的推手，目前已難知實際情形，即令左企弓眞有此舉，可能也是左企弓等人有著留金比入宋更能維持燕雲漢民生活水平的意圖下所做出的建言，畢竟當太祖決定欲以燕地還宋時，左企弓還曾以詩諫道：「君王莫聽捐燕議，一寸山河一寸金」。〔註28〕隨著金宋局勢惡化，遼系漢族士人的投降，已不再是單純只有考慮到自己的出處，於是在投金與降宋之間，事實上他們多與地方百姓同進退。無論是金朝或宋朝，只要政策的施行上對遼系漢人百姓有所不利，這些士人便會提出他們的抗爭，雖然可能在手段上因人而異。如張覺者便直接以帶領燕人反抗宋金對他們的不合理待遇，而左企弓之輩則採間接形式，以遊說金太祖之舉冀求改變既定事實。因此左企弓等之被殺，可能只是方法未能取得燕雲百姓的認同，並且對太祖決策影響有限的情形下而成爲時代的犧牲品。另一方面，張覺雖殺盡這批仕金的遼系漢士，試圖以積極的方式帶領燕雲百姓維護他們權益，但結果卻適得其反，反而帶給他們更大的災難。稍後金朝鎮壓張覺的起兵時，便殺戮了依附張覺的燕雲百姓，其中張覺據點之一的營州更是因爲此役「是州之民屠

〔註25〕 《大金國志校證》卷3〈太宗文烈皇帝一〉，頁38。
〔註27〕 《三朝北盟會編》卷17，頁3～4。
〔註28〕 《金史》卷75〈左企弓傳〉，頁1724。

戮殆盡，存者貧民十數家」。〔註29〕這種結果或許也造成日後遼系漢士在思考這類問題時，不再敢嘗試過於激烈的手段，而盡量以妥協於強權為優先考量。

而時立愛的例子，更可凸顯這種「燕雲利益優先」的想法。當宋朝佔領燕山時，曾累詔當時已經致仕的時立愛為官，但時立愛在「見宋政日壞，不肯起，戒其宗族不得求仕」。這並非是時立愛不滿宋之滅遼而拒不出仕，而是他客觀的分析仕宋沒有前途。故當真正是「滅己家國」的金朝重新佔領燕山時，時立愛反而立刻「詣公府上謁，拜同中書門下平章事」，而隨後金朝亦「任其子姪數人」。〔註30〕這種決定，就當時的環境條件所見並無對錯可言，尤其是當時戰火四起，身為一個家族的領袖，自有必要背負延續家族命運的責任，不容家族的存續毀於自己手中。在他的政治眼光下，選擇入宋將會是一條崎嶇的道路，雖然宋朝為漢人所建，考量到族群身份似乎依附宋朝是條該走的路子，但是現實上宋朝的傾衰之象最終使他選擇投向金朝一途。張通古亦是如此。史載宋朝在據燕山期間曾延請他出仕，通古「辭謝，隱居易州太寧山下」，待宗望再取燕京，以其友劉彥宗所請，他出任了金朝的樞密院主奏。〔註31〕

另外從宋人的分析中，亦可約略明白這種「思漢之心」立論上的薄弱，前述宋昭的看法正是道出其中關鍵。這種情形，比照日後華北漢民在金朝的統治之下所產生的政治認同的轉變，是有相當程度的一致性。（詳見第四章）然而宋昭此論雖有洞見，駁正了部份宋朝人士一廂情願地肯定燕雲之民的「思漢之心」，但亦不免過激。因為燕雲之民在遼朝數百年的統治之下，未必全已盡成「番種」。與其說燕雲漢人已成為遼朝、契丹族中之一份子，倒不如說在這詭譎的歷史變局中，他們已成為一批不胡不漢，胡漢兼濟的一群，進而培養出一種對群體命運的共識，以及對抗大環境變動時獨特的因應手法。這些動亂的局勢，造就他們尷尬的身分，也使他們被迫必須用自己可以掌握的方式來解決一切。宣和四年，遼系漢士王介儒代表遼國出使宋朝時，曾和宋方接待馬擴有過一些有趣的對話，後來馬擴將之記於《茅齋自敘》中。其中王介儒提出：「南朝每謂燕人思漢，殊不知自割屬契丹，已近兩百年，豈無君臣父子之情？」馬擴則反問

〔註29〕 鍾邦直《宣和乙巳奉使金國行程錄》，頁3。
〔註30〕 《金史》卷78〈時立愛傳〉，頁1776。
〔註31〕 《金史》卷83〈張通古傳〉，頁1859。

道：「若論父子之情，誰本為的父耶？知有養父，而不知有的父，是亦不孝也。」對此介儒「笑而不答」。〔註32〕值得一提的是，後來王介儒在入金之後，隨即於天會三年、四年間多次代表金國出使宋朝，亦略見遼系漢士在這動盪時代的悠遊之道。在這種族群認同與政治認同之間產生了不相容的情形下，大部分的燕雲漢人終於捨棄了這些複雜的理念，轉而建立起自主的判斷價值，形成所謂的「命運共同體」，對於前途，他們採取了比宋士更為務實的態度。這種務實的態度在當時三國交鋒的環境下處處可見，不論是時立愛、張覺，或是入宋的遼系漢族士人，對他們而言，仕宋與入金的選擇依據不過是哪個政權能給予他們最大的尊重與利益。最終，相較於宋朝的托大，金朝的汲汲爭取便成為遼系漢士在主觀上選擇入金的最大關鍵。

　　相較於金朝，宋朝也曾一度有機會爭取這批遼系漢士的加入。雖說遼系漢士的行動，並未全如宋人的期盼而奮不顧身、一心望宋，但如宋朝爭取得當，已經「不胡不漢」遼系漢士未必不會重興對宋朝的孺慕情懷。只是在宋朝政策的不當與時勢的造化下，一度交集的雙方又各自走回自己的路。在保大二年六月李處溫父子遭蕭太后以謀叛之名誅殺之後，燕京中的遼廷局勢更加動盪。由於當時謠傳著基於李處溫事件，蕭太后準備打壓甚至屠戮朝中握有兵權的漢人將領，〔註33〕加上此時宋朝也展開了對遼朝第二次的進攻，因此不少遼朝漢人地方守將紛紛以其地降宋。另外，同年十二月金朝攻下燕京後，在幾次爭議後，雙方終於達成協議，金朝將燕京與附近六州二十四縣之地歸宋。宣和五年（天輔七年，1123年）四月，宋軍在遼系降將郭藥師的帶領之下，正式進駐燕京。

　　在這段宋朝取得燕雲的過程中，宋廷也極力制定各項政策爭取這個地區居民的歸心。宣和四年（天輔六年，1122年）九月，高鳳、郭藥師各以易、涿兩州降宋之後，宋廷正式據有燕雲之一部。為了安撫人心，宋朝開始推行各項「賜新附州縣曲赦」、「蠲除科率」等政策。其中針對遼系士人的政策，一方面開科取士，「甄擢賢才」，一方面對已為遼官者，亦施以換官之法，令之可與宋廷官員互銓。〔註34〕關於遼朝漢族士人入宋應考求學者，今僅見翟

〔註32〕《三朝北盟會編》卷8，頁6。
〔註33〕《三朝北盟會編》卷9所引《封氏編年》記到，遼官知易州高鳳與通守王琮共議時，以為時「天祚播邊，燕王（指耶律淳）厭世，女主初立，謀遷漢人，或聞欲行誅戮。」（頁8～9）。
〔註34〕宋朝安撫人心之舉，詳見《三朝北盟會編》卷10，頁10～11。「換官法」

永固與馬諷二人，難見宋朝開科對這批遼士的影響。〔註35〕至於換官法，卻對日後局勢影響深巨。

關於換官法的內容，現存史料著墨不多，但可確知者，原先宋朝是想以換官的方法，讓原來出仕遼朝的漢族官員順利轉詮入宋，藉以取得遼系漢人的歸心。然而未料方法設計的不當卻破壞了遼系漢族士人入仕宋朝的信心，關鍵在於當遼系漢官入仕宋朝之後，宋朝經常調任其職，使之苦於四處奔波。許採的《陷燕錄》便言：

> 換官者，初自燕山之朝廷，又自朝廷之燕山，復自燕山之太原宣撫司，困苦於道路者相係也。官司人吏又沮格之，累年不能結決。此曹怨望，往往遁歸平州，將京師事體、中國虛實，一一報之劉彥宗。彥宗遂教金人有窺中國之意。〔註36〕

加上對這批任職宋廷的遼系漢士，宋朝尚另有規定：

> 太祖平遼，以其地界宋。【任】熊祥至汴，受武當丞。宋法，新附官不釐務。熊祥言於郡守楊晳曰：「既不與事，請止給半俸以養親。」晳是雖不許，而喜其廉。〔註37〕

「新附官不釐務」，使得這批「新附官」本想藉入宋的機會一展身手，如今卻難為無米之炊。在傳統士人將出仕視為人生目標，以經世濟民為己任的情形下，這項不讓遼系士人親臨政務的規定，不免令之不滿，況且此項規定尚隱含著宋朝對於新附的遼系士人有所防備，如此亦使之心存芥蒂。

此外在民政範疇，宋朝在佔領燕雲後也出現了一些不當政策，其施行撩起了燕雲之民的「怨懟之心」，這讓遼系士人更難以歸心於宋朝。在許採的《陷燕錄》曾提到宋朝有三事失燕人之心，「一換官，二授田，三鹽法。換官失士人心，授田失百姓心，鹽法並失士人百姓心」。〔註38〕「換官失士人心」一事已詳前述。所謂「授田」，則是將燕山富民之地改授給常勝軍。原本宋金約定在滅遼之後，以燕地人民歸宋，契丹渤海奚人等歸金。但其時降宋之常勝軍因多為渤海、契丹之屬，懼遣金後有所不測，故透過燕山府宣撫司向童貫說項，後宋朝中央從

見下。

〔註35〕 兩人事蹟詳參《金史》卷89〈翟永固傳〉，頁 1975；同書卷90〈馬諷傳〉，頁 1997。

〔註36〕 《三朝北盟會編》卷24，頁 2～3。

〔註37〕 《金史》卷105〈任熊祥傳〉，頁 2310。

〔註38〕 《三朝北盟會編》卷24，頁 2。

之，以燕地之官宦富民換常勝軍一部之議遂成。〔註39〕這項「燕地留宋，燕民
與金」的決議，使金朝據此盡括燕雲一帶的富紳豪強北上。《北征紀實》便道：

> 金人既大得所欲，號職官富戶，因盡括六州之地上戶幾兩三萬起
> 發，由松亭關去。燕中合境爲之騷擾，由是怨懟生矣。時【王】
> 安中爲宣撫司以撫燕，既無綱領，所謂富戶田宅，皆爲常勝軍即
> 日肆意佔據，略不聞官司，安中坐視而已。因是多侵奪民田，故
> 人益不聊生。及後張覺殺金人，所虜遼臣之屬，已盡爲常勝軍所
> 有，皆立爲乞丐之人，方更遭其困辱，甚至于殺戮無告。所謂職
> 官富戶，又悉南奔歸我，我不得已，而後納之，且復流離困躓。
> 我重失燕人之心。〔註40〕

這種根本破壞燕地人民利益的舉動，使得燕民對宋朝產生了惡感，加上所謂的
「職官富戶」其實正是燕雲地區的漢人領導階層，因此他們的反應，也會影響
遼系漢族士人對宋朝的看法。另外在宋朝佔領燕雲之地時，因爲人謀不臧，不
能控制當地鹽價的波動，甚至部份官員刻意哄抬鹽價從中牟利，這使得在宋朝
初據燕山之際，當地的民生經濟立刻受到嚴重的干擾與破壞。〔註41〕此對歸附
宋朝並不積極的遼系漢士而言，這些政策的施行，使他們開始進一步的思考歸
附宋朝與他們自身利害的關係。

　　除了政策施行不當外，宋朝在接收燕雲地區之初所造成的混亂情形，也
助長了燕地百姓與宋朝的摩擦，而藉由宋方官員與平民百姓對宋遼系漢人
的反感表現出來。時人范仲熊追憶宋朝初定燕山的情勢中，曾提到當時燕雲
地區情勢的混亂：

> 燕雲兩路官吏散居中國，其嘯聚之民并引處內地，中國之民日夜疑
> 之，而官吏亦不復以禮待遇，兩相怨恨，數至喧爭。〔註42〕

由於百年分離，宋地人民與燕雲漢民早有隔閡。就燕雲漢民而言，在宋朝官
民的敵視下，也開始擔心入宋、仕宋是否將會危及他們日後的生活。就宋地

〔註39〕《三朝北盟會編》卷16僅記常勝軍向童貫遊說（頁6～7），而同書卷15則另
記新設之燕山府宣撫司也曾推動燕地官宦富民換常勝軍之議，並命參謀宇文
虛中具體規劃，規劃後「申奏朝廷，遂從其議」。（頁12）兩處合勘，整體決
策流程當爲常勝軍遊說，燕山府宣撫司規劃，童貫同意執行。

〔註40〕《三朝北盟會編》卷16，頁7。

〔註41〕《三朝北盟會編》卷24，頁2、3。

〔註42〕《三朝北盟會編》卷99，頁4。

人民而言，也難免會對這些生活於異族政權百餘年的燕雲漢民有所顧慮，懷疑燕雲漢民是否已被契丹同化而爲「蕃種」。加上爲了補給降宋的常勝軍，以及救賑戰亂後滿地瘡痍的燕雲地區，宋朝從今日的河北、山東、山西等地區刮收了大量物資輸援，史稱常勝軍「月費縣官糧猶十餘萬斛，率自山東、河朔運至燕。由是齊、趙、晉、代之間，民力皆竭，而群盜蜂起。」〔註43〕此使宋民一方面質疑宋朝的援助政策，一方面更強化了他們對於燕雲漢民的敵視。加上宋金關係逐漸的惡化，也有部份遼系漢人投靠金朝，某些宋方官員也開始懷疑這批仕宋遼系漢人的忠誠。

靖康元年九月（天會四年，1126年），宋朝殿中侍御史胡舜陟請求宜保密軍機，毋令金朝利用朝中「奸人」盡得宋方動向。〔註44〕奏箚雖未明指是何「奸人」居間「傳達虜廷」，但所指能使宋方謠傳「劉彥宗之亡」者，附宋之遼系漢人實難脫嫌疑，況且當時確實也有金朝利用遼系漢人入宋擔任金軍內應而被查獲的記錄。〔註45〕加上宋朝官民私下對遼系漢人已是不具好感，當這種敵視暈染而開時，首先便爆發在軍隊之中。宣和七年（天會三年，1125年）時，在河東的宋軍本部與燕雲之民便因軍糧分配不均而起爭執，宋軍乃威嚇燕雲之民：「女，番人也，而食新；我，官軍也，而食陳。吾不如番人也，吾誅汝矣。」在心生畏懼之下，當宗弼進軍河東時，朔州、武州、代州等地之漢兒軍便均叛降金軍而成南侵內應。靖康元年的平陽府義勝軍之叛歸宗弼，也是因爲宋軍傳言欲殺盡投附人。於是在正月十九日發生了平陽府義勝軍叛宋事件後，正月二十日絳州守官徐昌言遂先下手爲強，將轄內四千名義勝軍誅殺殆盡，而其他州縣聞及徐昌言之舉，亦比照辦理。〔註46〕宋朝與投附漢軍的互信遂完全破裂。當宋朝朝野一片對投附人的撻伐聲中，入宋遼系漢士的地位之尷尬可想而見，加上前述宋朝諸多薄待之舉，遼系漢士不免另有打算。於是當天會四年金軍大舉南下，挾征宋之便順勢括取宋境殘留的遼系漢士時，未見遼系漢士的掙扎便一一隨金軍北歸，結束他們在宋朝的短暫生活。

〔註43〕《建炎以來繫年要錄》卷1，頁9。

〔註44〕《三朝北盟會編》卷52，頁9～10。

〔註45〕《三朝北盟會編》卷30，頁8。其中提到靖康元年正月金軍第一次南侵時，汴京城內因爲「先有燕山人推獨腳車子，其中皆載兵器」，於是連日大索奸細，一時汴京城中紛擾不安。

〔註46〕相關經過，詳參《三朝北盟會編》卷23，頁9～10；卷30，頁9～10、17。

第二節　金朝的遼系漢士引用政策

　　女眞興起雖然已有長期醞釀，但客觀而言，整體擴張的速度依舊極爲驚人。這種速度一方面使遼宋措手不及，一方面也給女眞人帶來不少困擾。當女眞人尙在遼國北方進行攻掠時，因爲環境的類似，女眞人本身舊有的政治知識似乎可以勉強應付這些新收疆域。但是隨著佔領區域的擴大，尤其是逐漸征服了漢人群居的地區時，光就女眞本族的條件來應付則略顯困窘，此時，吸收漢族人才，尤其是士人來幫助女眞人治理漢地，便爲女眞統治階層因應新局面的必然措施。此外，女眞政權吸納漢族士人於其中，亦是有安定新佔領區居民民心的作用。在這兩項考量之下，金朝引用漢族士人的政策開始被制定並且執行，而遼系漢族士人則成爲女眞人最先接觸到的漢族士人。

　　就當時各族人才的條件來看，漢族士人應是最有能力支援女眞人所缺乏的統治技巧，不過在環境的限制下，女眞人最初引用的士人卻是來自渤海族。渤海士人所以被納入女眞政權之中，其因大致有三，一是女眞起兵反遼之初曾經聯絡渤海族共同反遼，彼此關係甚密，故女眞統治者對渤海族人頗爲信任。再者，渤海族人的知識水準甚高，足以解決初期女眞政權在政事治理上所面臨的各種問題。三者，金朝任用渤海族士人也有強化與渤海族聯絡的意味。在這批仕金的渤海族士人當中，以楊朴及高慶裔兩人的事蹟最爲顯著。楊朴，於遼朝曾累官至祕書郎，後於高永昌叛時降女眞。〔註47〕他可以說是金朝建國之前，對女眞政事活動影響最大的士人，其作爲最重要的事蹟在於鼓勵阿骨打建國稱帝，並爲金朝的開國規範了各項儀禮制度。〔註48〕但因其活動期間金朝的官僚體制尙未確立，是以名位不顯。史料上對楊朴活動的記載僅達天會元年，但楊朴死於天會十年。〔註49〕在天會元年到十年這段時間中所以不見楊朴活動的記載，或許和他在金廷中失勢有關。天會元年（1123年）前後，正是遼系漢人大批入仕金朝之際，由此來看，或許此時正是遼系漢士取代渤海族士人的關鍵期。高慶裔，崛起時間略晚於楊朴，在金初政壇中依附宗翰，史稱其「桀黠知書」。〔註50〕在金朝中權位頗重，仕至西京留守，

〔註47〕《大金國志校證》卷1〈太祖武元皇帝上〉，頁15。
〔註48〕楊朴在金朝典章制度上的貢獻有：一、議冊后妃；二、制定朝儀；三、請祭天地與禘享太廟，參見上註。另《契丹國志》、《三朝北盟會編》亦多有言及。
〔註49〕《大金國志校證》卷7〈太宗文烈皇帝五〉，頁119。
〔註50〕《大金國志校證》卷2〈太祖武元皇帝下〉，頁25。

後因宗翰失勢,天會十五年(1137年)被殺。

此外,如就當時金朝對宋所派遣的使臣來看,渤海族人擔任赴宋使節的記錄一直屢見史著。從天輔二年十二月金朝首次派遣使臣赴宋到天會四年為止,在這九年間的38次出使記錄中,渤海族人便參與了16次,且時間分佈平均,並未見到特定時間大量參與或突然消失的現象,這代表著渤海族士人就算在遼系漢士加入女真政權後喪失了原有的影響力,卻仍一直在金朝政壇上佔有一席之地。(以上詳細內容請參考表五「金朝遣宋使者一覽表」)因此雖然除了楊朴、高慶裔兩人之外,其他的渤海族士人在文獻中僅知的政治作為就只有在宋金交戰時擔任交通的使節。不過換個角度來看,事實上女真建國初期並沒有太多的政治活動,而且此時與遼宋的交往可說是女真初興時的重要課題,金朝將此任務交付渤海人,亦可想見女真統治階層對渤海人的信任。〔註51〕且就楊朴、高慶裔兩人受金朝器重的情形來看,渤海人的政治作為當不僅於此。

然而渤海士人雖然在知識水準上高出一般女真人甚多,但在金朝擴張神速之下,稍後不論是質或量,似乎也開始出現無法應付金朝統治需求的情形,只是最初金朝似乎尚未注意到這個現象。綜觀太祖年間,金朝僅有一次下詔求才,其時為天輔二年(1118年)九月。當時太祖下詔要求:「國書詔令,宜選善屬文者為之。其令所在訪求博學雄才之士,敦遣赴闕。」〔註52〕雖然也有可能是因為史料散佚使我們未見這段期間其他的求才之詔,但無疑的,至少在太祖年間女真統治階層是尚未認識到遼系漢族士人「本身」在政治上的作用。雖然此時已見不少遼系漢士的入金,但金朝收用的著眼點似為這批遼系漢士能夠「率眾來降」。換言之,在太祖年間,遼系漢士並非是以自身的知識技藝來打開入金的大門,而是靠著金朝想從漢族士人的依附過程中鞏固女真政權的環境下入仕金朝。於是在這段時間當中,從漢族士人入仕的情形,也能看出女真統治階層尚未體認到「得天下」與「治天下」的差別。

隨著攻遼日急,金朝的政策在太宗年間開始有了變化,而變化的契機在於太祖末年的取得遼朝精華之地。天輔六年(1122年)一年中,金軍陸續攻下了遼的中京(正月)、西京(三月)、燕京(十二月)等地。尤其是以燕京

〔註51〕參見舒焚〈金初無傳文臣考〉,《遼金史論集》第九輯(鄭州市:中州古籍出版社,1995年九月第一版),頁313~323。

〔註52〕《金史》卷2〈太祖本紀〉,頁32。

為首的燕雲地區，更是遼朝漢人的群居之地，其中戶富口繁，且生活型態與之前金朝所得之地大不相同。雖然未見女真人的當下反應，但可以理解的是，即便是有渤海士人為助手，女真目前的條件已經不足以有效統治這些新佔領區。洪晧的《松漠紀聞》便記錄了當時女真統治者因為言語不通，民事不熟，致使有心者得以「上下輕重皆出其手，得以舞文招賄」，產生「民俗苦之」的情形。〔註53〕此狀縱使不激起漢民的反叛，也是不利於漢民的歸心。相對的，漢族士人進入金廷後，種種貢獻也不斷的展現出他們在政治運作上的價值。如天會四年，當時高麗雖奉表稱藩，卻再三不肯進誓表，對金朝而言，此舉相當程度破壞了金朝苦心要建立的國際新局。然而在韓昉的一次出使中，以言語折服高麗官員，自此之後高麗遂正式進誓表稱臣。對此，宗幹極為高興，史載宗幹「因謂執事者曰：『自今出疆之使皆宜擇人。』」〔註54〕於是在太宗年間，金朝開始留心漢族士人的取用，也制定了各類錄用漢人的管道，金朝對遼系漢士的態度遂有了變化。

首先，此時的金朝因為治理人才的缺乏，以及為求爭取新附漢民的歸心，開始留意於漢族士人的取用。金朝安置遼系漢族士人的原則，大致可依引取的對象分成兩類。第一類是針對已在遼朝出仕，具有相當地位的漢族官員，引用原則是保持他們原來在遼朝中的官職名位不加妄動，有者也是升而不貶，所謂「有投拜開門者，知州官屬更不改易，并依舊法」即是此道。〔註55〕天輔六年（1122年）十月，太祖至奉聖州時，詔道：

> 朕屢敕將臣，安輯懷撫，無或侵擾。然愚民無知，尚多逃匿山林，即欲加兵，深所不忍。今其逃散人民，罪無輕重，咸與矜免。有能率眾歸附者，授之世官。〔註56〕

此詔下，蔚州亦降。蔚州降後，太祖又詔：

> 比以幽、薊一方招之不服，今欲帥師以往，故先安撫山西諸部。汝等既已懷服，宜加撫存。官民未附已前，罪無輕重及係官逋負，皆與釋免，諸官各遷敘之。〔註57〕

天輔七年（1123年），太祖遣韓詢持詔撫諭平州，其詔曰：

〔註53〕洪晧《松漠紀聞》卷上，頁10。
〔註54〕《金史》卷125〈韓昉傳〉，頁2715。
〔註55〕《三朝北盟會編》卷98趙子砥之語，頁13。
〔註56〕《金史》卷2〈太祖本紀〉，頁38。
〔註57〕《金史》卷2〈太祖本紀〉，頁38。

朕親巡西土，底定全燕，號令所加，城邑皆下。爰嘉忠款，特示優

恩，應在彼大小官員可皆充舊職，諸囚禁配隸並從釋免。〔註58〕

此外，太祖之對待燕京投降遼官亦循此原則。這項原則除了施用在漢族遼官身上，非漢族遼官亦同時比照辦理。其施行的用意，一方面可以爭取遼官的主動降金，再者亦透過轉銓遼官的方式，讓遼官自然融入金廷之中。天會二年（1124年）太宗詔漢軍都統劉彥宗，「凡燕京一品以下官皆承制注授」〔註59〕，便可見及金朝用心。而稍早的天輔七年，左企弓承太祖之命在廣寧府設置行樞密院，欲以漢法治漢民，循遼南面官制安插新降遼系漢官，亦是在這項大原則下產生的政策。〔註60〕在保障了遼官的政治前途後，對金朝取代遼朝尚存疑懼的遼官而言，此舉相當程度消弭了他們的恐慌。

第二類原則則是積極提拔原遼朝的下層官員與尚未出仕的士人。天輔七年二月，太祖詔告都統完顏杲：「新附之民有才能者，可錄用之。」而天會二年（1124年）太宗亦依此原則，「命宗望，凡南京留守及諸闕員，可選勳賢有人望者就注擬之，據姓名官階以聞。」〔註61〕轉銓遼官，不過是為了減少遼人的反抗，以化阻力為助力；但是引用新進人才，培養新的統治班底，則是金朝能夠長治久安的關鍵。於是金朝一方面不次拔擢有才能的遼朝中下級官員，一方面則利用科舉制度的施行引進不具遼官身分的遼系士人。

天會元年（1123年），金朝正式開科取士。〈登科記序〉中道：

天會改元，始試詞賦於東西兩京，或蔚、朔、平、顯等州，或涼。

庭試試期不限定月日，試處亦不限定州府。〔註62〕

從天會元年到四年之間，金朝的科舉制度尚未成熟，所以考試的時間、地點均未確定；其一試過關即稱進士的考試過程，與傳統的科舉相較也過於容易。由此可知金朝此時的科舉，與其說是甄選人才，倒不如說只是提供一條遼系士人投靠金朝的管道，因此管道不能太窄，嚴苛則失人心。進而由此相較於

〔註58〕《金史》卷78〈時立愛傳〉，頁1776。
〔註59〕《金史》卷78〈劉彥宗傳〉，頁1770。
〔註60〕《金史》卷55〈百官志一〉，中道：「天輔七年以左企弓行樞密院於廣寧，尚踵遼南院之舊。」（頁1216）關於金朝設置行樞密院的用意，可參考李涵〈金初漢地樞密院初探〉，文收《遼金史論集》第4輯（北京：書目文獻出版社，1989年），頁180～195。李涵認為廣寧行樞密院之設，應是「金朝採用漢官制度來統治漢人州縣的重要開端」。（頁181）
〔註61〕《金史》卷3〈太宗本紀〉，頁40、49。
〔註62〕李世弼〈登科記序〉，頁652，文收《金文最》卷45，頁651～653。

前述宋朝對待遼系漢士之道,又見宋朝政策之不當。當然宋朝有其學術傳統,欲降尊以待遼士,不免引起宋朝其他地區士人的反彈。但無論如何,金朝此舉實甚投遼系士人所好。

在這段時間中,從史料所見,金朝在遼地所辦的科舉一共有五次,其中已知舉辦時間的有天會元年的西京榜、天會二年的瀋州榜、天會三年的平州榜。此外東京榜、顯州榜則不詳試期。〔註63〕(參見表七「金初科舉年表」)在這幾次的考試中,金朝錄取了不少人才,如劉撝,西京路渾源人,天會元年詞賦狀元,「為一代詞學宗,雅好成就後進」,「當時名士大夫多出門下」;〔註64〕邢具瞻,遼西人,天會二年進士,「與吳、蔡(案:吳指吳激,蔡指蔡松年)為文章友,仕至翰林待制」;〔註65〕劉敏行,平州人,天會三年進士,入《金史》〈循吏傳〉,可見其政事之能。〔註66〕(參見表八「金初進士榜」)又據都智興統計,從天會元年至五年間的六次科考中(除上述五次,另再包括天會四年在宋地舉辦的真定試),金朝共錄取了420人,平均每科錄取70人。〔註67〕雖然此項數據實是根據天會四年金朝拔取宋地人才之真定試而來,但由於真定試的性質與之前在遼地所舉辦的考試規模與性質相差無幾,所以仍可勉強以真定試中舉人數做為觀察此時遼地六次科考對遼系漢士作用的基準。(關於真定試之性質,詳見第三章第一節之討論)因此如以平均每科錄取70人推算,此期金朝在遼地透過科舉所拔擢的人才大概在300名以上,這個數目單就遼地來看頗為可觀。因為如果與遼天祚帝時期相較,天祚帝在位的25年中,遼朝開科9次,共錄取610人。〔註68〕雖然每科錄取近70人和金朝此時在遼地錄取的名額相近,但遼

〔註63〕 〈登科記序〉提到的東、西二京、蔚、朔、平、顯四州均在遼國轄內,應為金軍攻下其地後為安輯民心所設,開科時間應在天會元年至天會四年之間。又《金史》卷51〈選舉志一〉有言金初科舉:「其設也,始於太宗天會元年十一月,時以急欲得漢士以撫輯新附,初無定數,亦無定期,故二年二月、八月凡再行焉。」(頁51)故在天會元年至天會四年間,已知金朝曾於天會元年十一月、二年二月、八月等舉辦三次科舉,然未知此三次之興辦地點。關於文中提及西京榜、瀋州榜、平州榜三榜舉辦時間之證出,可參考都智興〈金代的科舉制度〉(文收張博泉等著《金史論稿》第二卷,長春:吉林文史出版社,1992年),頁385。其中都智興所列之咸州榜,遍尋史料均未見此試,疑為顯州誤寫。

〔註64〕 《歸潛志》卷8,頁81。

〔註65〕 《中州集》卷8,頁1。

〔註66〕 《金史》卷128〈劉敏行傳〉,頁2762、2763。

〔註67〕 都智興〈金代的科舉制度〉,頁399,表一。

〔註68〕 李家祺〈遼代科舉考〉,頁26。文收《現代學苑》第5卷第8期,頁21~26。

朝並非每年開科，若以年平均計算，則天祚帝時期遼朝每年平均錄取不過 20 餘人，與金朝天會元年至四年的 4 年間每年平均錄取在 70 人以上相較，金朝之汲汲於收用遼士不言可知。同時此舉亦不啻是向遼朝士人宣布，金朝對遼地的統治已有長治之策，故除了可以達到舉用人才的效果外，在爭取遼系漢士歸心的作用上也是發揮了相當的作用。《金史》所謂「時以急欲得漢士以撫輯新附」即是言此。〔註69〕

　　除了以科舉拔擢未仕士人外，在攻城掠地之際，金朝亦注意有才華的中下層官員，特別引取以為日後治理遼地的班底。如劉彥宗（1076～1128），入金前在遼朝仕官至簽書樞密院事，天輔六年隨左企弓等降金，時年四十七歲，降金後得太祖賞識，遷左僕射，後佐宗望，所部大小庶務均由彥宗經手。〔註70〕韓企先（1082～1146），為遼乾統進士，入金前仕官未達，應是中京一名低階官員，完顏杲定中京後被擢為樞密副都承旨，時年四十。天會六年劉彥宗逝世後代其位，仕至尚書右丞相，與劉彥宗均位列衍慶功臣。〔註71〕而金朝亦透過已經仕金的遼系漢士引介才能之士，如張通古便是在與劉彥宗相善的情形下，出任金朝官員。〔註72〕於此種種，對遼系漢士之入金有著直接的推進作用。

　　從這兩項政策的施行中，我們可以注意到金朝在太祖、太宗年間，其爭取遼系漢士入仕的政策是隨著時間演進而有階段性發展，這也導致遼系漢士因此在前後期產生不同的入金方式。金朝最早鼓勵士人入金的宣示應是天輔二年（1118 年）九月太祖的下詔，這是促使遼系漢士入金一項重要的詔令。從史料來看，遼系漢人也是在此時開始入金。不過從表一「遼系漢人降金過程一覽表」來看，在天輔五年之前卻沒有一個確定具有士人身分的遼系漢人入仕金朝。而且更重要的是，到天輔五年（1121 年）為止，加入金朝的遼系漢人其身分多半是「降將」，投降過程多是「率眾來降」，入金後金朝所給予的官職亦多為「千戶」、「謀克」。〔註73〕就現存史料來看，我們難以一一分析這批漢人的身分及出身背景，但從文獻未見強調其文人身分，亦見此時金朝所以重視這批漢人，是因為他們可以「率眾來降」，並非其自身的知識技能吸

〔註69〕《金史》卷 51〈選舉志〉，頁 1134。

〔註70〕《金史》卷 78〈劉彥宗傳〉，頁 1769、1770。

〔註71〕《金史》卷 78〈韓企先傳〉，頁 1777、1778；卷 70〈習室傳〉，頁 1624。

〔註72〕《金史》卷 83〈張通古傳〉，頁 1859。

〔註73〕金朝授與「猛安」、「謀克」、「千戶」等職務之遼系漢人名單，詳見陶晉生《女真史論》（台北：食貨月刊出版社，1981 年），頁 26 至 28。

引了女眞統治階層的注意，而這也印證了上述提及金朝引用漢族士人的動機。因此，雖然太祖早在天輔二年便詔求「博學雄才之士」加入金朝的陣容，但事實上可以說最初金朝對爭取漢族士人入仕一事並不熱衷。此時引用漢人的目的只是爲了方便加速對遼朝的進攻，並藉由爭取遼地漢民的歸附以期削弱遼朝的力量。

遼系漢族士人加入金朝的情形，相較於天輔五年之前的稀落，在天輔六年後呈現了大幅成長的趨勢。天輔六年至天會四年（1126 年）間是遼系漢族士人加入金朝的高峰期，從表一可知，由史料搜尋所得之 64 名入金的遼系漢人中，扣除 8 名已確定不具士人身份者，11 名未知入金時間外，其餘的 45 名中有 35 名，七成七左右的遼系漢士是在此時入仕金朝。進而對當時乃至日後的金朝政權有著相當影響的遼系漢士，如劉彥宗、韓企先、張通古等人，也均在這份名單中。

天輔六年至天會四年之間遼系漢士入金高峰期的產生，和金朝在此時攻下了遼朝的漢人聚居之處，尤其是以燕京爲首的燕雲地區關係密切。金朝一來急需爭取這批漢族士人的歸心，二來也需要人手協助他們統治新佔領區，便不會輕易將這批人才棄之不用。對於這批漢族士人，金朝明顯地採取了和以往不同的對待方式。在天輔五年以前入金的遼系漢人，對他們金朝是以原有的政治結構來安插他們，並沒有特別爲他們改變金廷本身的政府架構。但是天輔六年金朝所獲得的這批遼系漢士卻不一樣，或許是相較於天輔五年以前進入金朝的遼系漢士，此時入金的漢族士人的質與量更令金朝不敢輕忽。大體而言，天輔五年以前入仕金朝的遼系漢人多爲地方守官，是以金朝對他們多以「有投拜開門者，知州官屬更不改易，并依舊法」的方式處理。而天輔六年之後入金的漢族士人，不是已爲遼朝重官，就是具有高度行政才能的中下層官員，對於這種情勢，金朝採取了另外一套因應的辦法。

對於這段時間投降的遼朝重臣而言，尤其是天輔六年帶領燕京百官投降的左企弓、虞仲文、曹勇義、康公弼四人，由於在遼均已位極人臣，如果僅將他們安插入金廷當時的政府職務，顯然不能滿足此輩，因此金朝便讓他們守遼舊官，但卻另賜以位高而無實權的虛銜。如左企弓在入金前任司徒加侍中，降金後金朝則命之守太傅、中書令。〔註 74〕若其四周有人才足以頂替其位，則金朝乾脆命之致仕，如遼興軍節度使時立愛在降金之後，職位旋被節

〔註74〕《金史》卷 75〈左企弓傳〉，頁 1724。

度副使張覺取代。〔註75〕對於這批遼朝重官，金朝是明揚陰抑，不過處理過程相當謹慎。雖然金朝亦有意借重他們過去的行政經驗整理創建金朝官制，如左企弓一度被派遣至廣寧設立行樞密院，但由於不久後左企弓等四人便爲張覺所殺，所以整體來看，這批遼系重臣在金初並沒有產生太大的影響。

很明顯的，在三類仕金的遼系漢族士人，即地方守官、中央重臣及中下層行政官僚中，金朝給予後者最大的重視。對金朝而言，單就本族的人才是難以掌控新征服的遼地，是以吸收人才是鞏固政權的必要措施。觀察此時收得的遼系漢士，對日後局勢影響較大者諸如韓企先、劉彥宗等均是屬於中下層的行政官員。由於中央重臣的年歲既高，暮氣又深，且遼朝待他們不薄，在他們與遼朝淵源深厚之下卻能不多抵抗便即投降，金朝對此已求之不得，更因疑懼其於遼地的威望，對於借用長才一事便已不加考慮。至於地方守官另有守土重任，金朝自有安排。取捨之下，未受遼朝重用的中下層行政官僚便成爲女眞統治階層的眼中最值得培養、重用的人才。

除上述直接關係到爭取遼系漢族士人入仕金朝的方法外，金朝亦配合當時的政治環境制定政策，間接促成遼系漢士的入仕。在太祖、太宗年間，當時的宋遼金三國仍是爭戰不休，情勢渾沌不明，雖然遼朝已在金朝的攻擊下岌岌可危，選擇盡忠於遼的漢族士人已在少數，但是放棄了對遼朝的盡忠卻未必要走向仕金一途。對遼系漢族士人而言，入宋亦是條不錯的途徑，而對這批傾心於宋朝的遼系漢士，金朝亦有因應的措施。影響最大的，便是利用若干宋朝不當的政策加以宣傳以離間宋朝與遼系漢士的關係，其中又以「燕雲棄取」的運作最爲關鍵。雖然金宋曾在攻遼之前曾有宋朝收復燕雲的協議，但因整個攻遼戰事中宋軍幾乎沒有提供太多實質幫助，因此在金朝的不滿下，金宋修正前約，「燕地留宋，燕民與金」的協議遂被制訂。當金朝開始大舉遷移燕京富戶時，燕雲百姓離鄉去國的不滿便被激盪而出，然而在金朝的宣傳下，燕人的怨氣卻被成功轉移到宋朝身上。宋人張匯在《金虜節要》中提到：

> 及金人於宣和五年驅燕山士庶，多有歸中京、遼水者。云：「我與中國約同取燕、雲，中國得其地，我得其人。」故被虜失業之夫，皆歸怨於朝廷。〔註76〕

《平燕錄》更是說明何以燕人多歸怨宋朝：

〔註75〕《金史》卷78〈時立愛傳〉，頁1776。
〔註76〕《三朝北盟會編》卷24，頁12。

金人用阿骨爽計，寸金寸土衰取殆盡。將燕城職官、民戶、技術、
嬪嬙、倡優、黃冠、瞿曇、金帛、子女等席捲而東。或告燕人曰：「汝
之東遷，非金人意也。南朝留常勝軍利汝田宅給之爾。」燕人皆怨，
說粘罕不當與我全燕。〔註77〕

在上述引文中，許探以爲「燕地留宋，燕民與金」的建議是出自於金朝者當
誤，「燕地留宋，燕民與金」的建議最初是出自宋人請求。雖然此項決議也是
要金朝推動才能出現，但在金廷的宣傳下，宋朝最後背負了造成燕雲百姓流
離失所的罪名，也使燕人萌生背宋向金之心。這個結果影響了遼系漢士對整
個時局的判斷，成爲遼系漢士選擇投向金朝的原因之一。

　　金朝在加強原先留在朝中的遼系漢族士人向心力的同時，一方面則限制留
金的遼系漢人入宋。天會三年（1125 年），宗翰在答覆馬擴質疑金朝南下攻宋
乃是失信之舉時，就反駁宋朝已先「違背誓約，陰納張覺，接收燕京逃去職官
民戶」。〔註78〕「接收燕京逃去職官民戶」之爲條款，且爲金朝南進的藉口之一，
便顯見金朝對治下漢人的重視。此外，金朝繼續爭取尚未入金的遼系漢士。除
了提供他們主動歸附的管道之外，金朝也在侵宋戰爭時，以政治、軍事等手段
括取已經入宋的遼系漢族士人。雖然在第一節提到宋朝與燕雲地區的遼系漢人
存在著諸多的摩擦，但仍有不少遼系漢士堅持留在宋朝之中。然而當金朝直接
以軍事及外交的手段介入遼系漢士的去留時，此時遼系漢士就算是要堅持仕宋
也是無能爲力了，這是最後幾乎所有遼系漢士均入金朝的關鍵。

　　有關遼人乃至於遼系漢士的去留，一直是宋金衝突的焦點。張覺事件最後
竟演變成靖康之禍發生的契機，自不待言，而早在天輔七年三月交割燕山之前，
金宋就曾爲了奔宋遼官的去留有過爭執。金朝堅持宋朝要將遼國奔宋的官員趙
溫訊、李處能、王碩儒、韓昉等人遣送回金，再議交割燕山之事。最後宋朝屈
服，將之遣送回金。〔註79〕張覺事件之後，但見金朝陸續利用機會括取宋境中
的遼系漢人。天會四年正月，金朝當初對宋朝的請和提出六項條件中，第四項
即是「凡燕雲之人在漢者，悉以歸之」。〔註80〕於是如張斛，入宋仕至武陵守，
「國初理索北歸」；〔註81〕任熊祥，於遼三世及第，率七十餘戶親友入宋，仕至

〔註77〕《三朝北盟會編》卷 16，頁 5。
〔註78〕《三朝北盟會編》卷 22，頁 6。
〔註79〕《三朝北盟會編》卷 15，頁 4～7。
〔註80〕《三朝北盟會編》卷 29，頁 8～9。
〔註81〕《中州集》卷 1，頁 22。

武當縣丞，天會六年正月金軍至均州，「歸朝燕人盡隨金人北去」。〔註82〕金朝刮取遼人的政策，一直延續至皇統五年（1145 年）。由於從天會六年至天會十五年之間正值宋金交戰，此時金朝乃以軍事手段來刮取在宋朝中的遼人。天眷年間之後，因為金宋局勢的和緩，金朝開始透過外交管道繼續執行天會年間以來的遼人索討政策。配合以索討在宋的華北宋士，（參見第三章第二節的討論）金朝順便要求宋朝將當時尚留南方的「北客」盡數遣金。據《林泉野記》所載，宋朝當時「盡發前後所得大金、契丹及歸明人五萬還於大金」，其中遼系漢士周金、馬觀國、史愿均在遣送之列。〔註83〕透過軍事與外交的手段，金朝逐能盡取遼系漢族士人，成為鞏固其政權的有利籌碼。

由上述金朝引用爭取漢族士人的政策中，我們可以發現女眞統治階層爭取遼系漢族士人存在著兩種動機。這兩種動機又有階段性的存在，是源自政治環境的變化所造成的統治文化的轉易，而此時的轉易除了反應出女眞統治階層在政治思維的轉變，也落實在各階段對待遼系漢族士人的政策之中。在女眞人初興時，他們的文化尚未具備理解漢族傳統政治知識對政權建立的重要性，引用漢族士人的目的不在漢族士人本身的知識才幹，而在於漢族士人所挾帶的人力、物力資源。因此在天輔之前，女眞統治階層較有興趣的投附者是能夠挾城池、人戶來降之輩。隨著對漢文明的接觸與瞭解，女眞統治階層也開始認識漢族傳統政治知識與熟習此說的士人在建立政權上的重要性。諸如漢族士人在平撫戰亂後動盪民心的統治技巧、出使時根據傳統漢人政治經驗所展現的談判手法等等，這些具體表現均讓女眞統治階層更加體會「不戰而屈人之兵」的道理，也讓他們相信了貌似無助於征服的士人卻也有著鞏固征服成果的實效。進而在女眞統治階層的逐漸重視之下，士人們不斷藉各種機會表現出具體作為以外的價值。由於統治經驗的具備與相關政治學說的掌握，士人擁有一套治國藍圖，此使金朝將能轉納士人的所有以完成一套在理念上足以自適的政治、歷史地位。不過在天輔、天會年間，金朝對漢族士人的認識最多僅是達到承認他們在具體政治作為的貢獻。女眞統治階層眞能體會漢士理念在建構金朝國家、歷史地位的作用，尚須再過五十年的世章時期才會出現，這種轉變又正是來自他們和漢族士人之間互動的日益深刻所致。

〔註82〕 《三朝北盟會編》卷 114，頁 13。又，《會編》記其名為任雄翔。
〔註83〕 《建炎以來繫年要錄》卷 153，頁 2467。

第三章　宋系漢族士人的入金

　　從天會三年（宋宣和七年，1125 年）十月金朝分兩路軍大舉侵宋開始，一直到皇統元年（宋紹興十一年，1141 年）十一月金宋和約簽訂為止，這 17 年中金宋一直是處於戰爭狀態。在戰爭中，金朝也有意如同拉攏遼系漢士般地爭取宋士的歸順，以其削弱宋朝的實力並壯大自己的陣容，於是金朝亦主動制訂各項政策意圖招攬宋士。但是在這 17 年中，金朝對宋士的引用一直無法像當初引用遼系漢士一樣地順遂。難以順利收納的原因，和早期宋士對金朝懷著相當大的敵意有著密切關係。由於金朝與宋士初期關係的惡劣，金朝之吸納宋士遂一波三折。本章以時間為主軸，分三期觀察宋士入金的經過，以期明瞭在各種先天條件的限制下，宋士最後是如何加入金朝。

第一節　宋士與金朝的初次接觸

　　天會三年十月，金朝兵分兩路大舉侵宋。隨著金軍的攻掠，金朝也有意比照對待遼系漢士的政策，企圖吸納宋士入金。但一直到天會八年九月齊國建立為止近五年的時間中，金朝引用宋士的策略實為失敗。本節將針對這段時期金朝爭取宋士策略的施行，以及宋士對這些政策的反應，來觀察並說明此時金朝與宋士遲遲無法建立政治關係的癥結所在。

一、堅持與妥協 —— 宋系漢士的抗金與降金

　　在我們討論宋士入金之前，必須先觀察宋士對於金朝南侵的反應，以瞭解他們是如何決定入金。這段時間中，出現了相當多變節附金的士大夫，當

然守節死義的宋士亦不在少數。關於變節附金的宋士，雖然他們的存在較少為史家所強調，但如仔細觀察，這些士人的數量恐不亞於守節之士。但不管如何，這兩種行為正代表著此時宋士對於金軍南下的兩種極端反應。以下將試著從他們的事蹟中，試著尋找此時宋士對於亂世的因應之道。

首先，變節附金的宋士多半是出現在宋朝政權瀕臨瓦解之際。從天會三年至天會八年之間，宋朝政權均是處於風雨飄搖之際，此時不少宋士出現了見異思遷的行為。進而這段時間宋朝最大的危機當屬天會四年底至天會五年四月間的金軍入汴，以及天會七年底至天會八年四月間的高宗浮海等兩時期。在此兩期中，宋朝暫時失去了領導重心，也正是宋士變節的高峰期。在討論第一個宋士變節的高峰階段 —— 金軍入汴時期之前，必須先說明天會三年至五年間宋金局勢的演變。

天會三年（1125 年）十月，由於宋朝收納張覺，太宗遂在宗望、宗翰的請求下正式伐宋。〔註1〕金軍以二路分進，由宗望統東路軍，宗翰統西路軍，東路軍於十二月十二日攻下燕山，隔年二月進圍汴京，後因限於西路宗翰被阻於太原無法南下，又恐宋朝截斷後路，故宗望在與宋廷達成停戰協定後，便逕自北歸，是為金軍第一次南侵。但因宋朝心有不甘，在留宋金使遼系漢人趙倫的吹鼓下，宋朝遂以趙倫為信使，欲聯絡入金之舊遼將領耶律余睹內應攻金。結果聯絡書信為宗望所得，金朝得起釁之端，天會四年八月，金軍第二次大舉南下。（趙倫作為，詳見第四章第一節）在這次進攻中，西路軍終於在九月三日攻破太原，東西二路金軍於十一月合圍汴京，閏十一月汴京破。天會五年三月，金立張邦昌為大楚皇帝，四月金軍挾徽、欽二帝北歸。五月，康王即位於歸德。

在金軍入汴之時，汴京內的宋朝官員除了少數能夠仗節死義之外，大部分多畏首偷生，甚或趨附金朝，助金朝收括汴京財物及建立楚國。時有鄧肅上奏請求懲處叛宋官民，奏章中將當時汴京附金者的作為分為二等八罪。上惡有五，分別是任楚國執政、諸庶官及宮觀起而為楚國侍從者、撰寫楚國勸進文與敕書者、為金人事務官者、避邦昌之諱而改名者。下惡有三，一是為宋朝執政、臺諫等官而稱臣於楚國者，二是受楚國官職者，三是奉使往來於金楚之間者。上述罪狀中，尤以受楚國官職之輩「不可勝數」。〔註2〕此奏所言或可略窺金軍入

〔註1〕《金史》卷 74〈宗翰傳〉，頁 1696。
〔註2〕《三朝北盟會編》卷 111，頁 3～6。

汴時的宋官舉止，而其內自多士大夫官員。然而在建炎元年（天會五年）五月高宗即位後，想要立刻針對這批附金官員提出懲處時，卻因此批官員數量太多，令高宗心有所忌，不敢驟然下令。《中興記》便道：

> 初，命滕康草赦文，或詆斥圍城士大夫，【士大夫】有憤怒意。上【案：即高宗】命耿延禧改定以進，且云圍城士大夫一切不問，眾服上有大度，真寬仁聖主矣。〔註3〕

另外，六月二日李綱所上「十議書」中，第五議「議僭逆」與第六議「議偽命」中曾請嚴懲張邦昌及附金官員。不過在高宗與黃潛善的商量之下，「翌日，出其章付中書，惟僭逆、偽命兩章不下。」於是要一直拖到六月五日，在趙子崧、李綱等人的不斷上言下才開始處置這批官員。但還是有不少官員表示疑慮，如呂好問便曾勸李綱：「王業艱難，正納污含垢之時，遽繩以峻法，懼者眾矣。」由此可見，高宗在六月八日的詔書所道之靖康變故中「曾無仗節死義之士」一語雖然過分，但「偷生取容何其眾也」卻是持平之論。〔註4〕

此時宋官對宋朝的喪失信心亦可從建炎元年宋朝所下的兩道詔令看出。五月，宋朝下令「文武臣僚，非篤疾廢疾，無得陳乞致仕」；九月，詔「行在及東京百司官，如擅離任所，並停官根捕，就本處付獄根勘」。〔註5〕五月之詔所責為避事求退之輩，九月之詔則是嚴禁官員棄職離守。換言之，因為局勢動盪，許多宋官此時已對宋朝前途信心動搖。但在北宋百餘年來對士大夫的優禮下，這些信心動搖的宋官尚不致遽然改弦易轍，而且由於對金朝的陌生，也讓他們不敢冒失地投入金朝的懷抱，於是在難以即刻作出棄宋降金的決定下，他們暫時保持觀望態度。面對金朝大軍的節節南下，這批意志不堅的宋士或是託疾辭官，或乾脆棄職遁逃，凡此種種，便成為此時宋士在兩難下的「折衷之道」。

不過雖然金軍入汴時期的汴京宋官表現是如此不濟，但是在外守土的官員卻是相當忠於宋朝。在宣和七年至建炎二年（金天會三年至天會六年，1125年至1128年）之間，雖然有不少地方守官棄城而走，但更多官員仍是據城力戰。就算是棄城而走的官員，亦見隨後轉戰四處，是以他們的棄城與其說是

〔註3〕《三朝北盟會編》卷102，頁1。

〔註4〕《三朝北盟會編》卷106，頁1；卷108，頁1。《建炎以來繫年要錄》卷6，頁145、148。

〔註5〕《建炎以來繫年要錄》卷5，頁134；卷9，頁224。

自保，不如說是種權宜。但當天會六年七月，金朝以婁室攻陝揭開大舉攻宋的序幕時，這種「權宜之計」的使用便有些浮濫了。這波進攻中，金軍聲勢浩大，高宗被迫由揚州奔至杭州，天會七年二月，宗翰焚揚州而退，宋朝暫獲喘息機會，此時淮河以北已多為金軍所下。夏季一過，金朝又展開攻勢，同年十一月守臣陳邦光以建康降，十二月臨安府破，一直到八年三月，宗弼的軍隊一直在江浙地區搜尋高宗，唯高宗此時已經出海避難。

當時宋臣倒戈之聲不絕於耳。（關於宋臣投降情形請參考表二「宋系漢士降金過程一覽表」）以天會七年為例，楚州、泰州、滄州、高郵（以上二月降）、磁州（六月降）、沂州（九月降）、壽春府（十月降）、廬州、和州、洪州、撫州、袁州、六安軍、建康府（以上十一月降）、越州（十二月降）均開門迎接金軍到來。當然此時亦有死節之臣，但較於迎降宋官之眾，這些忠義之士恐怕要感到寂寞。而宋士此時表現的另一個特點，就是棄城離守的現象大量出現。在此之前，宋官就算要棄守城池，也多半是有所考慮才付諸行動。如天會六年（1128 年）正月，權鄧州李操降金，史載操本不降，有士曹參軍趙某勸以：「豈不知盡節為忠。顧死無益，奈一城生靈何？」在趙某勸以全城百姓性命為重的情形下，李操遂降。〔註6〕但在天會六年七月後，宋官之棄守就僅是赤裸裸的逃遁了。天會七年十一月，以其時洪州為例，史載：

> 集英殿修撰江西安撫制置使知洪州王子獻，棄城遁走撫州，眾推土人朝請郎李積中權州事。於是中書舍人李公彥、徽猷閣待制權兵部侍郎李擢皆遁，司勳員外郎馮楫匿廬山佛舍，郎官以下多潛去者。
> 〔註7〕

這類情形，尚見於建昌軍：

> 先是金人既陷撫州，遣人齎檄諭降。守臣方昭慮為軍民所脅，以印授承事郎通判軍事晁公邁而去。未幾，公邁亦以募兵為詞而出，眾推承信郎兵馬監押蔡延世以守。〔註8〕

單就七年十一月，除王子獻、方昭、晁公邁等人外，棄城逃遁者尚有無為軍守臣李知幾、臨江軍守臣吳將之，知吉州楊淵等人。雖然宋朝早已經注意在潰敗之際會發生這種現象，建炎三年（天會七年）正月曾下詔，「有警而見任官輒搬

〔註6〕 《建炎以來繫年要錄》卷12，頁268。
〔註7〕 《建炎以來繫年要錄》卷29，頁572。
〔註8〕 《建炎以來繫年要錄》卷29，頁581。

家者，徒二年；因而動搖人心者，流二千里」，當時也曾使士大夫「皆不敢輕動」。〔註9〕但當宋廷已經自顧不暇之際，此令效果迅速弱化。進而這種逃遁求生的心態，在天會七年底至天會八年四月間的高宗浮海期間轉劇為宋官叛宋降金的動力。由於戰事持續，宋官原有的忠宋情節已為戰況的慘烈動搖，加上宋朝在金軍的追擊下似乎岌岌可危，擔心宋廷制裁的因素已被排除，部份宋官便由原先的觀望轉為對金示好，在金軍兵臨城下之際開門投拜。此時除了少數士人尚仍堅守臣節外，已有不少宋士開始思考亂世中的自保之策。

不過宋士畢竟不同於遼士，雖然有相當大量的宋士在金朝南下時以各式方法自保其身，但仍與遼士整體地迅速屈服於金朝的現象大不相同，其中尚有不少士人採取相當激烈的抗金措施。金軍的南下滅宋雖然相當順利，但是宋士的表現卻也令金朝吃了一驚，金朝至此才見識到宋士在宋朝所受到的訓練是大異於遼系漢士在遼朝之所獲得。遼系漢士面對金朝的攻掠一般多是投降，即令被俘，亦是迅速順服金朝。但在金朝攻宋的時候，宋士抗金的行為卻是相當激烈而不屈不撓，致使金朝輕易獲取領土的成就無法掩蓋難得宋士歸心的失落。是以王夫之論及此刻宋金局勢，以為金軍「自敗盟南侵以來，馳突於無人之境，至一城則一城潰，一城潰則一路莫不潰矣」的說法，只能說明金軍之強勢，卻是未見宋士在軍事潰敗之餘，仍以各種手段抵制金朝接收華北的征服區域。〔註10〕綜觀此時，宋士抵制金朝入侵的手法層出不窮，以宋金在陝西地區的對峙為例，「關陝之失也，士大夫守節死義者甚眾」。在《建炎以來繫年要錄》所舉九人中，有戰死者，如權知扶風縣康傑；有城破自殺者，如知天興縣李伸、知定西寨鄭洧（後得知洧未死）；有被俘論死者，如成忠郎盧大受；有入金通宋，密洩被殺者，如知環州安塞寨田敢、秦鳳路兵馬都監劉宣；有入金不仕者，如知隴州劉化源、原州通判米璞、知彭陽縣李喆。〔註11〕又如太原之破，除張孝純外，幾乎見於史著之所有守城官員或自殺，或被殺，均死於是役。〔註12〕由此可見金朝在收納宋士時所面臨的挫折。

如果仔細分析這些守節的宋士作為，更可發覺金朝的沮喪來源。這些守節的行為大致可分三種，第一種是在戰事間以死報宋，其中又可分為戰死、城破

〔註9〕《建炎以來繫年要錄》卷19，頁384。
〔註10〕《宋論》卷9〈欽宗〉，頁160。
〔註11〕《建炎以來繫年要錄》卷42，頁773～774。
〔註12〕太原官員忠宋作為，詳參《三朝北盟會編》卷53全卷所載。

自殺而死兩類。由於這種情況的普遍，金朝最後在不耐於這些宋官的堅決抵抗下，甚至在天會六年展開於進攻遼朝時少曾出現的屠城之舉，一來報復宋官的堅決抵抗，二來威嚇堅守的宋朝城池。〔註13〕第二種則是不在交戰之際主動求死，但在被俘或投降入金後，卻仍因堅持自己的某些執念，最後不屈被殺或自殺。如青州觀察使李邈，於天會四年十月真定城破被俘後，「留金三年，金欲以邈知滄州，笑而不答，及髡髮令下，邈憤詆之」，「翌日，自祝髮為浮屠，金人大怒，命擊殺之」。如通奉大夫劉韐，「韐守真定有威名，金人知之，欲用為尚書僕射，許以家屬行。韐不可，手書片紙，遣使臣陳瓘持遺其子曰：『金人不以予為有罪，而以予為可用。夫忠臣不事二君，此予所以必死也。』乃沐浴更衣，酌卮酒，以衣條自經於城南壽聖院」。〔註14〕第三種也是最和緩的是消極抗拒金朝授官，但並不求死，此類情形以被金所留之宋朝使臣最多。

在上述三種宋士盡節的行為中，以死報宋的宋士由於是倉促就義，未與金朝直接接觸，故難以判斷當得知金朝欲優禮他們之時，是否仍會如此盡節。但是後兩類不同，不論最後是自殺或被殺身亡，還是選擇義不仕金，當金朝已經表明重用之意卻仍不從，這對金朝實為一種羞辱，金朝的失落與憤怒可想而知。除李邈、劉韐外，又如天會八年（1130 年）五月，金軍破定遠縣，執保寧軍承宣使閻勃，「至南京，金人欲降之，不可；欲以為京東安撫使，又不可；敵怒，敲殺之」。〔註15〕當這批宋士在金朝利誘之際仍大膽作出抗拒金朝的決定，更是凸顯出其志節所在，也讓金朝感到困惑與不安。

另一方面，就算最後終屈服於金朝的威脅利誘之下，宋士也是多見掙扎。就如前述之降金宋官，有者是考量到一城百姓安危，被迫以自身節操換取全城居民性命。除前述李操的例子外，天會六年十一月相州守臣趙不試在知道全城軍民已有降金之意時，則更試圖採取一兩全之策：

> 不試乃登城，遙謂金人，請開門投拜，乞弗殺。金人許之。不試乃具降書，啓門，而納其家屬於井，然後以身赴井，命提轄官實之以土。人皆哀之。〔註16〕

〔註13〕金朝屠城，實起於天會六年十一月的攻破濮州。是役，「城無長少皆殺之」。同月，金破澶淵，「金怒其拒戰，殺戮無遺」。兩事見《建炎以來繫年要錄》卷 18，頁 367 至 368。
〔註14〕李邈、劉韐事蹟，分見《建炎以來繫年要錄》卷 28，頁 560；卷 1，頁 30。
〔註15〕《建炎以來繫年要錄》卷 33，頁 646。
〔註16〕《建炎以來繫年要錄》卷 18，頁 368。

其苦心不言可喻。此外，在宋士入金後常需要一段時間調整自己的心態，若是最終出任金官，也多是被金拘禁數年後才勉強就任。以張孝純爲例，雖然晚節不保，但被俘之初亦是矜持宋臣身分，不屈於宗翰威迫。〔註17〕即令後來被迫仕齊，亦有上書密連宋朝之舉。〔註18〕而前述降金之宋朝官員中，也多見叛金逃歸者，如知六安軍邊某（其名已佚）在天會七年十一月降金後，復於天會八年六月率軍民叛歸宋朝。〔註19〕這些宋士不但是對出任金官顯得意興闌珊，而且一有機會，隨時都有逃歸宋朝的可能。這些情況都是金朝在征服遼國時未曾有過的經歷。

這些宋士所以採取不與金朝妥協的態度，簡單的說應是兩種因素所造成，首先是基於宋士本身的價值取向。從宋士就義前後所留下的遺言所見，部份宋士確實謹守著身爲宋臣的本分，所謂「忠臣不事二君」（見前述劉韐語）、「寧爲趙氏鬼，不做他邦臣」〔註20〕之語多有可見。進而當這些宋士已明白降金不但得保身家性命，甚有高官厚祿的未來，仍選擇不從或自殺之途時，更是這種理念的極致發揮。

然而對多數飽讀詩書的宋朝士人而言，相信在傳統學術的教養下，可以清楚的認識到忠君守節的理念在其政治活動乃至於人格養成上的重要性，不過困難的不在於理念上的認識，而在於如何將理念落實到具體生命中。尤其是在危急存亡之際，這些宋士需要以自己或家人朋友的前途及生命來「圖報國家」時，多數士人不免猶豫，甚至退縮轉念。對這些徬徨的宋士而言，他們未必執著於人倫上價值理念的實現，但是很明顯的他們會去衡量盡忠守節的「後果」，而從利害上考慮宋朝究竟有無讓他們生死相許的必要。於是造成宋士採取不與金朝妥協的第二種原因，便來自趙宋猶在。比較天會五年與六年以後的金朝大舉進攻時的宋臣反應，據呂中《大事記》提到，天會五年時，宋臣「降者惟劉豫、傅亮等三人耳」，餘皆「死於義」。〔註21〕此乃一因此時局勢雖然不佳，但以宋高宗爲首的領導集團尚能給予宋士可靠的感覺，是以

〔註17〕《三朝北盟會編》卷193，頁2。中引《金虜節要》言太原城破，孝純爲執至宗翰前，逼令拜之，孝純抗言不拜，「粘罕不能強之，因囚歸雲中」。

〔註18〕如張孝純、洪晧等均有此舉。前者作爲參見《建炎以來繫年要錄》卷105，頁1706～1707，後者參見本章第三節。

〔註19〕《三朝北盟會編》卷140，頁5。

〔註20〕此爲天會七年宗弼入建康時，通判府事楊邦義之語。後邦義爲宗弼所殺，見曾敏行《獨醒雜志》卷8，頁2。

〔註21〕《建炎以來繫年要錄》卷5，頁134。

宋士多能不加考慮地盡忠宋朝。再者由於此時宋朝領導尚稱穩固,仍能有效執行賞罰,這對欲為苟且的守城宋官便有恫嚇作用。然而這種制約宋士變節的外在條件,在天會六年高宗奔逃四處後開始瓦解,此時高宗的「轉進」打擊了部份宋士的士氣,對他們而言,宋朝滅亡似乎指日可待。進而由於賞罰機制的暫時停擺,所有行動的後果僅憑宋士的良心決斷時,殺身威脅的解決便成為首要目標,於是前述之降金諸狀便迅速暴增。

所以「知其不可為而為之」畢竟只是少數宋士的執著,多數宋士還是不斷處於自我良心與保身護家的掙扎,在缺乏外力的制衡下,終究不免出現有違臣節的舉措。不過這種情形在宋朝重新鞏固政權之後又再度消失,由於時間不長,金朝並未趁機達到爭取宋士歸心進而消滅宋朝的目的。這種反覆的現象,說明了宋士曾為南宋政權的不穩而一度有叛宋行為的大量出現,但誘使他們叛宋的原因,並非因為金朝的吸引,而是對宋朝的喪失信心。此時對多數宋士的未來思考而言,仕金一途尚非主要選項,降金不過是暫且求生之道。

二、天會初年金朝的宋士引用政策

對於部份宋士的復反復無常與堅決抵抗,如前所述,金朝實感到困惑與不耐。雖然在接觸到宋系漢族士人之前,金朝已從遼系漢族士人之處習得與漢士的對應之道,不過從接續局勢的發展來看,金朝與宋士的關係建立,這些經驗似乎幫助不大。但不論如何,一開始金朝確實也想要將這些經驗施展在宋系漢士之上。以下我們將藉由金朝對宋士的引用政策中,觀察在天會三年至八年間的五年間,金朝與宋系漢士是在何種環境中展開關係的建立。

關於此時金朝收用宋系士人的政策,可以簡單區分為三種,一是透過戰爭俘掠刮取宋士,二是建立管道爭取宋士主動投附,三是強迫入金宋士出仕。在第一種政策中,被金朝刮取的宋士由於刮取途徑的不同大致可分兩類,一是在金軍入汴之際整批刮取的宋朝官員與太學生,二是在汴京之外於各地被零星俘獲的地方士人。金軍入汴,除索求各類金帛財物與儀器圖書外,尚遣送了大批人物北歸。這批人物有宋朝皇室,有特殊技藝之人才如工匠、樂師、醫者,而士人亦在刮取之列。靖康二年(天會五年,1127年)二月十六日,金朝便揭榜索取太學博士十人及太學生「堪為師法者」三十人。〔註22〕第二類在汴京之外

〔註22〕《三朝北盟會編》卷98,頁4~5。

於各地被零星俘獲的地方士人中，有事蹟可循者有胡礪。胡礪被俘於金軍入河北之際，後「行至燕，亡匿香山寺，與傭保雜處」，為韓昉所得而攬置門下。〔註23〕類似胡礪的例子相信還有很多。但值得注意的是在上述兩類俘虜宋士的過程中，士人並未受到特別禮遇，即令在汴京所獲之太學博士與太學生「堪為師法者」，亦未見其在入金後有所作為。尤其是在各地零星俘獲的宋士，金朝多將之與其他俘獲的丁口一視同仁，換言之則此批士人終生淪為女真貴族奴隸者亦大有人在，如《呻吟語》中記載：「天會時，掠致宋國男婦不下二十萬。能執工藝，自食其力者，頗足自存。富戚子弟，降為奴隸，執炊牧馬，皆非所長。無日不攖鞭撻，不及五年，十不存一。」〔註24〕其下場可見一斑。胡礪遭遇尚稱幸運，至於其他從此埋沒於奴僕使役的士人，數量恐不為少數，只是至此境遇史文已無記載，而循此途徑入金者之作為與影響亦恐有限。在這種情形下，金朝引取宋士更重要的政策就在於後面兩種。

　　面對領土、人口遠勝遼國的宋朝，女真統治階層也相當清楚想要順利取勝需要戰撫兼施，所謂「以和議佐攻戰，以僭逆誘叛黨」。〔註25〕在滅亡遼朝的過程中，金朝學會了爭取敵國治下的官員與人才加入己方陣容，此舉對擴大戰果事半功倍。於是攻宋戰事一起，金朝立刻開始鼓勵宋士入金。第一步是安撫華北百姓，冀望帶給宋人良好的形象。天會三年十二月，東路軍宗望引兵南下，便對先鋒郭藥師下令「所過州縣不得擅行誅戮」。〔註26〕天會五年六月，金朝在暫時掌握黃河以北的區域時，更重申「若諸軍敢利於俘掠輒肆蕩毀者，底于罰」。〔註27〕雖然這些命令的成效尚待討論，不過金朝安撫百姓的用意卻也相當清楚。

　　金朝的第二步則是針對宋朝的地方守官開放投附管道。也是於天會三年十二月金軍初入宋地之際，據秦檜《北征紀實》所載之留金宋使武漢英的觀察，宗望此時已有取用宋朝降官之舉。〔註28〕而趙子砥《燕雲錄》亦載，天會五年金朝「每破州郡，用一金人、一燕人、一南人共同鎮守。有投拜開門

〔註23〕　《金史》卷125〈胡礪傳〉，頁2721。

〔註24〕　佚名《呻吟語》頁3。

〔註25〕　《大金國志校證》卷7〈太宗文烈皇帝五〉，頁113。

〔註26〕　《三朝北盟會編》卷24，頁16。

〔註27〕　《金史》卷3〈太宗本紀〉，頁57。

〔註28〕　《三朝北盟會編》卷23，頁1。中記武漢英稱宗望「犯中國，得人初不殺」。

者，知州官屬更不改易，并依舊法。」〔註 29〕這種保障名額的出現代表金朝
爭取宋士的用心。另一方面，金朝更以高官對待部份降金的宋士。如天會五
年十二月知沙苑監周良以同州降，史載當時「金人諭降，良曰：『苟無殺戮，
當聽命。』許之。即授良定國軍節度使、知同州，惟遣十數騎入州學，取書
籍而歸」。〔註 30〕不過這些鼓勵宋官主動投附的政策在天會六年之前可以說是
相當失敗，不但宋方資料充斥著宋官「城破自殺」、「被俘不屈死」的事蹟，
連金朝資料也透露了這項訊息。天會五年七月，宗翰向太宗奏事，史載：

> 宗翰奏河北、河東府鎮州縣請擇前資官良能者任之，以安新民。上
> 遣耶律暉等從宗翰行。詔黃龍府路、南路、東京路於所部各選如耶
> 律暉者遣之。〔註31〕

另在同年八月，太宗下詔要興辦科舉，理由是「河北、河東郡縣職員多闕，
宜開貢取士以安新民」。〔註 32〕如果說是金朝不信任宋官，不敢委以守土重
責，那就也沒有必要在宋地開科取士。換言之，可能就是當地的宋朝官員多
是逃遁，或是不肯爲金所用，所以金朝一方面要從本部求取「良能者」南下，
一方面又要重新招募人才。

　　天會六年之前，一般來說少見投金的宋朝官員，就算某些官員曾在特定的
環境中採取依附金朝的行爲，如金軍入汴時期汴京內的官員，在這類環境的因
素消失後，這些宋官又重新回到宋朝，甚至寧願接受宋朝的秋後算帳，也未見
有自願隨金軍北返者。當然這些宋朝官員所以如此，有他們個人不同的背景因
素，不過最終的表現卻是類似。而在天會六年之後，主動投金的宋朝官員已略
爲增加，這和金軍的強勢表現，與金朝鍥而不舍地籠絡宋朝官員有相當大的關
係，一方面動搖宋士對宋朝政權前途的信心，一方面見縫插針，極力利誘信心
不堅的宋士。劉豫當然是主動投金的宋官中最著名的例子，除了他之外，天會
六年十一月金將婁室則以「許封以關中地」勸降了知府州折可求，〔註 33〕天會

〔註29〕　《三朝北盟會編》卷98，頁 13。
〔註30〕　《建炎以來繫年要錄》卷 11，頁 255。
〔註31〕　《金史》卷 74〈宗翰傳〉，頁 1697。又，此處「南路」當爲收國二年（1116
年）設於遼東地區之「南路都統司」簡稱，其設詳參程妮娜《金代政治制度
研究》（長春：吉林大學出版社，1999 年），頁 56～57 之說明。畢沅《續資治
通鑑》將之改寫爲「南京路」（卷 99，頁 2615），誤。
〔註32〕　《金史》卷 3〈太宗本紀〉，頁 57。
〔註33〕　《建炎以來繫年要錄》卷 18，頁 367。

八年二月宗弼也以「許以中原地封之，如張邦昌故事」說服了杜充降金。〔註34〕不過整體來看，數量仍是嫌少，金朝要爭取更多的宋士尚須利用其他方法。

除了利用降金的宋朝官員外，金朝也試圖從佔領區收刮尚未任官的士人，以培養一群新班底來配合金朝征宋。一方面透過戰爭的俘掠來取得宋士，一方面則開科取士，接受宋士的主動依附。值得注意的是此時金朝在宋地所主辦的科舉，表面上是採取希望宋士主動投金的態度，但實質上卻帶有強迫的意味。天會四年九月，當金軍攻克眞定後，隨即於當地舉辦考試。當時宗望是採「拘籍境內進士試安國寺」的方式令宋士赴試，當時褚承亮不肯前往，金朝便以「嚴令押赴」待之。〔註35〕在天會六年的燕山榜中，「正月，劉彥宗移文河北已得州縣鎮搜索舉人，二月一日已前起發赴燕山，就試與免科差」。〔註36〕對當地士人，一來「傳檄諸州搜索」，二來「蠲其科役以誘之」。〔註37〕天會七年的蔚州榜亦然，「時有士人不願赴省，州縣必根刷遣之」。〔註38〕可以看出當時金朝佔領區的宋士多不願就試，而迫使金朝必須使用強制、利誘的手段。

在天會三年至八年間，金朝所辦的科舉一共三次（即上述眞定榜、燕山榜、蔚州榜）。就其成效所見，金朝想要藉由考試以取得人才、收攬人心的目的似乎失敗。三次科舉中，第一次的眞定之試不像是傳統的科舉考試，倒像是金朝觀察宋士政治意向的測驗。於是根刮目的在於掌控境內所有的宋士名單，策題命定是爲了瞭解宋士政治取向，而不是爲了考驗這批士人的學術水準。因此，便出現了「上皇無道，少帝失信」這種令宋士難以下筆的對策題目。結果反而是不肯答題的褚承亮贏得了金人的尊敬，而中榜的七十二人雖被號爲「七十二賢榜」，但狀元許必之墜馬觸石而死，餘七十一人「無一顯者」的結局竟成傳世笑談。〔註39〕此次考試的效果當爲適得其反，反而強化了宋士排斥金朝的態度。至於燕山榜及蔚州榜，除了蔚州榜的經義榜首孫九鼎外，餘皆碌碌無名，拔擢人才的收效甚微。但是換個角度來看，雖然金國是以強迫手法括取境內舊宋進士赴考，以眞定之試爲例，在試題辱及徽欽二帝的情形下，竟然只有褚承亮一

〔註34〕《建炎以來繫年要錄》卷31，頁614。

〔註35〕《金史》卷127〈褚承亮傳〉記此次試時間爲天會六年（頁2748），當誤。據《金史》卷3〈太宗本紀〉頁55，眞定之克當爲天會四年九月；又失名〈儲先生碑碣〉（文收《金文最》卷86，頁1254）亦言此試行於天會四年。

〔註36〕《三朝北盟會編》卷98，頁13。

〔註37〕《建炎以來繫年要錄》卷14，頁304。

〔註38〕《建炎以來繫年要錄》卷28，頁559。

〔註39〕周密《癸辛雜識別集》卷下，頁5。

人擲筆而出，可見當時部份宋士多已見風轉舵，然而或許是這批宋士的素質太差，難以擔負金朝所托，是以不見日後爲金朝所重用者。

因此，在爭取宋朝士人主動依附的效果不佳下——即便科舉興辦已有半強迫的性質，採取強制手段「鼓勵」宋士仕金的作法顯得就更爲必要。所謂「強制手段」，即是逼迫宋官歸降。太宗至熙宗年間，大體上較具影響力的宋士多是被迫出仕。被迫仕金的宋士來源有二。第一類是滯留金朝的宋使。就史料所見，首名入金的宋人武漢英正是使金被留，〔註40〕雖然武漢英後來又逃歸宋朝，但從此宋使的「留金不遣」便相當常見。（參見表四「宋朝遣金使者一覽表」）王繪在《紹興甲寅通和錄》便說：「建炎以來，朝廷遣金國者，皆留而不報。」〔註41〕《建炎以來繫年要錄》在王倫歸宋後，也曾檢討道：

> 始朝廷遣人使敵，自宇文虛中之後，率募小臣或布衣借官以行，如
>
> 【王】倫及朱弁、魏行可、崔縱、洪晧、張卲、孫悟輩，皆爲所拘。
>
> 〔註42〕

不過金朝滯留宋士的動機似乎不全然是爲了引用他們，目前所見因爲被欣賞而爲金所留似乎只有吳激一人，〔註43〕其餘被留的宋使並無相關資料，僅能知道這或許和當時宋金局勢有關，一方面金朝擔心這些使節回宋洩露軍機，如武漢英之被留正爲此因；一方面滯留宋使也可以表示金朝求戰的決心。也因此在金宋局勢較爲和緩的時候，金朝多半將這些「小臣或布衣借官」的使臣遣歸宋朝，只留下如宇文虛中、吳激等知名之輩。

第二類來源則是被俘宋官。較知名者有天會三年十二月燕山俘獲的蔡靖、蔡松年父子，及天會四年九月太原城破被執的張孝純。這個方法帶來的宋士數目較爲龐大，雖然要折服這些被俘的宋朝官員不是件簡單的事，但還是收到了相當的成效。在威嚇利誘這批宋朝官員時，金朝也發現了一個現象，假如能夠掌握他們的家屬，通常宋官堅持的時間不會太久，畢竟當被俘宋官如果仍有家屬留宋，則仕金不免有所顧忌，進而親人均在金朝除使被俘宋官

〔註40〕 蔡絛《北征紀實》曾提及金軍南下之前，適有清州使節賀允中、副使武漢英入金，金恐其洩露舉兵事，遂留之。後因爲武漢英「頗黠」，爲太宗所愛，常語人其乃「南朝第一降人」。由此可見，之前至少並無值得女眞統治階層重視的宋人入金。《三朝北盟會編》卷23，頁1。

〔註41〕 《三朝北盟會編》卷161，頁4。

〔註42〕 《建炎以來繫年要錄》卷57，頁995。

〔註43〕 《金史》卷125〈吳激傳〉中言激之留金乃是金朝「以知名留不遣」（頁2718）。

的考慮更爲單純外，金朝也能以之要脅。如蔡靖便因親人多在金朝，所以被俘不久便出任金官，後與其子松年均成金初名臣。另如張孝純被金朝軟禁在雲中多年後，最後出任了劉齊的宰相一職，如此便可留在山東和其家人團聚。對此張匯尙婉惜說：「孝純暱於親友，懼於還虜，因而以喪晚節。」〔註44〕並且在齊國被廢後，張孝純轉任爲金朝的行台尙書左丞相，致使之前在太原的力抗金軍以及被俘之初堅守宋節的苦心全然付諸流水。可見對親友的牽掛，無疑是多數尙存人倫之情的宋士在堅守宋臣節操上的軟肋。無怪後來當宇文虛中得知金朝要求宋朝遣送其家屬赴金時，便曾拜託王倫，並以家書透過其子師瑗向宋廷請求勿行此舉。〔註45〕或許他也體認到一旦自己的家屬掌握在金朝手中，日後面對金朝必落下風，難以繼續自由地堅持忠義信念。不過當時宋朝在極力求和的政策下，最後宇文虛中的家屬依舊被送至金朝。因此爲了安撫並要脅這批入金的宋士，金朝一旦與宋朝重啓談判時，要求交換入金宋士的家屬便常是條款之一。皇統二年（宋紹興十二年，1142 年）五月，金朝致書宋朝邀索張孝純、杜充、宇文虛中與王進之家屬。〔註46〕於是在金朝要求下，宋朝在同年十一月便遣宇文虛中的家屬北去，隨後張孝純、杜充等人的家屬也跟著赴金。〔註47〕同時金朝在戰爭期間，也會利用親友的壓力逼降宋士，如天會九年（宋紹興元年，1131 年）十二月金朝就曾以家屬誘降耀州守官李師顏，不過李師顏並未降金，故其弟師文不久爲金人所害。〔註48〕

　　在金朝種種政策的使用之下，金朝開始引入了宋系士人。觀察天會三年至八年之間宋士加盟金朝的過程中，可以發覺主要入金管道多爲被俘、降金與遣使被留三種。不管是被俘、降金或是遣使被留的宋士，入金多非出於主動。以降金宋士爲例，其投金舉動幾乎全在金軍兵臨城下之際，即令主動納款者亦然。至於被俘宋官或留遣不歸的宋使則更不待言，他們在入金之初，多有一段或長或短的堅持不仕的時間，待金朝以各種手段施壓後方見被迫就範。於是金朝對這些宋士自然會產生難以爲用的感覺。至於少數主動附金的宋士，相較於諸多宋士的堅守臣節，反而爲金朝輕視其人品而不被重用。如杜充降金後，「粘罕薄之，久之，命知相州」，畢沅便認爲宗翰所薄者正爲杜

〔註44〕《三朝北盟會編》卷 193，頁 2。
〔註45〕《三朝北盟會編》卷 215，頁 4～5。
〔註46〕《金史》卷 79〈宇文虛中傳〉，頁 1792；《三朝北盟會編》卷 208，頁 7～9。
〔註47〕《三朝北盟會編》卷 212，頁 8。
〔註48〕《建炎以來繫年要錄》卷 50，頁 886。

充的「節」，故「不之禮」。〔註49〕在金朝使用各種手段試圖屈服宋士而成效
不彰，加以對宋戰事膠著，金朝內部開始出現「以漢制漢」的呼聲，金朝對
待宋士的政策又生變化。〔註50〕

第二節　齊國的建立對宋士的影響

　　天會八年（宋建炎四年，1130 年）九月九日，金遣高慶裔、韓昉攜冊
文立劉豫爲大齊皇帝，宋金關係又步入新階段。〔註51〕金之所以立齊，據
《金史》作者看法，「大概欲效遼初故事，立楚、立齊，委而去之」。〔註52〕
不過仔細分析，立楚與立齊的背景還是有所不同。金朝在立楚之時入宋未
久，對於宋地之風土民情僅能就遼系漢族士人之口耳聞瞭解，宋地的一切人
事對女眞統治階層均是陌生而令其難生久留之心。於是金朝在立張邦昌爲楚
帝後，便盡刮汴京內的金帛文物與各式人才還師北歸。從《僞楚錄》中可以
看出金朝在建立楚國的過程中並無全盤而妥善的規畫，除了逼張邦昌自立
外，所命之楚國官員皆由宋朝原來的中央朝官轉任，不見金朝已有長期統治
舊宋疆域的意圖。因此金朝立楚，應有藉觀察楚國治理成果再決定下一步統
治政策的想法。不料邦昌即位不久後便在各方壓力下自請退位，金朝無法從
中取得預期成果。至於立齊，金朝最初似乎不僅將之視爲一項權宜性的政策。
　　在接下來攻宋的四年中（天會五年至八年），雖然金朝取得不錯的戰果，
甚至一度動搖了高宗的政權，但整體來說，戰場越往南方伸展，金朝遭受的
抵抗也越大。加上宋士雖然投附日增，但是留金宋士的頑強抗拒也令金朝極
感疲憊。最終由於劉豫的從旁鼓吹，金朝遂有立齊之意。劉豫，宋元符中進
士，仕金前爲宋知濟南府事。天會六年十二月，金人遣使「啗豫以利」，劉豫

〔註49〕《宋史》卷 175〈杜充傳〉，頁 13811；《續資治通鑑》卷 108，頁 2862。
〔註50〕其時金軍攻宋多有不順。大體而言，宋軍戰力自建炎三年十二月張俊在明
　　　　州力拒宗弼起已漸有起色，此由李心傳《建炎以來朝野雜記》甲集卷 19
　　　　中之「十三處戰功」一條（頁 1～2）所記之宋軍勝利記錄可知。又據《大
　　　　金國志》卷 6〈太宗文烈皇帝四〉所載，天會八年初，曲端成功地遏止金
　　　　人在邠州的進攻，是役金將「撒離喝乘高望之，懼而號哭，金人因目之曰：
　　　　『啼泣郎君』」。同時「兀朮自江南還，初至江北，每遇親識，必相持泣下，
　　　　訴以過江艱難，幾不免」。（頁 98～100）以上資料均見此時金朝戰事之不
　　　　順。
〔註51〕楊堯弼《僞齊錄》卷上，頁 2。
〔註52〕《金史》卷 18〈哀帝本紀下〉，頁 403。

遂降。隨後金即授豫京東東、西、淮南安撫使，知東平府兼諸路馬步軍都總管，節制河外諸軍，並命其子麟知濟南府，於是「舊河以南」均為劉豫父子所掌。此時太宗已有意「俟宋平，當援立藩輔，以鎮南服，如張邦昌者」，劉豫亦極力爭取，並籠絡女真權貴完顏昌相助，遂如願受封為齊國皇帝。〔註53〕齊國之立，最初班底來源有二，一是劉豫的親屬與舊部，二降金的舊宋官員。前者之代表除劉麟外，尚有劉益，豫弟，任北京留守；張柬，劉豫舊部，權吏部侍郎兼右丞。後者之代表為張孝純，任尚書右丞相；李孝揚，權左丞；王燮，任汴京留守。後金朝又以宗弼南征所降之李儔、鄭億年、李鄴、李俅等人支援劉豫，其中儔任監察御史，億年權工部侍郎。〔註54〕另外，地方官員則多為舊宋官員擔任，而此輩多來自先前降金的該地守官。再者，金朝繼續強迫當時留在金朝的宋士仕齊，如滯金宋使朱弁、洪晧、張邵等，均曾為金所迫。〔註55〕雖然三人並未因此仕齊，但三人所領的使節團中部份宋使卻在金朝的壓力下接受齊官，如洪晧的副使龔璹與張邵的副使楊憲均因此入汴仕齊。〔註56〕可說除宇文虛中、吳激、杜充等少數外，當時金朝已盡可能地將金國境內的宋系士人遣至齊國為官。

因此由齊國建立初期官員的出身背景來看，當時金朝確實是有意將「馴服」宋士的工作交給齊國，如此金朝可以暫時不用傷神思考管理廣大華北民政以及處置這批難以屈服的宋士，進而也能專心處理黃河以北的新佔區域，這種「因地分工」似乎成為後來金齊雙方的默契。在天會十年（1132 年）夏天舉辦的白水泊之試中，宗翰便「密誡試官，不取中原人」。〔註57〕此試雖有少年作詩譏其不公，似乎代表著金朝對宋士的刻意打壓，但以其後齊國自辦科舉來看，或許金國有意將「中原人」留給劉豫引用，實非刻意歧視宋人。〔註58〕而同年稍早，高慶裔設磨勘法審查金朝官員的資格。據《大金國志》的記載，「粘罕諭樞密院

〔註53〕以上劉豫事蹟，詳參《金史》卷 77〈劉豫傳〉、《宋史》卷 175〈劉豫傳〉。

〔註54〕官員名單詳見《偽齊錄》卷上，頁 2。

〔註55〕三人為金逼迫仕齊之事《宋史》卷 373 之三人本傳。又洪晧事蹟另見《建炎以來繫年要錄》卷 40，頁 751。

〔註56〕龔璹事蹟參見《宋史》卷 373〈洪晧傳〉，頁 11558。楊憲事蹟亦見同書同卷〈張邵傳〉，頁 11556。

〔註57〕《大金國志校證》卷七〈太宗文烈皇帝五〉，頁 115。

〔註58〕如劉浦江在〈金朝的民族政策與民族歧視〉（《歷史研究》1996 年第 3 期，頁 54～69）中便舉此試為金朝「有意識地對『漢人』和南人實行區別待遇」的例證之一，參見頁 58。但如單就此試的舉辦情形來看，這次考試的意義似乎猶可斟酌。

磨勘文武官出身轉官冒濫，以雲中留守高慶裔參主之，奪官爵者甚眾。」〔註59〕至於「奪官爵」的標準，「凡嘗仕宣和者皆除名籍」。〔註60〕雖然也有不少遼系漢士受到池魚之殃，但此舉的矛頭無疑是針對著宋系漢士。〔註61〕之所以如此，亦可能與前述所言之金齊默契有關。〔註62〕另外也約在此時，舊宋進士薛節上書金國言事，內容不明，金朝的處理方式則是「執之以歸偽齊」。〔註63〕此事或見金朝已經厭煩了降服宋士的工作，而不願再過問轉變宋士政治認同的相關問題。

在同時，劉豫也盡力籠絡境內宋士。為了爭取宋士歸心，劉豫建國之初，首先透過各類政策的推行加強境內士人對劉齊政權的向心力。在九月即位後不久，劉豫便下詔求言要求「官吏、軍民、耆老，凡有所見，直言無隱，庶補昧惰，共圖永濟」。〔註64〕同年十二月，更封陳東為安義侯、歐陽澈為全節侯，以張巡、許遠廟制立廟於歸德府祀之，以凸顯宋朝不用直諫之臣。〔註65〕再者，劉豫亦大力括取境內宋士，要求宋士以出任齊官表態政治立場。不過較於金朝的動輒殺戮，劉豫手段還是和緩許多。如劉豫曾欲以宋奉朝郎趙俊為虞部員外郎，俊力辭再三，終不受。〔註66〕劉豫亦曾請聘尹惇，惇不從而奔逃入蜀。〔註67〕又如前述金朝將薛節交付劉豫處置時，薛節「以醜言詬豫」，豫本欲誅節，後在張孝純救援下，豫釋之。〔註68〕看來劉豫是有意藉機送給張孝純一個人情。以上這些作法，均見劉豫籠絡宋士的用心。

齊國建立之後，確實引誘了相當數量不願仕金的士人。（宋士入齊狀況請

〔註59〕《大金國志校證》卷七〈太宗文烈皇帝五〉，頁115。
〔註60〕《金史》卷90〈趙元傳〉，頁1993。
〔註61〕如趙元、張通古，各參見《金史》本傳。
〔註62〕張博泉等著的《金史論稿》中，認為磨勘法是為了「打擊宗望、劉彥宗所荐拔的人物」。這個論點雖然可以解釋依附彥宗的趙元、張通古之去仕，但卻無法說明何以要用「嘗仕宣和者」作為磨勘的標準。至於是否是針對宋人而立，其實今日史料未見宋士因此令而遭去官者，但「嘗仕宣和者」之限的主要受害者當為舊宋官員，故將此法視為針對宋人似較合理。對此，《金史論稿》亦認同此法確實也打擊了「宋人及曾仕宋之燕人」。張氏論點詳參《金史論稿》頁38至39。
〔註63〕《建炎以來繫年要錄》卷61，頁1056。
〔註64〕《三朝北盟會編》卷182，頁1。時天會八年九月二十三日。
〔註65〕《建炎以來繫年要錄》卷40，頁750。
〔註66〕《建炎以來繫年要錄》卷37，頁707、708。
〔註67〕《宋史》卷475〈劉豫傳〉，頁13795。
〔註68〕《建炎以來繫年要錄》卷61，頁1056。

參見表三「宋系漢士仕齊經過一覽表」）畢竟對士人而言，就算於宋朝不得志，但就因此要將前途寄託在一個草創不久，且非漢族所建立的國家之中，不免有所顧忌。而且這些猶疑的宋士對金朝是否長留華北亦抱疑問，萬一投靠金朝之後，金朝又與宋朝達成協議退出華北，那這批宋士去留之尷尬可想而知。至於齊國雖然是在金朝的支持下所建立，但畢竟是漢人政權，其禮儀官制多襲舊宋，適應不難。且位居中原河淮之地，也吸引了不樂遷徙之苦的當地宋士。最重要的是齊國之建立，代表著金、齊均有久治之意，這對貳心的宋士不啻是送出了定心丸。對此宋朝也很清楚，紹興三年（天會 11 年，1133 年）左迪功郎吳伸上書請伐劉豫時，便道：

> 夫金人雖強，實不足慮；劉豫雖微，其禍可憂。臣以為先擒劉豫，則金人自定。金人反覆，陛下知之詳矣。今又割中原以假劉豫，是并吞之謀已兆，而危亡之禍將及，豈可不為之計！〔註69〕

隔年李綱上書，亦持此論：

> 往歲金人南渡，意在侵掠，既得子女玉帛，時方暑則勢必還師。今劉豫使之渡江而南，必謀割據，將何以為善後之計哉？〔註70〕

因此齊國之建，相當程度模糊了宋士效忠宋朝的動機與決心，在剗除掉現實上不利宋士叛宋的因素後，宋系士人，尤其是華北的宋士轉而背離宋朝的情形便日趨嚴重。

在接收金朝遣送至齊國的宋士以及逼迫守節宋士之餘，劉豫進一步更開放了宋士入齊的管道，欲藉由宋士的主動投附，收用境內的宋系漢士，甚至是吸引在南宋的士人，以求壯大齊國的統治基礎。齊國建立之後，主動投效齊國的宋系士人大致來自兩個管道，一是以投降入齊，二是藉由齊國所舉辦的科舉入仕參政。第一條管道也是宋朝武將投附齊國的重要途徑，而士人藉此入齊者較少。施宜生與馬定國則為循此管道入齊的士人代表。施宜生，本名逵，曾任穎昌府府學教授，後入江南，以附閩中亂民范汝為獲罪。〔註71〕

〔註69〕《建炎以來繫年要錄》卷 71，頁 1190。

〔註70〕《建炎以來繫年要錄》卷 82，頁 1350。

〔註71〕范汝為與施逵（施宜生）之在宋事蹟，參見《建炎以來繫年要錄》卷 36，頁696 至 697；卷 40，頁 748 至 749；卷 58，頁 1014。又，歷來討論范汝為之研究甚多，相關成果詳見渡邊紘良〈南宋初的招安政策——以范汝為為例〉（文收《國際宋史研討會論文選集》，保定：河北大學出版社，1992 年，頁 532～542）註釋 1、2 所列，其中可見施宜生於南宋之活動內容。

因曾任職於潁昌府，或與劉豫有舊。不久施宜生輾轉逃入齊國，「上書陳取宋之策」，齊以之爲大總管府議事官。〔註72〕馬定國，《金史》言其「自少志趣不群」，在宣和末年以題詩酒家壁，坐譏訕得罪。後於齊國初建時加入，「以詩撼齊王豫，豫大悅，授監察御史」。〔註73〕由這條管道入仕齊國的宋人，包括武將在內，多半與宋朝有過摩擦，所以才會選擇投齊。另外一批主動投效齊國的宋系士人則是藉齊國所舉辦的科舉入仕參政。關於齊國的科舉制度，由於史料的缺乏，現今已難以暸解其中的詳細內容，包括考試制度、科目以及地點等。僅知在天會八年至天會十五年之間，齊國一共開科兩次，第一次在天會十一年二月，取羅誘等84名進士；〔註74〕第二次在天會十四年春，取邵世矩等69名進士。〔註75〕而這143名齊國進士中，除羅誘與邵世矩外，其餘均未見其名，亦未知他們有何作爲。因此科舉入仕的士人雖然不少，卻未見對當時的局勢有太大的影響。

　　一方面接收來自金國之中的宋系漢士，一方面自己引取培養，整體來看齊國已有一群同朝爲官的文士集團。但是雖言同朝爲官，卻因出仕動機的不同而使他們的作爲內容極爲多元。如以政治認同意向爲準，這批仕齊宋士或可分爲三類，第一類是不甘附齊而隨時伺機回歸宋朝者，第二類是以積極作爲開創在齊政治前途之輩，第三類則是不願對當時國際情勢表態，只願盡心於他們的職務，至於職務由哪個政權所授予，則非他們的關注焦點。其中以第三類的宋士數量最爲龐大。一般來說，降金出身尤其是被迫出仕的宋系漢士，他們在齊國通常尚懷有二心，有意藉機入宋，甚至是策反劉豫還宋。博州判官劉長孺便以勸劉豫反正而遭奪官下獄，〔註76〕滄州邢希載、毛澄（兩人均爲宋朝進士）則以上書請豫密通宋朝而被殺。〔註77〕而本身密謀南歸者則時有所見，天會九年（1131年）十一月，海州守官薛安靖約李彙、蓋諫等人，殺金朝所命之沂南淮北都巡檢使王企中及齊國戍將，率海州軍民歸宋。〔註78〕天會十年（1132年）

〔註72〕《金史》卷79〈施宜生傳〉，頁1786～1787。
〔註73〕《中州集》卷1，頁66。
〔註74〕《僞齊錄》卷上，頁4。又，《建炎以來繫年要錄》記是舉取48人（卷63，頁1077），疑爲誤抄。
〔註75〕《僞齊錄》卷上，頁6；《建炎以來繫年要錄》卷99，頁1635。
〔註76〕《建炎以來繫年要錄》卷37，頁705。
〔註77〕《建炎以來繫年要錄》卷40，頁750。
〔註78〕《建炎以來繫年要錄》卷59，頁1021。

十月，凌唐佐、李亘、宋汝為等三人以密謀通宋，事洩遇害。〔註79〕其中宋汝為本為宋朝國信副使，曾勸劉豫歸宋，然豫答以：「獨不見張邦昌事乎？」後為豫所留，不久命之知曹州。〔註80〕此外，天會十四年（1136年）九月，張孝純遣其客薛篙入宋密言齊國內情，也說：「山東長吏，皆本朝舊人，日望王師之來，爭為內應，以贖前愆。」〔註81〕此言雖略顯誇大，但比照上述事件，卻也透露出被迫仕齊的士人不甘附齊的心態。

　　對於這種情形，宋朝也相當清楚。姑且不論是否有士人藉著逢源於宋、金、齊三國之間以擷取個人最大利益，但有部份士人仍然心向宋朝的狀況卻是無庸置疑，因此宋朝也試著招納這些在齊的士人，並厚待此輩在宋的親屬。紹興四年（天會十二年，1135年），宋朝下〈招從僞士大夫詔〉，對於附齊宋士已先為他們脫罪，「其有失身僞廷，事非其主，故脅迫使然，有不得已者」，並指明張孝純、李鄴、李儔三人，特別說明宋朝不以他們附僞為懷，並仍用心照顧他們在宋朝的家屬。〔註82〕宋朝確實是特別注意這些入齊宋士的家屬，至於動機可說是用心照顧，也可以說是就近監視以避免這些官員的家屬趁機入齊，而使這些士人在對宋活動上投鼠忌器。紹興元年（天會九年，1131年）十二月，宋朝下令根括張孝純、李鄴、李儔等人的家屬赴臨安，以方便「存恤」。〔註83〕紹興二年三月，以鄭億年妻韓氏卒，賜其家錢千緡。〔註84〕對於李儔、李俅兄弟之父集英殿修撰李友聞致仕後，宋朝並未奪其俸祿，乃「冀招來之」。故友聞得在家安享天年，卒年八十餘。〔註85〕但對於宋朝的厚愛，這些入齊士人未必人人感恩，重點在於他們在齊國的所作所為，自己其實也很清楚已經逾越了宋朝可以忍受的限度，回到宋朝必遭懲處。在張孝純獲得〈招從僞士大夫詔〉後，曾與李鄴討論此事，李鄴就很明白的說：「死無所憚，但恐如陸漸之禍，惡名終不可免爾」。〔註86〕陸漸者，天會八年七月為宗弼所俘北上，齊建後宗弼將他交給劉豫授官，不久脫身南歸。後在宋朝為

〔註79〕《建炎以來繫年要錄》卷50，頁889。
〔註80〕《建炎以來繫年要錄》卷40，頁750。
〔註81〕《建炎以來繫年要錄》卷83，頁1362。
〔註82〕《三朝北盟會編》卷165，頁5、6。
〔註83〕《建炎以來繫年要錄》卷50，頁892。
〔註84〕《建炎以來繫年要錄》卷52，頁921。
〔註85〕《建炎以來繫年要錄》卷102，頁1666。
〔註86〕《建炎以來繫年要錄》卷83，頁1363。

人告發其曾勸宗弼焚臨安，遂被殺。〔註87〕在這種情形下，既然已蒙不忠之名，與其赴宋受死，倒不如留齊另有發揮。

這種不願回頭的心態，造就了部份入齊宋士放意倡言征宋之論，以冀由齊國之平宋得天下，使他們脫離目前尷尬的身份，進而取得一個對自己的合理交代。他們的人數雖少，卻構成了齊國官員活動的主幹，這些宋士便是上述分類中的第二類。諸多齊國的政策方針與作為，可說是由他們和劉豫共同營造而出。在天會十二年意圖侵宋之前，劉豫曾下詔說明其理由，其道：

> 朕膺受天命，既作民主，遂竭其憂勤，撫治中原，數年而來，治頗
> 有緒。永惟巴蜀、吳越、江湖、鎮海，皆定議一統之地，含齒戴髮，
> 莫非臣民。憫其陷於僭逆之邦，豈不欲速便混一。〔註88〕

視南宋政權為「僭逆之邦」，這是當時齊國的政治宣傳手法，也相信是劉豫與前述之仕齊且有心開啟政治新生命之諸士，在「君臣同心」下所營造出的政治氣氛。諸如羅誘〈南征策〉，馬定國〈君臣名份論〉，祝簡〈遷都賦〉、〈國馬賦〉等，均是此類共識的具體表現，且所言對南宋與宋高宗的謗毀，較之劉豫詔敕甚有過之。如羅誘〈南征策〉，首先便將劉豫喻為漢高祖而可取天下，隨即辯駁眾人認為不可輕言南征的四項意見，並舉出當下南征的六項優點，勸劉豫即刻征宋。值得注意的是羅誘認為如不在此時征宋，待劉豫逝後，「大臣皆宋之舊臣，誰肯協力以輔少主？」明白指出南宋政權對齊國境內的士人與官員還是存在著相當大的吸引力，不得不防。於是此策一上，「豫見之大悅」，「以誘為行軍謀主」，並遣人向金朝請兵，於天會十二年九月合金軍大舉南下攻宋。〔註89〕除了羅誘〈南征策〉對宋、齊局勢造成直接的衝擊外，馬定國之〈君臣名份論〉也是值得注意。其全文目前已佚，但《三朝北盟會編》留有節文，內容大抵是直斥宋高宗在靖康之禍時據兵不前，坐視徽、欽二帝被俘北上以成即位之圖。〔註90〕此言就當時時局而言，實有厚誣高宗之嫌，

〔註87〕《建炎以來繫年要錄》卷31，頁610；卷55，頁968。

〔註88〕《偽齊錄》卷上，頁5。

〔註89〕羅誘〈南征策〉，見《三朝北盟會編》卷182，頁12～16。劉豫獲書反應，見《建炎以來繫年要錄》卷78，頁1287。

〔註90〕節文見《三朝北盟會編》卷181，頁10。《三朝北盟會編》卷181之存文來自楊堯弼《偽齊錄》〈劉豫傳〉，惟題名改為〈偽豫傳〉。又現存之《偽齊錄》〈劉豫傳〉已刪〈君臣名份論〉節文，僅註明「其言指斥鑾輿尤甚」（卷上，頁5）。

但卻達到貶抑高宗繼承宋統的目標。劉豫獲此文，隨即進定國一官。〔註91〕又在祝簡的〈國馬賦〉中，亦有「蠢爾蠻荊，弗賓弗降。固將突騎長驅，不資一葦之航，撒烈飛渡，如歷九軌而履康莊。豈惟觀兵長淮，飲馬大江而止哉」之述。〔註92〕將南宋比成「蠻荊」，可見在齊宋士爲了重建本身政治認同的價值，是如何無所不用其極以成貶宋揚齊的意圖。這種行爲，其實已不能僅就「桀犬吠堯」的心態來做解釋，與其說是忠於劉豫，倒不如說是忠於自己。亂世之中，既然選擇仕宋之道多見崎嶇，那麼另闢蹊徑，以求一搏，所謂成王敗寇，亦是此輩放手爲之所在。

至於第三類的宋士，則以實際作爲協助齊國政事的推展，間接促成齊國政治地位的確立。這批在齊國施展抱負的士人中，有創制政制者，如馮長寧、李侁、許伯通等人爲齊國制定稅法；〔註93〕有勤於民政者，如范拱等人爲民請言什一稅之弊，趙鑑以治理劇邑著名。〔註94〕然而他們不像發表揚齊抑宋言論的士人一般，願意明顯表態他們的政治立場，除了少數如馮長寧尚有請乞南征的建議外，〔註95〕這些齊士官員多避免涉及齊宋事務。換言之，他們盡量迴避，並盡可能切斷與宋朝的聯繫，只求盡心於自己目前的職務。雖然這批仕齊宋士多要背負「貳臣」的指責，但單就在齊國中的所作所爲來看，他們最多僅是想求得一賢臣能吏的封號罷了，仕宋，仕齊，或是仕金，對他們而言都不再是這麼重要。看得出來，有一批原爲宋士的仕齊官員，其從政心態正在「遼系漢士化」，忠義節操的關懷對他們從政行爲的影響正在迅速弱化。這類士人的數目，實佔上述三類宋士中的絕大多數。

第三節　齊廢之後──金朝與宋士關係的再建立

天會十五年（1137年）十一月十八日，金人以迅雷不及掩耳之勢調兵進入汴京擒拿劉豫父子，結束齊國在黃淮之間七年多的統治。這段時間中，劉齊政權對於華北宋士的政治出處影響甚大，至少已經達成了模糊華北宋士政治取向的作用。廢齊之後，金朝首先要面對的問題，便是如何安撫齊廢之後華北漢人

〔註91〕《建炎以來繫年要錄》卷68，頁1162。
〔註92〕《僞齊錄》卷上，頁3。
〔註93〕《僞齊錄》卷上，頁2；《三朝北盟會編》卷181，頁9。
〔註94〕《金史》卷105〈范拱傳〉，頁2313；卷128〈趙鑑傳〉，頁2767。
〔註95〕《三朝北盟會編》卷182，頁17。

與舊齊官員的人心。劉豫初立之時，確實是吸引了相當多的士人加入，然而當時也已經有人不看好齊國的未來。「豫初僭立，奔赴者眾。識者譏之云：『濃磨一鋌兩鋌墨，畫出千年萬年樹，誤得百鳥盡飛來，踏枝不著空歸去。』」〔註96〕但是這些士人既然已經選擇投齊，自然不容易相信齊國未來的有限。不過局勢的變化卻讓他們越來越擔憂。劉豫父子的被擒，震撼了齊國士庶，對他們而言，不安的是又要重新面對一個未知的統治方式。當時金朝在黃河以北的統治中，也的確作出許多如下令薙髮、肆意遷徙民戶等不得漢地民心的舉措，對此齊境百姓當有耳聞。加以宋朝此時針對華北的不安大肆招攬漢民歸宋，並宣布對之前赴齊之宋官既往不咎，此更促進此時齊境內官民的思遷之心，影響到齊國士人對於未來的思考。〔註97〕

對於齊境百姓與士人的騷動，當時記載甚多可見。早在劉豫被廢前夕，齊國已有傳聞，南宋亦得知此事，史載：

> 時中原遺民有自汴京來者，言劉豫自猊、麟敗後，意沮氣喪，其黨與皆攜貳。金國謂豫必不能立國，而民心日望王師之來，朝廷因是遂謀北伐。〔註98〕

紹興八年（天眷元年，1138 年）十一月，宋臣王庶在〈論和議〉的劄子中，也向高宗說明這種現象：

> 聞虜中自豫廢之後，遼人漢人上下不安，日夕生變。前此歸正者甚眾，其意可見。〔註99〕

又《三朝北盟會編》亦載：

> 中原士庶，以金人廢齊之後，多有挈老小來江南。兼酈瓊叛兵，復有回歸，沿淮諸州，皆招納接應之不暇矣。〔註100〕

於是時，齊廢前夕的天會十四年二月即有知光州許某以州降宋，〔註101〕天會

〔註96〕《三朝北盟會編》卷181，頁4。
〔註97〕如紹興七年（天會十五年，1137年）閏十月，時淮軍中有諸多官員被酈瓊挾持北上入齊，不久還宋者眾。這些官員在請求復官之際，被有司以「文卷不明」降官以待。趙鼎向高宗建言：「此朝去偽歸正，當優假之。今乃降其所請，反使棲棲有不足之嘆。」高宗從之，「於是人心欣然，來者相繼」。《建炎以來繫年要錄》卷116，頁1875。
〔註98〕《建炎以來繫年要錄》卷109，頁1773〜1774。
〔註99〕《三朝北盟會編》卷186，頁10〜11。
〔註100〕《三朝北盟會編》卷183，頁1。
〔註101〕《三朝北盟會編》卷169，頁7。

十五年九月有知臨汝軍崔虎降；〔註102〕而齊廢以後的天眷元年正月有蔡州提轄白安時、知亳州宋超來降，〔註103〕同年四月，知同州李世輔與知華州王世忠亦共謀歸宋，事洩，世輔逃至西夏，其家屬均為金朝所殺。〔註104〕這些例子均反應出當時齊境人心的浮盪。

當宋朝得知齊國官民人心浮動的同時，金朝亦已察覺。在擒捕劉豫父子之餘，金朝也迅速派兵至齊國各要地以防止齊官歸宋，並下達一連串的詔令以鎮定民心。齊國在七年多的施政中，最為百姓詬病便是稅法過苛，當時齊國「凡含齒戴髮，上至耆老，下至齠齔，微至倡優，無不日納官錢」，其擾民可見。再者，齊國亦圖控制百姓的思想，「凡出語言，稍涉時忌，並許人告訐。人得其情，告者受賞；或遭誣執，告者免罪。由是小人得志，父子不敢隱語」。〔註105〕因此金人廢齊，便宣布「齊國自來，創立重法，一切削去，并令依律施行」、「齊國差使繁重，令悉從宜，酌量減免」。〔註106〕另外，金朝也針對舊齊官員多方安撫，其詔道：

> 一，自來齊國非理廢罷【案：「罷」，《會編》作「罪」】，大小職官并與改正敘用。或有懷才抱德，隱居山谷之人，亦仰所在官司，以禮聘召，量才任用，更或申聞。內有才德絕倫者，開坐姓名申覆【案：「覆」，《會編》作「聞」】，以憑不次升擢。
>
> 一，日來逃亡在江南人等，不問是何名目，若是卻來歸投，并免本罪，仍加存恤。〔註107〕

或威嚇舊齊官員不得輕舉妄動，其詔道：

> 齊國本非自立，凡官司所有勾當，無非本國公事。其大小職官，輒勿誤會，妄生驚疑。仍仰自今以後，更切用心，拊循百姓，以保祿位，各懷忠信，仰順天意，用答宸心。亦當遵守宣旨，厚加撫恤。若是卻有執迷，不從天道【案：「若是卻有執迷不從天道」，《會編》作「若是執迷不順」】，聽用浮言，必當自貽刑戮。〔註108〕

〔註102〕《三朝北盟會編》卷182，頁18。

〔註103〕《三朝北盟會編》卷183，頁1。

〔註104〕《三朝北盟會編》卷183，頁5、6。

〔註105〕以上施政內容詳參《三朝北盟會編》卷181，頁3。

〔註106〕《三朝北盟會編》卷182，頁7。

〔註107〕《偽齊錄》卷下，頁3。其文亦見《三朝北盟會編》卷182，頁8。

〔註108〕《偽齊錄》卷下，頁3；《三朝北盟會編》卷182，頁8。

在金朝軟硬兼施的手段下，「上下不安，日夕生變」的情形變得較爲和緩，而多數的齊官也靜待金朝的改編。

金朝進而著手改編齊官，以行動表示金朝並未放棄齊國的人才，以堅定浮動的齊士之心。罷廢劉豫後，金朝在汴京設立行臺尚書省以取代原來的齊國政權統治黃淮之地。〔註 109〕其中大部分的官員都是由齊國舊官改編，其名單詳見下表：

金朝汴京行臺官員一覽

原任齊國職稱	族屬	姓名	新任職稱	備註
自金朝轉任	契丹人	蕭保壽奴	行臺右丞相	
自金朝轉任	女眞人	溫敦師中	行臺左丞	
自金朝轉任	燕人	張通古	行臺右丞	
自金朝轉任	契丹人	蕭陳哥太師	戶部侍郎	
自金朝轉任	燕人	張鈞	禮部侍郎	
自金朝轉任	燕人	王翬	左司郎中	
自金朝轉任	燕人	左瀛	禮部侍郎	
自金朝轉任	契丹人	耶律孝忠	吏部侍郎	
自金朝轉任	契丹人	蕭融	刑部郎中	
自金朝轉任	宋人	杜崇	兵部郎中	杜充子
自金朝轉任	宋人	趙子潗	汴京總判	趙宋宗室
自金朝轉任	宋人	張仲熊	光祿寺丞	張叔夜子
自金朝轉任	女眞人	完顏胡沙虎	汴京留守	
自金朝轉任	燕人	蕭長壽奴	汴京副留守	
自金朝轉任	燕人	劉陶	汴京同知留守	
自金朝轉任	契丹人	韓睿	都城警巡使	
尚書左丞相致仕	宋人	張孝純	權行臺左丞相	
右丞相	宋人	張昂	知孟州	
左丞	宋人	范恭	知淄州	
右丞	宋人	李鄴	知代州	
戶部侍郎	宋人	馮長寧	戶部尚書	
吏部侍郎兼禮部	宋人	鄭億年	吏部尚書	
戶部員外郎	宋人	韓元英	許州節度副使	

〔註 109〕《金史》卷 55〈百官志一〉，頁 1219。

司農寺丞	宋人	周霆	權同知副留守	
河南監酒	宋人	李儔	汴京同知副留守	
殿前太尉	宋人	許清臣	同知懷州	
南京留守	宋人	翟倫	滄州節度副使	
麟府路安撫使	宋人	折可求	麟府路安撫使	官職依舊
涇原路安撫使	宋人	張中孚	涇原路安撫使	官職依舊
秦鳳路安撫使	宋人	張中彥	秦鳳路安撫使	官職依舊
環慶路安撫使	宋人	趙彬	環慶路安撫使	官職依舊
熙河路安撫使	宋人	關師古	熙河路安撫使	官職依舊
知西京	宋人	慕容洧	知西京	官職依舊
知宿州	宋人	趙榮	知宿州	官職依舊
南京副總管	宋人	趙世臣	南京副總管	官職依舊
北京副總管	宋人	劉光時	北京副總管	官職依舊
知拱州	宋人	酈瓊	知拱州	官職依舊
齊時官職不詳	宋人	孔彥舟	步軍都指揮使兼知東平府	
齊時官職不詳	宋人	李成	殿前太尉兼知許州	
齊時官職不詳	宋人	王彥先	知亳州	
齊時官職不詳	宋人	李世輔	同知蔡州	
齊時官職不詳	宋人	李師雄	馬軍都虞侯	
齊時官職不詳	宋人	王世忠	步軍都虞侯	
齊時官職不詳	宋人	靳賽	同知相州	
齊時官職不詳	宋人	徐文	汴京總管府水軍都統制	

資料出處：《僞齊錄》卷下，頁 4、5；《三朝北盟會編》卷 182，頁 9；《建炎以來繫年要錄》卷 117，頁 1884、1885。

　　值得注意的是行臺尚書省中的高職官員，除尚書左丞相是由齊官張孝純擔任外，其餘如尚書右丞相蕭保壽、左丞溫師中、右丞張通古均是由金國「空降」至汴京。至於原齊國中央官員多被轉銓爲舊齊境之地方官，包括右丞相張昂轉知孟州，尚書左丞范恭轉知淄州，尚書右丞李鄴轉知代州。舊齊官除張孝純外，僅有鄭億年及馮長寧並未被轉授至地方任官而較受金人重用。可以看出這時金國改編齊官的原則，是由金國中央控制行臺尚書省的指揮大權，而地方官員則盡量由齊官隨土改編，或由原齊官擔任。女眞人這種治理新附地區的方式，可說是沿襲了他們一貫的政治傳統，即實際政事多由當地土官自行料理，而政事

決策的部份則不容外人置喙。金朝統治燕雲時如此，取得華北時亦如此。只是隨著地區及時間的不同，所謂「外人」的定義也隨之不同，在金朝統治燕雲時，遼系漢人與契丹人是外於女真統治階層，但在治理華北時，相對於齊國官民，遼系漢人與契丹人又變成是金朝統治階層中的一份子，於是此時行臺尚書省的重要官員便多見由遼系漢人及契丹人所擔任了。

由上可見，此時的仕齊宋系士人雖然在金朝的運作下順利的轉銓為金國行臺官，但只有少數真為金朝重用。這並不代表齊國引用的宋士素質不佳，只能說是這批士人尚不為金朝所信任。但無論如何，此時齊官的轉銓還算順利，齊境內多數的士人也不再如之前金軍南下之初一般激烈抗拒金朝的接收，可見齊國統治對於金朝的順利接收華北已有貢獻。而此時入齊的宋系士人，也有許多開始在行政、辭章等作為上展露頭角，成為日後金朝政壇的重要成員。如趙鑑，宋建炎二年進士，在宋仕至廬州司理參軍，因金軍南下，棄官還鄉里。齊國建，出而為官，政績卓然。〔註110〕諸如這類士人甚多，透過齊國的挖掘與參政機會的賦予，黃、淮地區的士人多能因此入仕，進而在天會十五年後轉入金朝為官，為金朝所用。另外如祝簡、馬定國等人，也因齊國所賦予的機會而成就其文名。

不過在接收齊國治下宋士的過程中，還是出現了一段延遲了金朝引用宋系士人的小插曲。由於齊國的廢立，金宋議和出現了可能性，而金朝也想要透過機會結束十餘年來征戰不休的局面。但要以何種條件與宋朝達成協議，便是問題所在。此時的女真統治階層，在對宋議題上產生兩派不同的意見，一派是以完顏昌、宗雋、宗磐為首，他們主張在與宋和談的同時，可以順便把河南、陝西之地交還宋朝；另一派則是主張和談無妨，但河南、陝西不可歸宋，此派以宗幹、宗弼為首。因為宗磐為太宗長子而位在諸人之上，稍後遂成河南、陝西地歸宋之議，時為天眷元年（1138 年）八月。不久，由於宗磐一派的勢力過大，在與熙宗、宗幹、宗弼等衝突日趨激烈之下，隔年七月，熙宗以宗雋、宗磐謀反為由將之下獄誅殺。八月，又以交通宋人為由殺完顏昌及其黨羽。至此主張齊地還宋一派的勢力全被清除，而先前他們所倡議的政策亦必須修正，於是天眷三年（1140 年）五月金朝下詔出兵復取河南、陝西地。六月，齊國故地完全被收回。不過此時宋金雙方仍在邊界上有小規模戰事間斷出現，這種情形一直持續到皇統二年（1142 年）二月和約簽訂為止。合約簽訂之後，金宋雙方以大散關、淮河為界，金宋自天會三年（1125 年）

〔註110〕《金史》卷128〈趙鑑傳〉，頁 2767。

交戰以來，總算出現了正式的和平局面。〔註111〕

　　在天眷元年至皇統二年間，金朝面對著河南、陝西棄取過程的一陣混亂，華北宋士的安置對金朝而言遂變得極爲棘手。然而，金朝亦根據環境的需要，做出了兩次安置華北宋士政策的階段性調整。第一次政策的制訂，是來自交還陝西、河南地與宋的需要。首先，由於天眷元年確定河南、陝西的交付宋朝，金朝對於當時收編自齊國的宋士，除了部份留以自用外，其餘者尤其是已改編爲河南、陝西地方官的齊官多隨地交割，允其歸宋。〔註112〕對於這批隨地交割的官員，宋朝亦不敢輕忽，且多有優待，已不再像當年接收燕雲漢士般的大意。天眷二年（宋紹興九年）正月，宋朝以「金人來和」大赦天下，赦書中提到有關這批官員及士人的處置一共有三條，分別是「應河南新復路分見任文武官，各安職守，並不易置」、「應進士諸科，曾因劉豫僞命得解者，並與理爲舉數」、「軍興以來，州縣失守投降之人，不以存亡，並與敘復，子孫依無過人例」。〔註113〕尤其是第一條處置條款之允許河南、陝西之官員留任原職，可說宋朝一項通達人情的作法。只是這項對當地官員不加調任的政策，在日後金朝重佔河南、陝西之際，反而因爲舊齊官員的直接歸降而促成金朝的順利回收。當然宋朝這項政策未必是全出於安撫存恤舊齊官員的動機。最初於交割齊地時，金朝曾施壓要求宋朝不得於齊地增設兵戍，而宋朝從之。〔註114〕就此金宋互動所見，宋朝這些對新附州縣一切不妄更動的政策執行，便也有不願以過大動作破壞當時金宋協議或顧忌金朝反應的可能。不過無論如何，這批官員在轉任之間，至少身份的轉變相當順利。

　　其次，除了將已改編爲河南等地的地方官員交還宋朝外，金朝也開始重用部份原來仕齊的宋系士人，如天眷二年金朝便升任李鄴爲翰林學士承旨、馮長寧爲東京戶部使。〔註115〕在此之前，即於廢罷劉齊之際的改編齊官過程

〔註111〕此時金朝內部對宋問題的爭議，詳參張博泉《金史論稿》，頁 74～77、84～85 的論述。

〔註112〕《建炎以來繫年要錄》卷125〈諭河南吏民詔〉。後又下令「原係河南人，如願歸山東、河北者並聽」，同書卷125，頁 2041～2042。

〔註113〕《建炎以來繫年要錄》卷125，頁 2033～2034。同年（紹興九年）七月，高宗再度下令「詔置司看詳劉豫僞命官換給」，並說明任用齊官的目的乃是「朕方以天下爲度，凡僞命者，既已寬待勿問，使其才可用，亦當拔拭用之。」見同書卷130，頁 2101。

〔註114〕《金史》卷83〈張通古傳〉，頁 1860。

〔註115〕《建炎以來繫年要錄》卷129，頁 2093。

中，可以看到金朝尚無一套完善的架構以安插齊國官員，行臺尚書省的設立
實僅一權宜措施，乃是用於替換劉豫的小朝廷在河淮區域的統治，只不過此
地名義上的領導者由原先劉豫手下的齊國「中央政府」轉換成設立在汴京的
行臺尚書省，指揮者則由齊國官員轉爲金朝空降的女眞貴族及其親信。由於
舊齊官員不論是轉任地方或是留在省中，均被留任在行臺尚書省的轄區內，
未見轉銓至金廷中央或齊地以外地方者，所以雖然此地的官制和金朝中央所
施行的官制仍有參差，但因轉任的官員僅是單方面由金朝派任至行臺之中，
尚未構成金朝整體遷轉制度的混亂。然而這種作法雖然方便金朝接收齊國，
卻非長久之策，畢竟如此看來行臺便有半獨立的特質，待日後局勢穩定，雙
方在職務上的互轉銓敘將生困擾。爲求解決，天眷元年八月熙宗的官制改革
也將此狀列入考慮，除了頒行新官制，也製定「換官格」。《金史》中記載：「至
熙宗頒新官制及換官格，除拜內外官，始定勳封食邑入銜，而後其定制。然
大率皆循遼宋之舊。」〔註116〕「換官」者，張博泉以爲即是將原來的金廷官
職與遼、宋舊官職依照新的官制統一換授。〔註117〕但由於當時遼人仕金已久，
需要換官格以確立身份者便僅有當時尚屬妾身未明，包括曾經仕齊與尚未仕
金的宋士，因此換官格的製定實是爲了轉銓宋士，尤其是來自於齊國的宋士。
換官格製定後，金朝便開始選擇宋士，藉由此法將他們引入金廷之中。

　　第三，金朝亦持續施壓於部份金廷希冀引用，卻仍排拒仕金的宋士，如
洪晧、司馬朴等人，這批士人多是使金被留。然而在金朝此時的壓力下，這
批宋士不屈者仍眾，上述之洪晧、司馬朴多力辭金朝任官之命，其中尤以洪
晧的辭官過程最見波折。《建炎以來繫年要錄》略記道：

> 初，晧既辭官，敵復令往雲中校進士試。金法，嘗被任使者，永不
> 可歸。晧稱疾固辭，不得命。考官孫九鼎與晧有太學之舊，爲之請，
> 金乃許。〔註118〕

所謂金命洪晧往雲中校進士試之時當爲天會十年。由於洪晧舊識孫九鼎的相
助，晧得免於接受此一授任。金朝並未因此打消收服洪晧的念頭，熙宗即位
後，金朝又想起了洪晧：

> 初，奉使徽猷閣待制洪晧既至燕，金主聞其名，欲用爲翰林直學士，

〔註116〕《金史》卷55〈百官志一〉，頁1216。
〔註117〕張博泉《金史簡編》，頁131～132。
〔註118〕《建炎以來繫年要錄》卷149，頁2400。

皓力辭。至是赦文復令南官換授【案：時皇統二年二月】，晧請於參
知政事韓昉，乞於眞定或大名養濟，爲逃歸計。昉怒，遂換中原副
留守，再降爲承德郎。留司判官趣行者屢矣，晧迄不就職。〔註119〕
從中亦知金朝之引用宋士還是存在著相當多的問題。換言之，金朝此時所受到
宋士排斥雖然已較天會初年減少許多，但依舊存在。此外，值得注意的是面對
洪晧的排斥仕金，同樣是已經仕金的孫九鼎與韓昉卻有不同的態度。身爲宋系
士人的孫九鼎大力爲洪晧開脫，遼系漢士韓昉則執意要逼洪晧入金仕宦，兩種
態度或許正說明宋士與遼系漢士對於仕金一事的看法。可以看出宋士對於仕金
畢竟尚存著一絲「內咎」，所以對於不肯仕金的士人多抱持同情的心態，盡力維
護他們守節之志。相較於入金宋士的友善，遼系漢士則是完全站在金廷的立場，
或鼓勵，或強迫宋士仕金。對於仕金的排拒，無論是已仕或是未仕金朝的宋士，
他們透過了不同的作爲表現出這種現象，或是明白抗拒，或是心懷歉咎地出仕。
即令「已喪晚節」的張孝純，在接受行臺尚書左丞相一職不久後，便因「自慚」，
在天眷二年（1139 年）正月自請致仕。〔註120〕面對這些「頑固」的宋士，金
朝仍是無計可施。但無論如何，金朝想要利用此時國際情勢的重新調整來整合
內部成員向心力的用意乃是無庸置疑。不管是重用仕齊宋士、折服不屈宋士或
是隨地交割河南地方官員，均是金朝整合內部成員組成的一種方式。

　　然而尚未見及成效，由於金廷內部政策主導權的易手，原先所規畫的政
治版圖又需重新加以調整，之中關鍵性的變化當屬金朝在宗磐等人被殺後，
轉而決定要再收回河南、陝西。這項決定也造成原先隨地轉仕宋朝的地方官，
再度歸附金廷之中。天眷三年五月金朝下詔出兵復取河南、陝西地之後，史
載當時河南諸郡面對金軍南下幾乎是「望風投拜」，〔註121〕於是當月河南便
平，隔月陝西亦下，所需時間不到兩個月。金朝之能輕易取回這些地區，與
當地多數地方官的不加抵抗關係甚大。〔註122〕而這批地方官除少數是來自宋

〔註119〕《建炎以來繫年要錄》卷 144，頁 2313。
〔註120〕《建炎以來繫年要錄》卷 125，頁 2043。
〔註121〕如河南諸郡，當宗弼遣使分赴各地諭降後，「自是河南諸郡望風納款矣」。又
　　　　陝西州縣，當完顏杲率軍入宋境後，「陝西州縣僞官，所至迎降，遠近震恐」。
　　　　詳見《建炎以來繫年要錄》卷 135，頁 2167～2168。
〔註122〕如相較稍後金軍越過故齊領地在南原有防線與宋軍的接觸內容所見，可知
　　　　此時宋軍戰力已與金軍差距不大，不論是城池攻防或是原野作戰，宋軍多可
　　　　一搏，甚有劉錡在順昌府以不滿兩萬之宋軍力敵宗弼十餘萬的金軍猶能取勝
　　　　的紀錄，故此時宋軍絕非天會初年之積弱不振。只是此時南宋政策明顯僅求

朝的任命外，多數均由原先的齊國舊官留任。此處證明了經過齊國數年的統治之後，入齊宋士的政治認同確實已受極大影響，尤其是在這段政權交替的時期中，他們似乎也發覺只要不過分凸顯自己的政治取向，不管是金國、齊國或是宋國，多不願、也不敢整肅他們的依違多方之舉，畢竟他們是所有想要統治華北的政權，其政治組織的基層與骨幹。因此面對金軍的再度南下，之前的經歷告訴他們，並不需要拿自己的身家性命作賭注，反正日後就算宋軍再收回華北，他們的祿位依舊可以確保。在這種想法的發酵下，這批隨遇而安的宋士以往所曾經受過的儒家忠君守節的教導已不斷地被剝離出他們現下的政治思考之外。經過這長久戰亂的衝擊後，除了少數宋士，大部份的華北宋士對於敏感的國家認同問題，態度上已從天會初年的抱元守一、堅守宋節，在短暫的不知所措後，迅速轉為隨遇而安，好官我自為之。

相較於天會初年金朝在收服宋系士人、官員所產生的無力感與挫折，或許面對此時河南、陝西地區地方官員的順服，金朝的女眞貴族不免又驚又喜。此外在收回陝西、河南的同時，金朝也調整了對宋系士人的政策。第一項修正的政策當然是再度將新附地區的宋系官員納入金朝的官僚體系之中。對此金朝不需花費心思再製定新辦法處置這批官員，其因乃一來換官格已經推行，官職的授受甚是方便；二來金朝亦只需要將他們繼續留任地方即可，不需大肆調動，因為這批官員在金軍南下時所表現的臣服已贏得金朝的信賴。

第二項政策則是逐步遣回代表宋朝使金被留的宋使以及被俘的宋士。在被留宋使這方面，金朝雖然長期利用各種威脅利誘的手段逼迫他們就範，可是所得到的成效卻是有限。在金朝多年來的努力下，近三十名擔任使節的宋士就僅見宇文虛中、吳激等少數為金朝所收用，其餘者或死節於金，或採取各項方法堅不出仕，甚有伺機密連宋朝，洩漏金朝政情軍機與宋者。〔註123〕雖然就此時

堅守江淮沿線，如劉錡在順昌之役後便被召回鎮守淮右；況且除宋軍戍守的區域外，其他地區多已聞風投降，而宋軍鎮守的區域又極為有限。所以此時河南、陝西地區的歸向，決定權便取決於這批舊齊地方官而非宋軍戰力。關於宋金戰鬥情形，可參考《建炎以來繫年要錄》卷135至139之記載，而同書卷136所引《順昌破敵記》便提到傳聞金朝將領向宗弼解釋金軍之敗，在於「今者南兵非昔日比」（頁2196）。

〔註123〕諸多出使宋士之中，以洪皓作為最為突出，他不但抵制金朝的授官，且多見託人持書密奏南宋之舉。如天眷三年金軍敗於順昌府後，曾密書致宋揭露金軍在順昌之敗後的震恐。天眷四年夏天，又命李微送來於金境獲得之宋皇太后書。該年冬天，又密奏金朝已有厭兵之狀，宜乘勝追擊。直至金朝遣皓歸

金朝所接收的宋系漢士來看，這批宋使的數量其實有限，但是正由於宋使們的表現十分倔強，對金朝收服宋系漢士的過程中反而可以顯現出一種指標的作用。換言之，這批宋使的堅守臣節，不僅振奮金國內部不屈宋士的士氣，也造成轉投金朝的宋士在精神上的壓力，使得金朝在降服宋士上猶存在著不安的變因。為了要消除這項變因的理由，金朝自是有積極脅迫這批宋使變節的必要，況且假使能一一降服這些頑強的宋士，不啻是金朝的降服宋士政策上的一大勝利。不過金朝在這方面的努力算是失敗，這批宋士仍多至死不改其節。於是在金宋議和之後，金朝索性放棄收服這批宋使的念頭，將僅存的三名宋使交付宋朝。皇統三年（宋紹興十三年，1143 年），金朝允許洪晧、張邵及朱弁等三人南歸，「中興奉使幾三十人，生還者三人而已」。〔註124〕又為了向宋朝示好，金朝亦乾脆遣還在天眷年間之後被俘的宋系官員，如天眷三年被俘的東京留守孟庾、知陳州李正文等人，在皇統二年五月均被遣還歸宋。〔註125〕雖然金朝有這些放回宋系士人的舉動，但這些遣還宋朝的士人數目是遠遠無法與下述有關金朝向南宋索取的官民數目相較。

　　金朝此時針對宋士的第三項政策，便是向南宋索討南逃的華北宋士及已任金官之宋士的南方家屬。之前由於齊國廢罷，在齊國建立期間稍微安靜的南北局勢又生波瀾，不少齊國官民伺機渡淮入宋，紹興八年（天眷元年，1138 年）三月宋官李誼在請求撥地安置歸正人時便提及：「金人入居汴都，西北之民，感恩戴舊，襁負而歸，相屬於路。」〔註126〕此外，山東、河南之官民南渡亦不在少數，此者前已說明。由於官民南遷，面對這種好不容易建立的政治認同又產生動搖的情形，金朝自是大感緊張。除前述提及各種安定淮北官民的措施外，天眷二年，元帥府更沿著淮河設置軍寨，「防托渡河南歸之人，及與人渡者皆死」。〔註127〕除嚴防官民南逃外，在政治局勢許可後，金朝也藉著與宋朝談判的機會，索回南渡官民。在天眷三年正月尚未收回河南地之前，金朝便藉著放歸宋使藍公佐南歸的機會，在提出議稅貢、誓表、正朔、冊命

宋為止，其密奏甚是頻繁。以上洪晧作為，分見《建炎以來繫年要錄》卷 136，頁 2196；卷 140，頁 2259；卷 143，頁 2304。
〔註124〕《建炎以來繫年要錄》卷 149，頁 2400。
〔註125〕《建炎以來繫年要錄》卷 145，頁 2327。李正文本名正民，入金後以避金太祖諱（太祖名旻）改名正文。（頁 2328）
〔註126〕《建炎以來繫年要錄》卷 118，頁 1915。
〔註127〕《建炎以來繫年要錄》卷 133，頁 2142。

等事的要求之餘，順便索討「河東、北士民之在南者」。〔註 128〕不過因爲隨後宋金的開戰，這些議題的談判便暫時擱下。皇統元年（1141 年）十一月，此時宋金戰事已告一段落，金朝遣蕭毅、邢具瞻爲審議使入宋討論畫淮爲界事，同時亦藉機向宋朝索討華北官民之在南者。〔註 129〕

宋朝方面則是答應了金朝的要求。宋方誓文中記載了宋方回應：

> 淮北、京東、西、陝西、河北自來流移在南之人，經官陳理願歸鄉
> 者，更不禁約。其自燕以北人，見行節次遣發。今後上國逋亡之人，
> 無敢容隱；寸土匹夫，無敢侵掠。〔註 130〕

從金朝的要求及宋朝的回應來看，可以知悉金朝索取北人有其層次性。對於燕雲漢士，金朝要求宋朝務要全額送還，至於故宋官民則視其本身意願決定還金或是留宋。同年十二月，金朝再度透過宋使表示此議。〔註 131〕之後金朝仍持續提出要求宋朝遣還北人，皇統四年（紹興十四年，1144 年）四月，金人來求淮北人之在南者，其強制遣送的範圍已擴大至淮河以北的士民，對此宋朝則詔願者聽還。〔註 132〕此外金朝亦透過各種機會表達對流亡南宋者的招攬，皇統二年二月熙宗以皇子濟安誕生大赦天下，並下令「自來亡命投在江南人，見行理索，候到並行釋罪；其職官、百姓、軍人並許復故」。〔註 133〕在金宋的幾次談判中，可以看到金朝對於索回北人的態度相當積極，不過南宋方面除了遼系漢人是照金朝的要求全額送還之外，對於原爲大宋子民的華北士人，南宋的態度恐怕是陰奉陽違，除了金朝有特別指定索取的張中孚、張中彥、鄭億年等人外，其餘南宋多採取「願者聽還」的作法。加上這批南渡官民數目龐大，金朝如眞要強迫南宋全數遣回，確認根刮的方法與安置的技術都有困難，是以金朝對南宋的作法也是不置可否。〔註 134〕

〔註 128〕《建炎以來繫年要錄》卷 134，頁 2145。

〔註 129〕《紹興講和錄》所錄的〈金元帥上第三書〉中，宗弼致書宋朝道：「淮北、京西、陝西、河東、河北自來流寓在南者，願歸則聽之。理雖未安，亦從所乞。外有燕以北逋逃，及因兵火隔絕之人並請早爲起發。」《建炎以來繫年要錄》卷 142，頁 2289。

〔註 130〕文引《紹興講和錄》〈皇朝講和誓事〉，文收《建炎以來繫年要錄》卷 142，頁 2292。

〔註 131〕參見《紹興講和錄》〈金元帥上第四書〉，文收《建炎以來繫年要錄》卷 143，頁 2297。

〔註 132〕《宋史》卷 30〈高宗本紀七〉，頁 560。

〔註 133〕《建炎以來繫年要錄》卷 144，頁 2313。

〔註 134〕根據吳松弟的推測，在紹興和約簽訂前，南遷至南宋的北方移民數目可能達

　　除了南逃的華北宋士外，索討對象亦含已任金官的宋士南方家屬。皇統二年（宋紹興十二年，1142 年）五月，金朝致書宋朝邀索張孝純、杜充、宇文虛中與王進之家屬。書中最後說道：「南北之人，無不均被德澤，仰副上聖，弗使一夫不獲其所之意，諒惟洞鑒此懷，悉爲施行，幸甚。」〔註135〕在這種略帶恫嚇的語氣下，宋朝隨即在同年十一月遣送宇文虛中的家屬北去，〔註136〕稍後張孝純、張中孚兄弟、王進等人的家屬也隨之赴金。另外在皇統三年九月，金朝又致書來邀趙彬等三十人的家屬北去。〔註137〕經過這些索討，金朝向南宋及在金宋士展現了想要長期統治華北的決心，更重要的是透過這些索討，金朝也堅定了宋系士人仕金的希望，去除掉部份宋系士人的後顧之憂，進而達到全面掌控宋系士人的目的。天會十五年（1137 年）至皇統三年（1143 年）之間，金朝經過了兩次調整之後，終於確定了對待宋士的政策。在確定金朝擁有淮河以北的區域主權後，金朝決心以各種方式對轄內宋系漢士的政治認同加以強化，並且確實施行「南人歸南，北人歸北」的政策。〔註138〕這項政策的施行，配合華北漢士的逐漸認同金朝，熙宗時期之後金朝與宋系漢士的關係逐漸趨穩定，宋士排拒金朝的現象已逐漸減弱，也爲海陵王之後的大量引用宋士提供了準備的基礎。

　　　　到五百萬人左右。參見氏著《北方移民與南宋社會變遷》（台北：文津出版社，1993 年），頁 134～137。

〔註135〕參見《紹興講和錄》的〈金元帥上第六書〉，書收《建炎以來繫年要錄》卷145，頁 2327～2328。

〔註136〕《三朝北盟會編》卷 212，頁 8。

〔註137〕《建炎以來繫年要錄》卷 150，頁 2409。

〔註138〕此語出自秦檜，見《宋史》卷 473〈秦檜傳〉，頁 13751。語雖出自紹興二年（天會十年，1132 年）秦檜所議，但待宋金局勢和緩，金朝在對宋政策中的有關入宋華北官民去留的問題幾乎均依此原則行事，唯一不同的是金朝雖然極力要求宋朝遣送淮北人士歸金，卻未依地籍遣送境內江南人歸宋。

第四章 漢族士人入金後的政治活動

　　金初漢士在歷經波折後，各自以不同的作為表達了他們對新政權的看法。之間雖有不少士人尚懷故國思念之情而以自殺、堅不出仕、組織抗金義軍等不同手段反抗金朝的統治，但多數遼宋漢士卻在金朝的鼓勵與威迫下轉仕金朝，展開政治生命的第二春。然而在轉仕金朝之時，遼系漢士與宋系漢士卻因金朝對應政策的不同及兩者本身仕金條件的差異——其條件差異主要又存在於入金時間的前後有別與雙方對於仕金之舉的認知差異，他們因此有了不同的命運。本章即觀察遼宋漢士在金朝中的際遇，探討他們在仕金過程中所面臨的諸多課題，並說明這批漢族士人仕金的歷史意義。

第一節　遼系漢族士人入金後的政治作為

一、遼系漢士入金後的政治作為

　　進入金朝後，遼系士人所擔任的官職種類眾多，但是其工作類型不外五種，即翻譯、使節、幕僚、詞臣、女真授業之師。以下以這些工作類型出現於金朝的時間依序敘述。

　　第一種是通事與譯史之類的翻譯工作。基本上通事負責口頭轉述，譯史則負責文字傳譯。〔註1〕攻下漢人群居區域之初，這批女真統治階層未必人人皆曉漢語，為了溝通方便，一般不識漢語的女真權貴之側多備有職司翻譯者，

〔註1〕姚從吾〈遼金元時期通事考〉，頁13～15，文收氏著《姚從吾先生全集》第五集「遼金元史論文」上（台北：正中書局，1981年），頁13～32。

這或許是漢族士人加入金朝的最初身分。早在天輔四年（1120 年），太祖阿骨打之側便備有「譯者」與宋使溝通。〔註2〕在《松漠紀聞》也有「金國之法，夷人官漢地者，皆置通事」的記載，可見當初通事設置之眾。〔註3〕這種情形似乎並未因為女真統治階層接觸漢人的頻繁而有所改變。雖然史稱「女真初無文字，及破遼，獲契丹、漢人，於是諸子皆學之」，似乎金初女真貴族曾有學習契丹文與漢文的狀況。〔註4〕但如進一步觀察，多數活躍於太祖、太宗朝中的女真貴族恐怕較能靈活掌握者還是只有契丹文。至於漢文，除少數如完顏勖、宗憲斗外，能聽讀者其實有限。〔註5〕至於南征主要將領，如宗翰、完顏昌等，對漢語恐多僅能透過翻譯傳意。如天會十年（1132 年）夏，金朝在白水泊開科取士，宗翰厭惡年長舉人，呼此輩至宗翰馬前，令譯者傳令斥責之意。〔註6〕如宗翰略通漢語，雖然文書或尚需借用譯史之力，但此口頭訓誡則直接宣洩即可，何須間接透過譯者？可見宗翰之不識漢語。又於天會十二年，當宋使魏良臣催促金國館伴李律興儘速安排面見完顏昌時，李律興告知魏良臣須暫待，並言完顏昌已於昨日將宋方國書「教番譯作番書」，而後魏良臣與完顏昌對談時，亦均透過譯者傳話。〔註7〕此事亦見完顏昌至少在正式場合中並無法充分運用漢語與漢文。一般而言，通曉漢文的女真人多留在金朝中央，並未隨軍南下。在常與漢人接觸的女真貴族不通漢文的情形下，翻譯工作自然重要。只是由於通事職位不高，且多活動在權貴高官背後，其事不彰，是以現今史料已難見他們活動的線索。然如劉彥宗、韓企先等人初仕金國時，常伴隨金主、大臣左右溝通漢人與女真之間來看，通事在金初政壇的地位及漢人在通事一職中所扮演的角色實不容忽視。

　　第二類工作則是使節與館伴。最初金朝憑藉著強勢的刀劍弓馬，對於使人工作重視有限。不過至少在天會四年韓昉出使高麗建功後，女真統治階層已能理解使節得人的重要性。（韓昉作為詳參第二章第二節）金朝任用漢族士人擔任使節或館伴的時間甚早，天會四年之前，金朝便已引用遼系漢士擔任接待宋使

〔註2〕　《三朝北盟會編》卷4，頁4。
〔註3〕　洪晧《松漠紀聞》卷上，頁19。
〔註4〕　《金史》卷66〈完顏勖傳〉，頁1558。
〔註5〕　完顏勖，《金史》本傳曾言「好學問，國人呼為秀才」（頁1557），又當金人攻下宋朝汴京時僅索取數車圖書為戰利品，均見對漢文當有相當解讀能力。完顏宗憲，《金史》本傳則言「兼通契丹、漢字」（頁1615）。
〔註6〕　《大金國志校證》卷7〈太宗文烈皇帝五〉，頁115。
〔註7〕　《三朝北盟會編》卷162，頁8。

的館伴工作與赴宋使節的任務。就館伴工作而言，天會三年（宋宣和七年，1125年）宋使鍾邦直於入金所聞的記載中，便提到當時金朝接待宋使的官員中，副手均選自「漢兒讀書者」，所謂「漢兒」，便是燕地漢人。〔註9〕至於使節工作部分，金朝最初任用的使臣是以渤海人及女眞人爲主，而遼系漢士擔任金朝赴宋使節的時間要遲至天會二年正月，首任的遼系漢士使臣是李簡，所任爲國信副使，任務是傳送訃書，告知宋朝金太祖逝世消息。〔註10〕雖然遼系漢士擔任金朝使節時間稍晚，但迅速成爲使宋任務的骨幹成員。天會元年至四年間，目前可見金朝對宋共出使 27 次（包括元帥府所派），其中遼系漢士便參與了 16次，而渤海族士人則僅見 9 次。（參見表六「金朝遣宋使者族屬表」）數量之龐大與參與任務之重要（詳見下文），均見金朝已經相當信任遼系漢士。

　　第三種則是幕僚工作。隨著投降的遼系漢士越來越多，自然也有學識飽足的漢族士人加入金廷陣營，對於這批素質較高的漢士，金廷因才量職，便不只授與通事等低階工作。況且隨著戰爭情勢的擴大，佔領區域的增多，爲求政事運行完善，女眞統治階層需要集思廣益，因此幕僚、參謀之位便成爲此時漢族士人的新工作。例如《金史》便提到劉彥宗曾以此類參謀的身分參與政事：

　　【天會二年三月】己未，宗望以南京反覆，凡攻取之計，乞與知樞
　　密院事劉彥宗裁決之。〔註11〕

可以說在太祖、太宗時期活動於金廷的漢人官員，縱使其名義上的官職再高，工作性質仍屬幕僚。於是當我們欲評價太祖、太宗年間的漢族宰相，如劉彥宗、時立愛、韓企先等人的政治地位時，多數便僅能以「高級幕僚」視之。

　　然而隨著金朝政府架構的擴充，這類幕僚性質的工作也開始分化，其中較受金朝重視的漢族士人，隨著經驗累積，其政治威望也漸提升。例如晚年的韓企先，由於政事經驗豐富，單以「幕僚」一職似已無法正確理解他在金朝政府中的地位。況且隨著各類漢官制度逐步施行，分化也將加速，不少漢士的地位轉趨重要，最終將有某些「高級幕僚」性質的遼系漢族士人也開始在職務中獲得發言權。不過至少在參與攻遼滅宋的第一代女眞貴族失勢前，這種發言權還是有限。（對此詳見下文）另一方面，既然有部份的遼系漢士因爲金朝職官設置的日漸完整與分工、分權狀態的明確而提昇了他們的地位，

〔註9〕　鍾邦直《宣和乙巳奉使金國行程錄》，頁7。
〔註10〕《三朝北盟會編》卷19，頁5。
〔註11〕《金史》卷3〈太宗本紀〉，頁50。

也會有部份遼系漢族士人被分化成中下層官員。這批定位逐漸清楚的士人，所獲得的職務與從事的工作內容已相當接近現今我們所稱的「技術官僚」。在政見表達上，這些「技術官僚」並不主動對金朝的政策建言，只有在金廷要求下才會在自己的職權範圍中謹慎表達看法。他們主要乃是負責政務的實際推動。整體而言，在權責分化逐漸明晰後，除了政策決定及軍事活動無法企及外，其餘各層面的施政領域都可見到這批遼系漢族士人的蹤跡。

　　第四類工作是典掌文詞誥命。金初的女真統治階層雖有喜好中原文化的王公大臣，但就整體女真族來看仍屬少數，而且其水準畢竟不如漢人文士，再者詔書命令的撰寫也不需要這些貴族屈身躬親，所以這些任務多半交給降附的漢族士人。金初遼系漢族士人最有名的詞臣當屬韓昉。《金史》載其「善屬文，最長於詔冊，作〈太祖睿德神功碑〉，當世稱之」。〔註12〕除了〈太祖睿德神功碑〉外，天眷二年（1139 年）兩次重要的政治事件，即頒行新官制與誅殺宗磐、宗雋，金廷的詔書〈答更定官制詔〉與〈誅宋兗諸王詔〉均由韓昉執筆。〔註13〕雖然典掌文詞誥命的士人在政治上的作用有限，但他們卻可藉由詔書撰寫的機會與女真統治階層交流意見，進而發揮潛在影響力，例如〈答更定官制詔〉的完成，相信韓昉也有表達意見的空間。況且他們的存在，也象徵著金朝政權正朝著中原傳統王朝的模式發展，而與金朝初年草莽風味甚重的部族政權形式漸行漸遠。

　　隨著女真貴族逐漸重視中原文化，第五類工作也隨之出現，部份漢族士人逐漸為女真貴族聘任為其子姪後輩的授業之師。由於長期接觸漢族文化，不少女真貴族有意進一步獲取更多漢族的學術與知識，進而向某些特定的漢族士人請益，延攬這些漢族士人教授他們及其後輩。例如完顏勖，自幼即好學問，「國人呼為秀才」。〔註14〕有宋人苗耀稱完顏勖「受師於本朝主客員外郎范正圖，略通文義」。〔註15〕進而不少留金宋使的在金活動又常以擔任女真教師為主，如朱弁，史載其留金時，「金國名王貴人多遣子弟就學」，又如張

〔註12〕《金史》卷 125〈韓昉傳〉，頁 2715。又，韓昉事蹟，詳參齊心〈略論韓昉〉，《遼金史論集》第 3 輯（北京：書目文獻出版社，1987 年），頁 220～227。
〔註13〕《三朝北盟會編》卷 166，頁 6～9。
〔註14〕《金史》卷 66〈完顏勖傳〉，頁 1557。
〔註15〕見《三朝北盟會編》卷 166，頁 3 所引《神麓記》。又，《神麓記》雖為宋人所撰，但傅朗云認為該書對金初史實的記載甚可靠。傅氏所論參見李澍田主編《金史輯佚》（長春：吉林文史出版社，1990 年），頁 28。

邵被囚於會寧時，「金人多從之學」。〔註16〕這是宋士爲女眞師的記錄。至於遼系漢族士人則有韓昉、張用直爲宗幹所請，教授子姪輩學習中原傳統學問，其中養子完顏亶（宗峻子，爲宗幹收養）、二子完顏亮後來均登帝位。熙宗亶，史稱「自童稚時，金人已寇中原，得燕人韓昉及中國儒士教之」，後來其儀態竟被元老大臣評爲「宛然一漢家少年子也」。〔註17〕可見漢化之深。除韓昉外，另一名被宗幹延攬的知名遼士爲張用直，史載「少以學行稱。遼王宗幹聞之，延置門下，海陵與其兄充皆從之學。天眷二年，以教宗子賜進士及第，除禮部郎中」。〔註18〕在張用直等人的教導下，海陵王更是「一詠一吟，冠絕當時」。〔註19〕這些漢族士人的努力，一方面貢獻出他們在女眞政權中所能發揮的最大影響力，一方面也無愧於自己經世致用的學術訓練。或許女眞統治階層之接受漢家禮儀原有其自身動機，但他們卻致力於讓女眞統治階層瞭解中原文化在其他並非直接具備政治效益的相關內容，包括中原學術在統治上的效用，以及文學道德的訓練對個人心性的助益等。就金朝歷史的發展來看，這類職務所產生影響無疑地遠超過前述幾種的總和。

　　這五種工作其實是隨著金廷政治結構的發展變化而產生。在太祖朝至天會初年約十年間，金朝政府所授遼系漢士之職務，如翻譯、使節、幕僚等，多非傳統漢人王朝中士人當受的一般職務。這些工作多是源自金初朝廷的現實需求，這顯示了當時的女眞統治階層尚未明顯瞭解漢族士人的政治作用，並且在政權性質的侷限下，僅能授與這些職務給予遼系漢士。但隨著政權規模的擴大，金廷逐漸調整其政治結構及施政心態，在逐漸採納唐宋政制之餘，士人的功效也不斷浮現，而士人不在其位導致政事不彰的情形也變得明顯。此時士人不斷地被置入技術官僚、文詞之臣等職務中，說明了此時金朝急於官僚化與文治的企圖。就在同時，也略見宋系士人開始參與技術官僚、文詞之臣的工作，此舉意味著金朝政府開始全面收納漢族士人。

二、遼系漢士對金初政治的貢獻與其作爲之侷限

　　遼系漢族士人進入金朝政權之後，迅速與金朝成爲一體。雖然遼系漢士

〔註16〕　《宋史》卷373〈朱弁傳〉，頁11553；同卷〈張邵傳〉，頁11556。
〔註17〕　《三朝北盟會編》卷166，頁5。
〔註18〕　《金史》卷105〈張用直傳〉，頁2314。
〔註19〕　《大金國志校證》卷十五〈海陵煬王下〉，頁212。

的部份作爲呈現了自己保身衛家的私心，但整體來看，他們對金朝盡心的程度已與女眞本族族人不相上下。前面曾提及在現存詩文集中不見遼系漢士有宋系漢族士人一般的亡國之苦，雖然這並不能讓我們肯定說明遼系漢族士人對遼朝毫無眷戀，但若從遼系漢士參與金朝的積極所見，至少可以相信，遼系漢士在表面上已擺脫亡遼遺臣的包袱，成功轉爲大金開國功臣的身分。進而從金朝與遼系漢族士人的關係可知，金朝對他們相當放心，雖然在金朝接納的同時仍有張覺歸宋一類的事件發生，但未見金朝制定相關約束遼系漢士政治活動的政策，說明了金朝已經認同了遼系漢士的用心。另一方面，從遼系漢士作爲所見，雖然他們是如此盡心於金朝，但金朝對遼系漢士的「重用」卻有侷限。至於侷限爲何，我們可就金初遼系漢士在金宋交涉的過程所扮演的角色來觀察。

就前文所述，天會元年至四年間，金朝對宋所派遣的 27 次使節中，遼系漢士便參與了 16 次之多。不僅如此，任務也是舉足輕重。如王汭，其背景及入金過程今已無考，僅知爲遼系漢人，且至少熟知外交禮節而應具士人身分。王汭曾代表金廷在天會四年（1126 年）正月、二月、八月、九月及十月等五次入宋交涉。（見表五）尤其是後四項任務甚是重要，二月之向宋朝索夜襲宗望軍營者，八月與楊天吉等十三人來議畫河爲界，九月入宋索取三關地，十月送「以黃河爲界書」與宋，幾乎天會四年幾次重要的宋金談判均見王汭蹤跡。〔註 20〕又如楊天吉，其身分如王汭一般無法詳考，天會四年八月、十月等兩次出使便是與王汭共同完成，並曾代表金朝在天會五年七月聯絡西夏共侵宋朝陝西之地。〔註 21〕其他諸如王介儒、趙倫等，金朝亦多托有重任。金朝引用遼系漢士擔任使臣始於天會二年，隨後便即重用於敏感的金宋交涉中，其信任可見一班。

在金朝的重用與信任之下，遼系漢士亦未辜負金朝所託，幾次任務均能成功達成金朝要求。甚至有主動做出令金朝意外收穫的舉動，如趙倫在天會四年三月的出使中，因懼宋留不遣，便誆宋廷欲助之聯絡耶律遺族內外夾攻金朝，後取得宋朝聯絡耶律遺族之書信便盡交宗弼，令金朝獲得起釁藉口，最終致使金朝第二次南下並吞滅北宋。〔註 22〕又在某些金宋談判的場合中，遼系漢士爲金朝爭取權益的態度也是極爲積極。天會四年王汭、楊天吉等人

〔註20〕 以上分見《大金弔伐錄》卷 2，頁 1、2～3、16。《三朝北盟會編》卷 56，頁 9。
〔註21〕 《三朝北盟會編》卷 111，頁 11。
〔註22〕 《三朝北盟會編》卷 58，頁 7。

入宋議畫界之事時,「王汭來,聞粘罕軍已至西京,不復請三鎮,直以畫河為言,陛對殊不遜,有『奸臣輔昏君』之語,上下洶懼」。〔註23〕又如天眷元年（1138 年）熙宗欲以河南地還宋,所任之江南詔諭使張通古,也為了座位方向及要求宋主拜金國詔議等事與宋朝強硬抗爭。〔註24〕這些令宋廷難堪的舉動除了顯示遼系漢士對金朝的順服外,亦足見遼系漢士轉化身分之速,我們由此確切可知金朝對遼系漢士的重用並非沒有原因。

遼系漢士在金朝的重用下,確實在對宋交涉中扮演著值得注意的角色,但如進一步分析,我們又會發現就整個宋金局勢而言,遼系漢士雖然是成功扮演了金朝授任的角色,但是編導大權實是仍由女真統治階層主掌。換言之,正如王明蓀師在〈金初的功臣集團及其對金宋關係的影響〉一文中所言,遼系漢士中縱使有劉彥宗、韓企先等在金朝內擁有極高名位的功臣,但是他們還是沒有「決策之權」,他們主要只是被視為高級行政人才與智囊,而他們的權勢還得依附在女真貴族將領之下。〔註25〕因此在我們討論遼系漢士在金朝對宋政策上的作用之前,首先需要釐清一個由宋朝史料所帶來的誤解。

在觀察宋金之際的資料時,我們可以注意到一個有趣現象,宋方記載常將金朝南下歸罪於這批入金的遼系漢族士人,認為他們「各銜中國搆金人破契丹之怨,遂教其猖獗如此」。〔註26〕關於這點,首先可以提出的是整個征宋與否的決定權仍是操於女真統治階層之手。觀其時征宋一舉之行,最初可能是部份女真貴族不滿宋朝擅納遼地人戶,且懼宋藉得燕雲之地張大聲勢而不利金朝日後發展,遂欲挾滅遼之勢對宋朝略施一懲罰性的打擊。而這項建議的提出,則是出自女真貴族內部決議的結果。《金史》提到此時的局勢說:

〔註23〕《三朝北盟會編》卷63,頁15。

〔註24〕《金史》卷83〈張通古傳〉,頁1860。《宋史》卷371〈王倫傳〉亦載「朝論以金使肆嫚,抗論甚喧」,而將罪名歸於引張通古入宋的王倫,見頁11524。

〔註25〕詳參王明蓀師〈金初的功臣集團及其對金宋關係的影響〉頁40～41,文收氏著《宋遼金史論文稿》（台北:明文書局,1981年）,頁33～62。

〔註26〕《三朝北盟會編》卷24,頁4引許采《陷燕錄》。除了後來的宋人記載外,金初年間的宋人已有如此看法。如尚為太學生的秦檜在靖康二年所作的〈上金國元帥書〉中,便指出致金軍南下者,其中「計議之士,多前日大遼亡國之臣」。書見王明清《揮塵三錄》卷2,頁7。另外朱邦基《靖康餘錄》中,亦記劉彥宗「本河北人,奔大遼,上東侵中原計。天祚惡其敗盟覆好,流於錢監。金人克之,詔入帳計事,大悅其謀,以為樞密使,節制諸軍。」這段文字李心傳以為謬誤甚多,故不取,僅作註留之。雖然內容甚多錯誤,卻可窺宋人對於遼系漢士在金宋和戰中的評價。其文參見《建炎以來繫年要錄》卷1,頁11。

> 宗望索戶口【案：「戶口」即燕雲人戶】，宋人弗遣，且聞童貫、郭
> 藥師治軍燕山。宗望奏請伐宋曰：「苟不先之，恐爲後患。」宗翰亦
> 以爲言。故伐宋之策，宗望實啓之。〔註27〕

加以之前金宋雖然結盟，但小衝突頻傳，這亦令這群鷹派主張的女眞貴族產生想要一勞永逸解決這些糾紛的打算，於是當宋朝不能在張覺事件上做出令金朝滿意的處理時，金軍遂得起釁藉口。結果在宋軍不堪一擊的情形下，「懲罰性」的打擊竟轉變爲「毀滅性」的大舉南下，對此恐怕這批女眞貴族亦大感意外。姑且不論金朝侵宋的最初動機爲何，但可以肯定的是金軍在天會三年之後的南下滅宋，其政策的決定是來自於女眞統治階層，並非是由遼系漢士所獨力完成的肆意舉措。

當然，當女眞統治階層研商對宋政策的同時，身旁多有遼系漢士充當幕僚並相關提供意見，於是遼系漢士所發揮的作用便值得我們關注。對此，我們可由劉彥宗此時的作爲觀察。劉彥宗，本任遼簽書樞密院事，天輔六年十二月隨燕京眾官降太祖。時年四十七歲。史載其先人六世仕遼，相繼爲宰相，而祖父便是赫赫有名的劉六符。在這層關係下，劉氏在燕雲地方社會中不但頗得人望，也具一定的發言權，這或許亦是太祖一見便即重用的原因之一。雖然現今史料並未詳細記載劉彥宗對當時金宋局勢的看法，但從宋人記載中不時流露出對劉彥宗煽誘金兵南下的忿恨所見，或許可知劉彥宗當時的態度。如馬擴便道：

> 觀粘罕自天祚之擒後，爲劉彥宗、余睹、蕭慶輩所說，然意尚猶
> 豫。……【中言入宋遼系漢人不斷叛宋入金之狀】……由是彥宗、
> 余睹輩力勸南朝可圖，仍不必以眾，因糧就兵可也。粘罕於是決意
> 入寇。〔註28〕

在宋人記載中，可以看出劉彥宗等人是如何鍥而不捨地說服宗翰南下攻宋。〔註29〕另外許採的《陷燕錄》更提到「況劉彥宗輩皆漢人，各衛中國搆金人破契丹之怨，遂教其猖獗如此」。事實上，劉彥宗也確實曾鼓勵金朝侵宋，天會二年五

〔註27〕《金史》卷74〈宗望傳〉，頁1704。另外，金人李天民所輯的《南征錄彙》中，更記載了宗望在一次女眞貴族會議中由於意見的爭執，憤而脫口言出「南伐我實首謀」（頁4）之語，可見宗望在侵宋政策上的角色。

〔註28〕《三朝北盟會編》卷22，頁6。

〔註29〕不過劉彥宗與耶律余睹、蕭慶等契丹人之鼓勵金朝侵宋的動機應是有別。耶律余睹與蕭慶之鼓勵金朝侵宋或因「衛中國搆金人破契丹之怨」，但劉彥宗則未必。其情詳參下文討論。

月彥宗便上「伐宋十策」與太宗，雖然內容不詳，但也說明了劉彥宗的主戰及與宋為敵的態度。然而當金朝攻下燕山之後，劉彥宗的態度似乎出現了轉變。首先，在天會四年底金朝攻取汴京後，劉彥宗請宗翰、宗望入汴京只取圖籍勿擾民間，對此宗翰、宗望嘉納之。〔註30〕進而在天會五年正月，當時金軍已入汴執宋徽宗、欽宗二帝，並有意廢立，劉彥宗則請復立趙氏，對此太宗則不聽。〔註31〕稍後，當宋帝已被執至燕山，時有女真貴族建議將宋室成員分賞功臣將領，亦為劉彥宗力諫而止。〔註32〕於是從天會四年起，劉彥宗對於宋朝的立場，似乎已不如之前的強硬，甚至是有維護宋朝的趨向。〔註33〕

　　在這立場歧異的作為下，要評估劉彥宗的這些行為，就必須將劉彥宗的個人事蹟與當時所處的大環境結合起來討論。假如將其作為置於當時的大環境觀察，就可以看出劉彥宗這種先主戰後護宋的舉動背後有其行事的一貫原則。簡單的說，包括劉彥宗在內的遼系漢士們最初所以助金攻宋，原因或與爭取燕雲百姓的利益有關。之前曾經提到，由於金宋決議，燕京及其鄰近數州的百姓面臨著田宅歸宋、人戶歸金的狀況，對於同胞的流離失所，仕金的遼系漢士自然有著來自鄉親父老極為沈重的壓力。化解此一壓力的最好方法便是讓燕雲百姓重回故居。然而此非金宋既定規劃，於是遼系漢士便試著推

〔註30〕劉彥宗作為，詳參《金史》卷78〈劉彥宗傳〉，頁1770。

〔註31〕《金史》卷3〈太宗本紀〉，頁56。

〔註32〕佚名《呻吟語》，頁5。

〔註33〕關於這個問題，宋方尚有兩條資料值得注意。一是趙子砥在《燕雲錄》的記載，中道：「邇來遣使數輩，皆不得達，劉彥宗曰：『金國只納楚使，焉知復有宋也？』則是我國之與金國，勢不兩立，其不可講和明矣。」（《三朝北盟會編》卷98，頁16）另外，丁特起在《孤城泣血錄》有一則提到金朝攻陷汴京前後的記載，其道：「城陷六日，驛前所殺金使，一乃劉【彥宗】監軍之子。破城廢主之後，【彥宗】發願洗城。登門，望城中有黃旆兵滿空中，遂止。主洗城者，監軍與粘罕，太子不與。」（見《三朝北盟會編》卷96，頁7）這兩則記錄的時間均為天會四年底金朝攻下汴京之際。其中趙子砥的記錄似乎顯示了劉彥宗有著反宋情結，不過考量劉彥宗對於續立趙氏的發言，比較合理的說法也許是此時劉彥宗雖然立場已經緩和，但對宋交涉時則仍採取與金朝中央一致的論點，忠實地轉述出女真主政者對當時局勢的看法，如此則再度說明了遼系漢士不願或無法對金朝重要政策自主的對外發言。至於丁特起此則甚為神奇的記載中，劉彥宗之被點名批判也是受到池魚之殃。縱使劉彥宗與宋朝有殺子之仇，但因此時的宋金和戰實多由宗翰所領的河東集團與宗望為首的河北集團所決定，如觀察《三朝北盟會編》後文的敘述，便可知事實上屠城與否的決定仍是在河北與河東的主帥，即宗翰及宗望雙方的討論中完成，不論是「黃旆兵」或是劉彥宗的個人意向均難撼大局。

翻當時既成的穩定局面。宋人張匯在《金虜節要》中便道:「及金人已立漢兒劉彥宗、時立愛爲僞相。二人皆燕人也,以墳壟田園親戚之故,愈勸賊入寇。」〔註34〕換言之,既然主戰派的女眞貴族有心對宋朝加以打擊,那遼系漢士當然是樂見其成,如此便可藉由協助金朝的擊敗宋朝以取回交付宋朝的燕雲之地,讓燕雲百姓重回家園。因此在金朝取下燕雲前,遼系漢士之積極吹鼓金朝侵宋當極有可能。所以此時身爲燕雲地方領導者之一的劉彥宗,極力游說金軍南下的動機便不難明瞭。另一方面,劉彥宗等人之遊說金軍南下,也是在宗翰考慮到軍糧運補等戰術問題而略顯猶豫之時,而以「因糧就兵」爲由,認爲金軍可以直接取用宋方糧草的道理勸動宗翰。換言之劉彥宗等人所能施力之處,也僅是戰術層次的問題,至於戰略乃至於國策上,遼系漢士實力有未逮。而當金朝佔領了燕雲之地,遼系漢士已不負鄉親父老所託後,這時北宋的攻滅與否,對遼系漢士而言就不再是件日思夜夢的大事,而後遼系漢士對宋朝便不再存有太多敵意,金宋問題上的態度也變得比較消極。

遼系漢士的作爲,展現了一個手無縛雞之力的士人在亂世中的自保之道。他們的盡心金朝,一方面是爲了確保自己的身家性命,另一方面也可以說是在大環境的束縛下,盡力求取一個自我肯定的機會,是故藉由迅速轉化自己身分的同時,爲自己的存在求取一個合理的價值肯定。既然仕金之前已經無太多夷夏觀念的包袱,那麼仕金、仕遼與仕宋,都不過是種爲了實現自己從政理想與求取地位財富的手段罷了。進而在擺脫了忠臣不事二主的包袱後,眼前所要盡力之務,上者便試著弭平這大時代的動亂,中者以保護親朋鄰里爲己任,等下之輩便是苟且偷生於動盪之中,好官自我爲之,甚至是藉機上下其手擷取財富與權勢。當時有一遼系漢人李侗,曾在擔任館伴時向宋使提到自己對時勢及自身出處的看法,從中或可略窺遼系漢士看待此一歷史變局的態度:

> 盛衰固自有時,強弱亦自有數,周旋轉輪,反復如引鋸,天下何嘗有常強之勢!賢人君子,佐世因時,識消長之理,時違事變,達擒縱之權。于此能變守改節,即於盛衰強弱之中,常使生靈不墜塗炭,免得此一段殺戮,這箇因果,最爲大事,其他不足道也。〔註35〕

不過在征宋之役中,遼系漢族士人還是發揮了他們的作用,除前述在擔任使

〔註34〕 《三朝北盟會編》卷24,頁12。另見《建炎以來繫年要錄》卷1,頁11,唯文字略有出入。

〔註35〕 《三朝北盟會編》卷110,頁4~5。

節上的盡心外，部份遼系士人在後方也擔任著運輸補給的重大任務。如劉彥宗與時立愛兩人，當時便分任金朝南下東、西兩路軍的後勤作業，對於他們的貢獻，《金史》作者評道：

> 太祖入燕，始用遼南、北面官制度。是故劉彥宗、時立愛規爲設施不見於朝廷之上。軍旅之暇，治官政，庀民事，務農積穀，內供京師，外給轉餉，此其功也。〔註36〕

不過即便《金史》作者大彰其功，此時遼系漢士的整體活動還是顯得較爲沈寂。這種沈寂突顯了遼系漢士此時已對影響金朝決策一事不再積極作爲，這又與遼系漢士選擇入金的主要目標之一，即保家衛鄉的目標已經達成有關。當然除了保家衛鄉外，遼系漢士入仕金朝尚有實現自我理想的目標，只不過目標的層次因人而易，就當時大多數遼系漢士的政治作爲所見，他們的要求似乎不多，他們所要達到的政治理想或多僅求圓滿達成上級，即金朝交辦的事務。而事實上在亂世之際，驚魂未定的遼系漢士自然也不敢多有企求。換言之，金朝取得燕雲，已爲金廷中的遼系漢士去除掉心中最後的牽掛，於是孜孜盡力於金臣本分也將是降金遼系漢士的僅有目標。

自天會年間以後，遼系漢士對金廷決策已不再有干涉欲望，加上金朝最初亦無意分享政治權益，結果便造成一方願打，一方願挨的局面。在金初三位權勢較大的遼系漢士，即時立愛、韓企先與劉彥宗三人中，從政態度實以劉彥宗最爲積極，也因此常見他對宋金事務發言，但是在當時的金朝決策中，其影響力也僅是止於鼓吹金朝取回燕雲之地而已，況且這也是與部份契丹人合作的成果。至於其他政策的決定，金朝女眞統治階層自有定見，不待其多加干涉。所以劉彥宗之能夠影響金朝燕雲棄取的政策決定的現象，實屬特例。至於時立愛與韓企先，則更是未見積極干預金朝國政，遑論對金初政局有無任何決定性的言論作爲。時立愛除了在投降之初曾請太宗安撫投降諸州，其後便不見重要作爲，僅見「從宗望軍數年，謀畫居多」。〔註37〕韓企先則是「關決大政與大臣謀議，不使外人知之，由是無人能知其功」，但在《金史》中可以看出韓企先大概是屬於事務官、幕僚類型的人才，即在金廷中以「彌縫闕漏，密謨顯諫」爲務，亦爲默默耕耘之輩。〔註38〕換言之，遼

〔註36〕《金史》卷78〈贊〉，頁1778。
〔註37〕《金史》卷78〈時立愛傳〉，頁1776、1777。
〔註38〕《金史》卷78〈韓企先傳〉，頁1778。

系漢族士人在天會年間的金朝政壇中，與其說是引領著局勢發展，不如說僅是順勢解決自己的企求。而當金朝女眞統治階層不顧所言時，遼系漢族士人也只好退居幕後，盡心於當下交辦的任務。

在此情形下，遼系漢士在官方場合中對天下局勢的意見表達，便多僅出現在一些無關緊要、或非爲朝政商議的場合。天會五年，金破眞定，拘籍境內進士試於安國寺，其時主文者劉宵即故遼官吏，曾於遼咸雍中狀元，因「怨宋人海上之盟」，故發策問「上皇無道，少帝失信」藉以羞辱當時應試的宋朝進士。〔註39〕這種手段已是目前資料所見，遼系漢士在所治業務中表明自己政治意見的最直接作法，而且就整體局勢來看，劉宵此舉似乎也僅爲個人態度，並非是當時遼系漢士的共識。因此，宋方記載以遼系漢士爲招致金軍南下的罪魁禍首，實是言重。

因此就初期金朝對宋事務的決策過程所見，遼系漢士的干預能力有限，而內政事務亦然。內政事務部分，遼系漢士用力最多之處正在協助金朝典章制度的建立。首先在政治制度方面，遼系漢士促成了金朝調和女眞舊俗及前朝舊制而建構其組織章程。金朝的「漢官制度」始於天輔六年（1122 年）佔領燕雲地區之時，隨後遂開始持續改革。〔註40〕《金史》〈百官志〉中有一段扼要的記載：

> 漢官之制，自平州人不樂爲猛安謀克之官，始置長吏以下。天輔七年，以左企弓行樞密院於廣寧，尚踵遼南院之舊。天會四年，建尚書省，遂有三省之制。至熙宗頒新官制及換官格，除拜內外官，始定勳封食邑入銜，而後其定制。然大率皆循遼宋之舊。海陵庶人正隆元年，罷中書、門下省，止置尚書省。……，是以終金之世守而不敢變焉。〔註41〕

由這段敘述與本文第二章的討論可以看出，最初金朝之使用漢官制度的主要目的爲安撫遼人，故其創制乃是在金朝原先的部族政權架構之外，另外設立一套安插新附遼官漢士的制度。但因金朝佔領的漢人區域順利擴大，已經不是襲用遼朝的兩元政治體系所能輕易解決，這種疊床架屋的制度也勢必令政

〔註39〕周密《癸辛雜識別集》卷下，頁5。
〔註40〕關於遼系漢士對宋金關係的影響，詳參王明蓀師在〈金初的功臣集團及其對金宋關係的影響〉的論述。其中明確提出當時金朝對宋政策的決定是以女眞貴族內部的討論結果作爲行動方針（頁206～207）。
〔註41〕《金史》卷55〈百官志〉，頁1216。

事運作的效率大打折扣，改革因此展開。而在改革過程中，遼系漢士起了彌縫補闕的作用。於是遼系漢士既在女真貴族的左右提供相關資訊助其研判，也爲改革後的政制運作提供操作的典範。因此遼系漢士對女真統治階層施行漢制的過程中，不但對他們產生潛移默化的效果，強化女真統治階層實行漢制的決心，也透過實際運作的機會調整修改，使由唐、宋、遼等各方援引而至的政府架構能夠配合當時的政治環境。對此即令數十年後女真統治者亦不諱言，世宗在大定十一年（1171 年）論及韓企先時便道：

> 丞相企先，本朝典章制度多出斯人之手，至於關決大政與大臣謀議，
> 不使外人知之，由是無人能知其功。前後漢人宰相無能及者，置功
> 臣畫像中，亦足以示勸後人。〔註42〕

金朝政制的奠定，遼系漢士實功不可沒。

　　除了參與政治制度的改革外，遼系漢士在禮儀法制上也多有用心。張棣在《金虜圖經》便提到金初女真本無宗廟祭祀的行爲，後在遼系漢士「往往說以天子之孝在乎尊祖，尊祖之事在乎建宗廟」的勸說下，「方開悟」，遂有建廟祭祖之禮。〔註43〕如劉彥宗次子劉筈便以詳知儀禮著稱，史載「太祖崩，宋、夏遣使弔慰，凡館見禮儀皆筈詳定」；「熙宗幸燕，法駕儀仗筈討論者多」。〔註44〕又如韓昉，於天會十二年後擔任禮部尚書七年達之久，「當是時，朝廷方議禮，制度或因或格」，韓昉便在此時擔任規畫金朝禮制的工作。〔註45〕遼系漢士亦參與了法律的修補，並於皇統五年（1145 年）完成了金代第一部的成文法《皇統制》。〔註46〕凡此種種，均見遼系漢士對金朝初創時期典章制度的建立有著卓越貢獻。由於政府組織的確立，不但使金朝政權的基礎能夠穩固，也讓金朝在天會年間與南宋的抗爭之中，因爲政府架構的大致完善，出示了金朝足具成爲中原正統王朝的一切條件，得以吸引了更多游離的漢人資源，包括猶豫的士人與貳心的武將，此成就了金朝壯大的機會。尤其是在天

〔註42〕《金史》卷 78〈韓企先傳〉，頁 1778。

〔註43〕《三朝北盟會編》卷 244，頁 3。

〔註44〕《金史》卷 78〈劉筈傳〉，頁 1771。

〔註45〕《金史》卷 128〈韓昉傳〉，頁 2714～2715。

〔註46〕《皇統制》的內容是「以本朝舊制，兼採隋、唐之制，參遼、宋之法，類以成書」，見《金史》卷 45〈刑志〉，頁 1015。傅百臣以爲其編撰者來自當時金朝學士院的漢官，此說雖然不見引註證明，但應可肯定漢族士人，包括宋士在此時的法律編撰中佔有極爲重要的地位。傅百臣之說參見氏著〈女真法與金朝法制〉，頁 247，文收《遼金史論集》第 8 輯，頁 239～251。

會十五年廢齊後，華北的宋系漢士對金朝的接收排斥不大，或許也和當時金
朝所展示的政府架構之完善有著相當程度的關係。

　　但是亦如金朝的外交事務，遼系漢士所能提供的「服務」，僅是在女真統
治階層決定了政策的方向後才繼續處理相關的事務性工作。就引進漢官制度
一事來看，從《金史》可見當初決定將漢人制度引入金廷，實是完顏杲與完
顏宗幹。《金史》作者便道：「金議禮制度，班爵祿，正刑法，治曆明時，行
天子之事，成一代之典，杲、宗幹經始之功多矣。」〔註47〕因此可以說漢制
的推行，是在宗幹及杲與女真統治階層討論並決定了整個大政方針之後，事
務性的工作才交給韓企先等人去辦理。此外如禮儀法制的改革，首先提出者
也是完顏宗憲，而後為完顏希尹附和。〔註48〕換言之，遼系漢士所負責者是
在決策前供給這些女真貴族所需資訊，以及在決策後完成實際的執行操作。
只有女真統治階層才有權力決定漢制的推行與否。關於這點，由太祖、太宗
時期遼系漢士所提出的建言與女真統治階層的反應所見，舉凡涉及制度層面
的建言，女真統治階層均欣然相從，但一涉及重要的國家政策，尤其是宋金
事務時，女真統治階層多自有主張，幾乎不容遼系漢士置喙。〔註49〕金朝初

〔註47〕《金史》卷76〈贊〉，頁1748。同卷〈宗幹傳〉中載：「天會三年，…始議
禮制度，正官名，定服色，興庠序，設選舉，治曆明時，皆自宗幹啓之。」
（頁1742）另外在卷78〈韓企先傳〉則道：「斜也、宗幹當國，勸太宗改女
真舊制，用漢官制度。天會四年，始定官制，立尚書省以下諸司府寺。」（頁
1777）

〔註48〕《金史》卷70〈宗憲傳〉中記：「朝廷議制度禮樂，往往因仍遼舊，宗憲曰：
『方今奄有遼、宋，當遠引前古，因時制宜，成一代之法，何乃近取遼人制
度哉。』希尹曰：『而意甚與我合。』」（頁1615）

〔註49〕現今可見之太祖太宗時期漢士人政論如下：（「出處」一欄，「金史75」表《金
史》卷75，「國志」則指《大金國志》）

發表年月	論者	內　　　容	朝廷反應	出處
天輔七年	左企弓	獻詩〈諫捐燕〉	太祖不聽	金史75
天會元年	時立愛	請安撫投降諸州	太宗允之	金史78
天會二年五月	劉彥宗	上伐宋十策	內容不詳	金史75
天會二年	劉彥宗	請改都統府為元帥府	太宗從之	國志4
天會四年十月	劉彥宗	請宗望試真定儒士	宗望從之	國志4
天會四年	劉彥宗	宗翰、宗望入汴京只取圖籍，勿侵擾民間	宗翰、宗望嘉納之	金史78
天會五年正月	劉彥宗	請復立趙氏	太宗不聽	金史3

期引用漢士的動機只是想要借助他們處理政事的長才，並非是要分享政治權益予漢族士人，所以重要決策的制定過程，女眞統治階層仍不允許外族加以左右。於是就算劉彥宗等人的官階均已到達過去中原王朝中文臣地位的顚峰——宰相之職，但在金初的特殊環境下，他們在當時的職責僅不過是「凡漢地選授調發租稅皆承制行之」。〔註 50〕

　　雖然本文指出遼系漢士對於金廷初期的決策影響有限，但並非有意抹煞此時遼系漢士對穩固華北政治局勢、協調女眞與漢文明間衝突等的貢獻。畢竟在金初年間，遼系漢士還是間接將傳統中原王朝的政府架構及政治運作模式帶入了金朝政府之中，並且成功與女眞舊俗達成妥協，調和了其中的歧異。最重要的是遼系漢士透過實際操作這些改良後的政制，向女眞貴族宣示漢官制度對金朝政權日後的發展有著無法輕忽的重要性，進而促使女眞統治階層更加重視背後支撐這套漢官制度的中原漢族文化。不過由於北宋百餘年的發展，宋系漢士所具備的學術文化基礎遠比遼系士人更爲精純厚實的情形下，把更大量的漢族文化帶給女眞統治階層的工作，熙宗、海陵王之後便轉由宋系士人接手。

第二節　宋士的參政的挫折

　　經過太宗、熙宗時期的戰亂洗蕩之下，大部份的宋系士人對故國的思懷已不如天會初年般的深切。不過他們縱使不再慷慨激昂地表達對故宋的懷念及對出仕「異朝」的排拒，但是山河猶在、人事已非的無奈卻不時地表現在他們平日的作爲中。不論是消極地爲生計所迫，或是爲了勉強延續自己的政治生命，亦或積極地想要在金朝內實現過去曾有但卻未完成的政治理想，此時絕大多數的宋系漢士在入仕金朝的過程中，他們必須擔當在過去宋朝從政時所未曾背負的「原罪」。宋系士人在出處金朝之間，不僅要隨時提防「貳臣」想法不斷從內

天會五、六年間	劉彥宗	諫以宋皇室成員分賞功臣將領。	金從之	呻吟語

　　由上述 8 條政論的提出與金朝女眞統治階層的反應來看，可以看到女眞統治階層不從的建議雖然只有兩條，但其內容卻均是宋金交涉事務。至於其他採納的五條，則多是地方性、制度性的建言。如此或可看出女眞統治階層，對遼系漢士建言的採納原則。

〔註 50〕《金史》卷 78〈韓企先傳〉，頁 1777。

心深處躍出咬噬著他們好不容易所構建出的未來，還需隨時擔負女眞統治階層對他們節操的疑懼所施加而來的嘲諷甚至侵凌。這種內外煎熬，遂成這批宋系漢士在追求功名利祿與體現政治理想時，一種欲求遁避卻又難以擺脫的潛在壓力。相較於遼系漢士的優游在遼金之間，金初宋系漢士的政治生活顯得困頓許多。他們的挫折來自於兩個方面，一是女眞統治階層對他們的不信任，二是他們對於所處現狀無法調適。這兩個理由便造成金初宋系漢士在參與金朝政治上不但無法大展手腳，而且時見手足無措的窘態。

清朝學者施國祁在與友人應答有關宇文虛中是否是因「謀挾故主南奔」而被殺時，（其事經過詳見下文）曾提到金朝對宋系漢士的信任問題，其中有一段文字甚值得我們注意：

> 且金人以遼亡不懼遼，故兩韓相繼入相。宋未亡尚懼宋，故宇文輩
> 只領閒職，不假重權，何自有國師之命。〔註51〕

「宋未亡」，這是在論金初宋系漢士出處的關鍵前提。雖然在宋金交戰之際，金朝與附金的漢族士人不斷透過各種文宣詆毀南宋的政治地位，宣稱金朝「弔民伐罪」之舉理由正當，但是卻也不見可以有力駁斥南宋承繼北宋政統的說辭。在企圖動搖南宋地位的嘗試中，金朝與附金宋系漢士各自採取不同手法。相較於附金宋系漢士，金朝的作法反而顯得保守，面對南宋，一開始是避而不見，企圖以忽視趙構的即位來打壓南宋政權的合法性，因此在天會年間對待南宋使臣的方式均採扣留不問，而對南宋求和、談判的要求也置之不理，並在立劉豫爲齊帝後，將整個對宋事務交付給劉豫。由於劉齊名爲一國，實爲金朝之屬國，所以此舉正有藉機壓低南宋地位的作用。另一方面，附金漢士的作法則激烈許多。這批漢士多自齊國而來，他們在仕齊時所發表的文章內容比金朝的文告更是激進，有者直斥宋高宗在靖康之禍時擁兵不前，坐視徽、欽二帝被俘北上，以成即位之圖，不配爲一國之君；有者甚將南宋比成「蠻荊」。（見第三章第二節）但這些作爲還是無法抹滅宋高宗確爲徽宗九子所擁有的承繼宋室正統資格的事實，況且趙宋王朝在高宗即位後也已於江南站穩腳步。皇統二年（1142 年）二月紹興和約的簽訂，雖說南宋自此成爲金朝屬國，但是「宋未亡」也被確認了，這個事實遂成爲此時宋系漢士欲融入金朝而不可得的關鍵。

南宋的存在，帶給華北抗金的義軍無窮希望，也帶給了金朝對華北漢人

〔註51〕施國祁《金史詳校》卷末，頁 742。

的疑懼，於是至少在海陵王時期之前，女眞統治階層便常因華北地區的叛服
無而將猜忌之心轉射至已任金官的宋系漢士。〔註 52〕當時常有仕金宋系漢士
被告通宋，如杜充。其人之降，乃金人遣使「啗之以利」而主動投附，但依
舊不免被告。天會十年（1132 年）九月，史載：

> 彰德軍節度副使高景山告知相州杜充陰通江南。先是充之孫自南方
> 逃歸，充不告官而擅納之。遂下元帥府掠治。宗維【案：即宗翰】
> 問之曰：「汝欲歸江南耶？」充曰：「元帥敢歸江南，監軍敢歸江南，
> 惟充不敢歸也。」諸酋相顧而笑，踰年乃釋。〔註 53〕

此事杜充雖是自取其辱，但陪笑之狀卻充分顯現宋系漢士仕金的無奈。金朝
對宋系漢士的猜忌一直維持到海陵王時期。史載：

> 初，海陵愛宋使人山呼聲，使神衛軍習之。及孫道夫賀正隆三年正
> 旦，入見，山呼聲不類往年來者。道夫退，海陵謂宰臣曰：「宋人知
> 我使神衛軍習其聲，此必蔡松年、胡礪泄之。」松年惶恐對曰：「臣
> 若懷此心，便當族滅。」〔註 54〕

其時蔡松年（1107～1159）已任尚書左丞，入宰執之列；胡礪（1107～1161）
則爲翰林學士，亦是正三品之職。兩人入金均久，蔡松年在入金前曾因父靖之
故得任宋朝燕山府管勾機宜文字，但未久便於天會三年底隨靖降金，時年不過
十九歲；胡礪入金則略晚松年，未見仕宋，而爲天會十年進士第一。他們幾乎
一出仕便爲金朝官員，且至此時也已有三十年之久，換言之，他們這輩子的政
治生涯幾乎是全在金朝治下渡過。這種資歷居然還會招致海陵王的懷疑，除了
歸咎於海陵王的性格多疑外，另一個因素應是他們身負著宋系漢士的身份。這
個身份並不因歲月的流逝而淡去，而正如前述，它是仕金宋系漢士的「原罪」，
宋金一旦出現狀況，這個身份就會變成眾人注目的焦點。不過當時在金宋系漢
士通宋的情形也的確屢見不鮮，從本文第三章所述的張孝純、洪晧等人事蹟可
知，加上擔任地方守官的宋系漢士也常藉機叛逃入宋，對此金朝亦需有所提防。
皇統三年（1143 年）四月，宗弼懷疑就知亳州王彥先「至南朝常洩國中陰事」，
遂徙彥先知澶州，命其子大觀從軍北討蒙古，「實質之也」。〔註 55〕這些事件的

〔註 52〕關於華北漢民的抗金，詳參黃寬重《南宋時代抗金的義軍》（台北：聯經出版，
1988 年）。
〔註 53〕《建炎以來繫年要錄》卷 58，頁 1016。
〔註 54〕《金史》卷 125〈文藝上・蔡松年傳〉，頁 2716。
〔註 55〕《建炎以來繫年要錄》卷 148，頁 2388。

不斷發生，均再三地撕裂金朝與仕金宋系漢士間已經隙釁頻現的關係。

在上述幾個例子中，由於涉案的宋系漢士都未有具體反狀，所以金朝採取的手段也較和緩，但是也有無具體反狀而被金朝羅織入罪者，如皇統六年宇文虛中與高士談被殺事。宇文虛中（1080～1146），成都人，在宋累官至資政殿大學士，天會六年任宋祈請使入金被留，此後宇文虛中的事蹟便顯得撲朔迷離。自天會六年入金後，其事蹟目前大致可分爲宋方及金方等兩類說法。宋方說法以爲虛中入金後始終忠於宋朝，期間雖受金朝高官，但仍秘密聯絡華北義軍而欲有所作爲，後與準備利用熙宗祭天的時機挾殺之，不幸密洩被殺。〔註56〕在宋人記載中，宇文虛中的死明顯是忠宋所致。不過仔細分析這些宋人記載，事實上存在著不少的漏洞與曲附，清朝學者施國祁就曾提出五項論點駁斥此說於情於理均非事實。〔註57〕此外，宇文虛中入金之後雖然無法證明是否立刻接受金朝的授官，但卻也有幫助金朝彌縫政制，協助金朝政事運作的作爲。據洪皓所言，當時金朝「官制、祿格、封蔭、諱諡，皆出宇文虛中參國朝及唐法制而增損之」。〔註58〕在王繪《紹興甲寅通知錄》中，曾記金人李聿興道：「自古享國之盛，無如唐室。本朝目今制度，並依唐制，衣服、官制之類，皆是宇文相公共蔡太學並本朝十數人相與評議。」〔註59〕而《金史》亦道虛中「與韓昉輩俱掌詞命」，並爲金朝撰寫〈太祖睿德神功碑〉。〔註60〕在此情形下，另外一種關於虛中之死的說法就顯得較爲合理，《金史》在其本傳道：

〔註56〕此說原出宋人記載，如李大諒《征蒙記》、王大觀《行程錄》，見《建炎以來繫年要錄》卷154，頁2464。另於《三朝北盟會編》卷115，頁2、3；施德操《北窗炙輠錄》卷上，頁14等亦見。

〔註57〕施國祁《金史詳校》卷末，頁742、743。其中提及宇文虛中「陰結死士，謀挾故主南奔之事，其當辯者凡有五焉」，第一是當時宋士被金朝散置各處，根本沒有交通的可能性；第二是虛中若挾欽宗南歸，高宗欲如何安置欽宗便是一大難題，虛中斷不至未思及此；三是宋金兩部正史均確定虛中之死源於遭誣，可見此說較見具說服力；四是當時牽連官員多達七十餘人，竟未搜得片紙聯絡書信，僅能以家中圖書作爲反具，故聯絡華北宋士一事似是未眞；第五，虛中起事前傳曾聯絡南宋，而爲秦檜所抑。以當時宋金書信聯絡不難，應有副本傳世，但至今亦一書未見，可見虛中欲叛金歸宋之說爲訛傳。在這幾項理由中，第四項算是最具說服力，應爲宇文虛中確實未有叛金之明證。

〔註58〕《三朝北盟會編》卷221，頁13～14。

〔註59〕《三朝北盟會編》卷163，頁3。

〔註60〕《金史》卷79〈宇文虛中傳〉，頁1791、1792。

> 虛中恃才輕肆,好譏訕,凡見女直人則以礦鹵目之,貴人達官往往
> 積不能平。虛中嘗撰宮殿牓署,本皆嘉美之名,惡虛中者摘其字以
> 爲謗訕朝廷,由是媒糵以成其罪矣。〔註61〕

另外在《中州集》中,元好問對這一事件的敘述似乎釐清了這兩種說法之所以有不同記述的原因,元好問道:

> 皇統初,上京諸虜俘謀奉叔通【案:叔通,虛中字】爲帥,奪兵仗
> 南奔。事覺,繫詔獄。諸貴先被叔通嘲笑,積不平,必欲殺之,乃
> 鍛鍊所藏圖書爲反具。〔註62〕

換言之,虛中之下獄當非預謀造反而事洩獲捕,而是爲人牽連。似乎是有人欲奉虛中爲南歸首領,這批人在虛中尚未知情的情形下便因密洩被捕,被捕後他們透露了欲奉虛中爲主的計畫,此被與虛中早有舊嫌的女眞貴族所利用而羅織成罪,最後宇文虛中與其家屬便因此悉遭屠戮。整理上述的兩種記載,可以解釋的是宇文虛中入金後雖仍做出思懷故國的詩詞,但不代表他有叛金歸宋的打算,而當時宋人的記載,極可能只是當時宋士在無處宣洩其憤怨之情下,選擇了宇文虛中的事蹟加以改編,意圖振奮南方已漸消沈的士氣,另一方面也藉此諷刺南宋朝中的求和派。但無論如何,宇文虛中之死於結宋謀叛之名則是不爭事實。在沒有直接證據下虛中猶能被構陷致死,全族遭誅,且牽連七十餘家,並波及無辜的高士談,可想見當時的女眞統治階層對宋系士人應是相當猜忌,以致一有風吹草動,必加大肆搜捕,寧可錯殺,不願寬放。

金朝對宋系漢士的提防尚見施宜生事件,至於施宜生之被戮則是證據確鑿。施宜生,本名逵,在南宋以附閩中亂民范汝爲獲罪被拘,後逃入齊國。(見第三章第二節)齊廢入金,後仕至翰林侍講學士。正隆四年冬,金朝以施宜生爲賀宋國正旦使,契丹人耶律翼離剌爲副使入宋賀正旦。施宜生最初獲知任命,本「自以得罪北走,恥見宋人,力辭」,但在海陵王堅持下勉強赴宋。赴宋後在宋臣張燾以「首丘」之義諷之後,施宜生告以宋人海陵王有南伐之意。此舉歸金後爲耶律翼離剌所告,坐烹死。〔註63〕「首丘」一語出於《儀禮·檀弓上》,中曰:「禮,不忘其本。古之人有言曰:『狐死正丘首,仁也。』」

〔註61〕《金史》卷79〈宇文虛中傳〉,頁1792。《宋史》也採相同說法,見卷371〈宇文虛中傳〉,頁11528。
〔註62〕《中州集》卷1,頁1。
〔註63〕《金史》卷79〈施宜生傳〉,頁1786。

所以後世稱不忘故土或死後歸葬故鄉為「丘首」。張燾以此諷施宜生,不免觸動了每個宋系漢士內心深層的家國思懷,即令如施宜生者,過去曾有罪在宋,逃入齊國後又有獻取宋之策等背宋舉措,但是他們心中仍是存有一絲仕宦異朝的遺憾與回歸故國的希望。這些遺憾與希望,卻是女真統治階層治理宋系漢士時最大的夢魘所在。在張燾的撩撥之下,施宜生把當時仕金宋系漢士這種心態轉化成實際的作為 —— 洩密於宋,這種兩面作法的下場可想而知。但對施宜生而言,在金近二十年漂泊在外的失落感,此時或可獲得解決,至於此舉下場如何,或已不在考慮之中。

　　從施宜生事件到上述提及的幾個案例中,宋系漢士的基本行事立場或可大致掌握。進而撇開少數宋系漢士的刻意反金之舉,多數宋系漢士也在試著適應作為金朝臣民的身份。第三章時曾經提到,齊國的建立對日後金朝收服宋系漢士的最大貢獻,在於提供了宋系漢士調適其身份轉變的「練習」機會。在政治認同的課題上,多數的仕齊宋士尋得了合理化自身處境的方式 ——他們避免去接觸有關國家大義的問題,他們試著埋頭盡心於當下的工作。簡單的說,就是把官當好,至於是那個政權的官,他們不必去想,也不敢想。這種想法雖有鄉愿之嫌,卻幫助他們調適了自己,安頓了他們背宋的失落。仕齊的經驗,入金後成為宋系漢士繼續從政的心裡依憑,熙宗時期也將成為宋系漢士入金在政治認同上的調適期。

　　恰好金朝也對宋系漢士抱持著不信任,在刻意的安排下,熙宗年間的宋系士人得以不用去強迫自己面對舊愛新歡的敏感問題。金朝對宋系漢士的防範,除了從政治案件的頻繁發生外,尚可從太宗、熙宗時期金朝所交付宋系漢士的政治任務可以看出。首先,在金朝政府的政治任務中,最有機會須與宋朝密切接觸的任務當屬遣宋使者。從表五「金朝遣宋使者一覽表」中可以看出,一直到海陵王貞元元年(1153 年)才有第一名宋系士人蔡松年被選任赴宋。由於金朝的不信任,在太宗、熙宗時期一直沒有宋系漢士擔任這項任務。在太宗年間,由於正值金宋交戰時期,宋系漢士的不被派任當屬合理。但當熙宗年間,尤其是皇統元年(1141 年)後的九年金宋和平之局已成的情形下,宋系漢士猶仍不被信任,則可代表金朝中的女真統治階層還是相當擔心他們藉由使宋機會密連宋朝,甚至做出反金歸宋等大損金朝顏面的舉動,於是乾脆完全斷絕雙方的聯絡機會,不願派宋系漢士擔任此一具高度政治敏感的職務。由此可見金朝防制的用心。

　　再者，我們可由此時宋系漢士的仕金職務觀察。一般說來，太宗、熙宗年間，宋系漢士入金之際多任「詞臣」與地方守官等兩種職務。就《金史》有傳之 15 名宋系漢士的仕金經歷所見，以翰林院工作為主要經歷之宋系漢士有 6 名，其餘 9 名又有 6 名是以地方幹吏見稱。此由下表可以略窺：

姓　　名	官職授受概況與活動內容特點	經歷特質	金史卷數
宇文虛中	入金初與韓昉具掌詞命。曾任翰林學士、承旨。	詞臣	79
施宜生	曾任翰林直學士、侍講學士。	詞臣	79
高士談	仕至翰林直學士。	詞臣	79
馬定國	仕至翰林學士	詞臣	125
吳　激	曾任翰林待制。	詞臣	125
王　競	曾任權應奉翰林文字兼太常博士、翰林待制、翰林直學士、侍講學士、承旨。	詞臣	125
傅慎微	任職地方多見治事才幹，入〈循吏傳〉	地方守官	128
范　拱	齊國任官時以稅法利害與劉豫力爭，入金後又力請減稅，為宗弼所從。	地方守官	125
張中孚	任官地方，御士卒嚴而有恩，西人畏愛之。	地方守官	79
張中彥	治事西北期間恩威並施，深得百姓愛戴。	地方守官	79
趙　鑑	任職地方多見治事才幹，入〈循吏傳〉	地方守官	128
張　奕	任職地方多見治事才幹，入〈循吏傳〉	地方守官	128
蔡松年	田穀黨禍後得大用。政治生涯以吏事見長，然文學成就亦獨步金初。	技術官僚、詞臣	125
孔　璠	以孔子四十九代孫授官。	其他	105
祁　宰	仕至太醫使。	其他	83

　　其中曾為宋使被留者，如宇文虛中、吳激等輩，入金後多被授與詞臣一職。他們的職務內容主要為金朝草擬各項詔令，如前述宇文虛中「與韓昉輩俱掌詞命」，並為金朝撰寫〈太祖睿德神功碑〉。而除了宋使出身的宋系漢士外，其餘出身的宋系漢士在入金後也多歷翰林一職。然而在女真統治階層的眼中，宋系詞臣卻常不如遼系的詞臣來得稱旨。史載世宗曾評論當時之能文者，曾說：「自韓昉、張鈞後，則有翟永固，近日則張景仁、鄭子聃，今則伯仁而已，其次未見能文者。呂忠翰草〈降海陵庶人詔〉，點竄再四終不能盡朕意。」〔註 64〕雖然言出於世宗，但在未曾接觸過韓昉、張鈞下，此論斷亦或綜合過去女真統治階

層的意見所出。在這六名世宗許爲「能文者」中，除楊伯仁籍貫眞定而爲宋系漢士外，餘皆遼系漢士。因此在「能文者」與「能盡朕意者」相提並論下，宋系漢士之少見能文者，或許不在文辭不美，而在難以切合上意，亦可略知宋系漢士與女眞統治階層間，直至世宗，政事思考方面仍存些許隔閡。

另外在典掌詞命之餘，這批宋系漢士也常見爲金朝整理規畫政治制度。如胡礪，在熙宗時擔任禮部郎中之間，「一時典禮多所裁定」。〔註65〕蔡松年，「海陵遷中都，徙榷貨物以實都城，復鈔引法，皆自松年啓之。」〔註66〕這些工作的性質頗類前述遼系漢士所任之幕僚工作，但雖然雙方均無決策之權，不過當時的遼系漢士所擁有的名位卻高出此時的宋系漢士甚多。這種現象這一方面是當時金朝的政制尚未成熟，基於籠絡遼人的需要，名位授受較見靈活，另一方面也是金朝願意信任遼系漢士的表示。至於宋系漢士，由於金朝政制已趨穩定，一切官職除授均有故事可尋，加上「宋未亡」，宋系漢士此時雖然任重事繁，但未必就官高位重。

金初宋系漢士所擔任的第二類主要工作是地方守官，這是絕大部份宋系漢士金初最爲重要的政治任務。金朝中央政府的成員由於早在齊國廢立、宋系漢士大舉改編加入之前，便已確立由女眞、契丹、渤海及遼系漢人等族群所瓜分，所以面對新附宋系漢士，金朝的安置之法便是以之爲新佔區域的地方官員。如此一來延續金初因地制宜、隨地屬官的統治技巧；二來也能在不使既有的官僚配置出現太大更動的情形下，達到安插宋系漢士的目的；三來宋系漢士的「反覆」前例甚多，正可藉由暫時安置地方以檢驗其忠誠，進而觀察其治事能力以待日後拔擢。但是由於這批宋系漢士的數目實在太多，除了少數知名、才能特出之輩外，太宗、熙宗年間的宋系漢士多是「碌碌州縣」而無法擠進中央政府之中。因此地方守官之職，無論是方面大員，或是鄉野小官，常是金初宋系漢士老死一生的所在。

雖然宋系漢士這段期間的政治活動一直受到金朝壓抑，可是他們還是多兢兢業業地完成金朝託付的政治任務，除了施宜生外，其他的宋系漢士就相當謹慎，沒有出現太多的紕漏，這種情形終令女眞統治階層滿意。這些謹慎的舉止雖然爲他們消除了女眞統治階層的心防，卻也使這批仕金宋系漢士必須承受持續而沈重的壓力。在仕金過程中，他們必須將故主或家鄉思懷盡可

〔註65〕《金史》卷125〈文藝上·胡礪傳〉，頁2722。
〔註66〕《金史》卷125〈文藝上·蔡松年傳〉，頁2716。

能地藏在內心深處，也要隨時提防因為不小心的洩漏所遭致的禍患。不過這種情感的防堵總有崩潰的一天，宋系漢士必須找尋機會以宣洩他們暗潮洶湧的情結，於是詩文創作就成為他們調劑內心的重要方式，也成為數百年之後我們理解仕金宋系漢士心靈活動極為重要的依據。

　　在金初的三十餘年中，由於飄搖於諸國之間，加上生活的顛沛流離，隨時都有招惹殺身之禍的機會，部分華北漢士對於政權的更替漸漸變得麻痺而不願去思考，並將關心焦點從國家恩仇轉向了身家性命，這批宋系漢士的因應作法漸類遼系漢士。然而雖然在公開活動中無法觸及這類敏感話題，卻還是有部份宋系漢士忍不住私下藉著詩文表達心中的無奈與傷感。相較於絕大部分的遼系漢士可以迅速大幅地自外而內調整對應外界的心態，部分宋系漢士卻不行，這是宋系漢士仍然別於遼系漢士之處。相較於遼系漢士的靈巧，宋系漢士可以說是比較執著的一群。這段期間宋系漢士的詩詞內容，去國懷鄉的憂思與嚮往隱逸的情懷無疑是此時創作的兩大重點，〔註67〕這兩種創作傾向，與當時宋系漢士所處的政治環境有著密切關係。簡單的說，由於宋系漢士濃烈的思鄉情懷引起金朝的注意，致使金朝密切控制仕金宋系漢士的政治活動，結果便使他們產生「不如歸去」之感，進而嚮往回歸田園的自由清心。

　　這兩種創作風格多半同時出現在每個宋系漢士的詩詞之中，但又因個人處境與心態的不同有各自的偏重。大致上與宋朝關係深厚者，如宇文虛中，或是本身為南方人，如吳激等，他們的創作中多表現出對故國家鄉的思念，其中又以宇文虛中為代表。宇文虛中先為宋臣，後為金臣，入金後既為金朝政事盡心，又不忘故國，一生中可說充滿了矛盾與衝突。在仕金前，虛中曾有一段時間為金軟禁，其時思國懷鄉之作甚見可觀，如在〈又和九日〉中，宇文虛中明顯流露出對故國的思念：

> 老畏年光短，愁隨秋色來，一持旌節出，五見菊花開；強忍玄猿淚，
> 聊浮綠蟻杯，不堪南向望，故國又叢臺。〔註68〕

〔註67〕見詹杭倫《金代文學史》第一章〈金初文學的準備時期（1115～1160）〉對於金初諸士文學創作風格的分類。雖然詹氏分類將遼系漢士與未仕宋士一併討論，不過由於仕金宋士的作品佔此時所有漢士文學創作的主流，是以詹氏分類仍可視為此時仕金宋士文學創作主要風格。另外在胡幼峰《金詩研究》中亦做如是分類，見頁 26、27。又，以下討論關於文學理論的部份多參考詹氏的評析，為方便敘述，不另一一註明。

〔註68〕《中州集》卷 1，頁 9。

另外在〈還舍作〉中，則道出自己的一生漂泊與對故鄉的思念：

> 燕山歸來頭已白，自笑客中仍作客，此生悲歡不可料，況復吾年過半
> 百。故人驚我酒尚狂，爲洗鉼罍貯春色，酒闌人散月盈庭，靜聽清渠
> 流。……〔註69〕

此類作品，《中州集》、《全金元詞》等多見收錄。〔註70〕仕金後，虛中就少
見直接表白自己的心情，婉約暗喻轉而成爲創作的主要手法，如〈念奴嬌〉
一詞就透過對一名流落民間的宋室家姬的描述，藉以託付亂世兒女的故國思
念，其道：

> 疏眉秀目，看來依舊是，宣和妝束。飛步盈盈姿媚巧，舉世知非凡
> 俗。宋室宗姬，秦王幼女，曾嫁親慈族。干戈浩蕩，事隨天地翻覆。……
> 一笑邂逅相逢，勸人滿飲，旋旋吹橫竹。流落天涯俱是客，何必平
> 生相熟。舊日黃華，如今憔悴，付與杯中釀，興亡休問，爲伊且進
> 船玉。〔註71〕

這種手法的產生，或許也是受制於金朝權威所採取的權宜措施，因爲宇文虛
中的家屬已在皇統二年盡被遣送至金，受了家人的牽絆，宇文虛中就不太敢
像在入金初期如此放言無忌。不過時事造化，宇文虛中一家最終仍不免一死。

　　另一位值得注意的宋系漢士是高士談。受宇文虛中牽連而被殺的高士談，
爲宋初功臣高瓊之後，北宋末任至忻州戶曹參軍，仕金官至翰林直學士。〔註72〕
作品雖少見激憤之氣，但卻更爲悲涼，且其中亦不乏思宋之心及仕金的無奈，
如〈棣棠〉，其道：

> 閒亭隨分占年芳，裊裊清枝淡淡香，流落孤臣那忍看，十分深似御袍

〔註69〕《中州集》卷1，頁3。
〔註70〕這些作品中又以〈在金日作〉三首最見激憤，現錄於下：
　　　　滿腹詩書漫古今，頻年流落易傷心。南冠終日囚軍府，北雁何時到上林？
　　　　開口催頹空抱樸，脅間奔走尚邀金。莫邪利劍今安在？不斬姦邪恨最深。
　　　　遙夜沈沈滿幕霜，有時歸夢到故鄉。傳聞已築西河館，自許能肥北海羊。
　　　　回首兩朝俱草莽，馳心萬里絕農桑。人生一死渾閒事，裂眥穿胸不汝忘。
　　　　不堪垂老尚蹉跎，有口無辭可奈何？強食小兒猶解事，學妝嬌女最憐他。
　　　　故衾愧見霜秋雨，短褐寧望拆海波。倚杖循環如可待，未愁來日苦無多。
　　　　此三詩不載《中州集》，見於宋人施德操撰《北窗炙輠錄》卷上，頁13～14。
　　　　元好問之不選此三詩，詹杭倫以爲或與其中的戀宋情結太過強烈有關，見詹
　　　　杭倫《金代文學史》，頁17。
〔註71〕《全金元詞》，頁3。
〔註72〕《金史》卷79〈宇文虛中傳〉，頁1792。

黃。〔註73〕

又如〈不眠〉：

> 不眠披短褐，曳杖出門行，月近中秋白，風從半夜清。亂離驚昨夢，
> 漂泊念半生，淚眼依南斗，難忘去國情。〔註74〕

這些作品明確表達了自己身為宋士卻仕於金朝的掙扎。另外在《題禹廟》一詩中，高士談更道出了一句「可憐風雨胝胝苦，後世山河屬外人」，〔註75〕這種露骨的表白，可見高士談懷念故國的深刻，亦可見雖言為宇文虛中所拖累，但遭禍亦非全然無辜。

　　不同於上述兩位直接吐露自己的感情，吳激則較多借景抒情的手法，感情的表達顯得比較含蓄。吳激（1091？～1142），福建路建州人，天會五年（1127年）使金以「知名」被留，遂命為翰林待制。〔註76〕吳激是標準的南方人，驟然遷至北方，不適應乃是必然，加以又仕異朝，心中苦悶可以想見。於是在吳激的詩詞中，便常見對故鄉江南的追憶，乃至懷念故主舊恩與悲憐自己的去國千里。如〈題宗之家初序瀟湘圖〉：

> 江南春水碧於酒，客子往來船是家，忽見畫圖疑是夢，而今鞍馬老風
> 沙。〔註77〕

又如〈歲暮江南四憶之一〉：

> 瘦梅如玉人，一笑江南春，照水影如許，怕寒妝未勻；花中有仙骨，
> 物外見天眞，驛使無消息，憶君清淚頻。〔註78〕

吳激詩詞中，最為膾炙人口的當屬〈人月圓〉：

> 南朝千古傷心事，猶唱後庭花。舊時王謝，堂前燕子，飛向誰家。……
> 恍然一夢，仙肌勝雪，宮鬢堆鴉。江州司馬，青衫淚濕，同是天涯。
>
> 〔註79〕

此詞所以受到重視，除了高度文學技巧外，吳激也透過了這闋詞表達出士人在大時代的動亂下，一種動靜難以由己的無奈，即令可以如堂前燕子般的遨

〔註73〕《中州集》卷1，頁63。
〔註74〕《中州集》卷1，頁61。
〔註75〕《中州集》卷1，頁57。
〔註76〕《金史》卷125〈文藝上・吳激傳〉，頁2718。
〔註77〕《中州集》卷1，頁22。
〔註78〕《中州集》卷1，頁18。
〔註79〕《全金元詞》，頁4。另在南宋人張端義所撰《貴耳集》卷上，頁18中亦收錄
　　　此詞，詞文與《全金元詞》所載略有出入，但意旨一致。

翔一時，最終不過是飄盪四處的遊子，處處有家，處處無家。這批宋系漢士最初都是「少年豪氣，買斷杏園春。海內文章第一，從車屬、九九清塵」，但最後，在命運的捉弄之下卻只見「應憐我，家山萬里，老作北朝臣」。〔註80〕這種無奈與悲歡既是此時吳激創作的主調，也是此時仕金宋系漢士心中無法抹去的感傷與遺憾。

這類展現對故主思念的詩詞創作，值得注意的竟也出現在主動叛宋的宋系漢士身上。曾作出「語多指斥」之〈君臣名份論〉一文的馬定國，也有〈宿田舍〉一詩，其道：

> 狂風作帚歸春陰，投宿田廬話古今，尊俎只如平日事，干戈方識故人心。淒涼一樹梅花發，迤邐千門柳色深，天子蒙塵終不返，酒酣相對淚沾襟。〔註81〕

以《中州集》所收諸詩一般均被認為乃是入金後創作的情形所見，此詩如為馬定國入金之作，則仕金宋系漢士中，心靈活動與實際作為差距最大者就當屬馬定國了。而其表現，正說明了不論實際作為如何與宋朝為敵，但這批曾經在宋朝接受教養的宋系漢士，其心中多少總是存著一抹向宋之心。這種思念，偶而表現在對家鄉的懷念，偶而則表現在對故主下場的欷歔及對亂世動盪的不安與無奈。對他們而言，青山仍在，人事已非，自己又無法突破世局框架改造環境，最後只好寄懷於詩文之間，唱此不可吟之吟。

仕金宋系漢士第二類的創作傾向，便是對嚮往隱逸與田園生活的表達。當金朝因懼於宋系漢士對故國的思懷而加強控制時，宋系漢士的仕途便總是波折迭生。加上諸多內心的掙扎與衝突，再堅強的人總有時不我與、心力憔悴的一天，這些情形導致不少宋系漢士選擇放棄從政。但並非每個宋系漢士都能自由的選擇自己的道路，蔡松年便是一例。在蔡松年的詩詞中，常見欽仰魏晉諸賢曠達自適的內容，尤在其各詞序中多明確可見。〔註82〕蔡松年的仕途與其他宋系漢士相較，其實順利許多，史載當時「海陵謀伐宋，以松年家世仕宋，故亟擢顯位以聳南人觀聽」，〔註83〕故自海陵即位以來，松年的官職只升不降，於海陵王在位期間共仕宦十年，職位由正五品的左司員外郎直升至從一品的右丞

〔註80〕上下兩句均見吳激〈滿庭芳〉，《全金元詞》，頁5。

〔註81〕《中州集》卷1，頁66、67。

〔註82〕詹杭倫《金代文學史》，頁31～33。

〔註83〕《金史》卷125〈文藝上‧蔡松年傳〉，頁2716。

相，不僅是《金史・文藝傳》中「爵位之最重者」，〔註84〕金初宋系漢士中也是最爲顯赫者。但是如此順遂的政治生涯卻無法帶來從政樂趣，蔡松年於〈漫成〉中道：「人生各有適，一受不可更。違己欲徇世，憂患常相嬰。三軍護漢將，九鼎調蒼生，功名豈不美？強之則無成。」〔註85〕這種禍福相倚、憂患相嬰思想的產生，或由前述海陵以神衛軍習山呼聲事洩的怒責松年一事可見一斑。這種無妄之災，即令官位再高亦難以避免，松年雖未表示任何不悅，但是心中震懼恐是久久無法撫平，此正所謂「世途古今險，方寸風濤驚」（〈漫成〉）。在〈庚申閏月從師還自潁上，對月獨酌之十一〉中，其道：

> 出處士大節，倚伏殊茫茫，絕交苟不作，自足存嵇康。哲人乃知機，
> 曲士迷其方。故我類社櫟，匠石端難忘。〔註86〕

松年在此自嘲爲「曲士」，卻仍嚮往哲人風範。然何以無法拋開一切，斷然休官歸田，以求自適？在〈水龍吟詞序〉中，松年提到了兩個原因，一是「晚被寵榮，叨陪國論，上恩未報，未敢遽言乞骸」；再者則是「謀身之拙」，致使不敢輕言棄官。〔註87〕第一項理由是個人因素，由於感念海陵王的不次拔擢，松年遂有圖報之念。第二項理由就可視爲多數宋系漢士「屈就」仕金的重要原因，出仕不但是古代士人體現自己學識與理想的機會，也是他們養家餬口的基礎，對絕大多數的士人而言，就算不求高官厚祿，但至少也希望能衣食無缺。拋開仕宦一途，對部份家無恆產又無其他技能的士人而言，一家老小的生計恐怕就立刻陷入絕境當中。當然其他士人如此，所以出仕實誠不得已，但蔡松年仕宦多年，且官高祿厚，至少是薄有積蓄，只是從史稱松年「喜周恤親黨，性復豪奢，不計家之無有」〔註88〕來看，松年之不敢輕言棄官，實僅是「由奢入儉難」的另一例證，雖然在他的猶豫中卻也透露出此時宋系漢士選擇出仕的重要原因。

　　在現實生活與理想的衝突下，宋系漢士在金初的政治生涯頗爲悶煩。縱使仕途順遂如蔡松年者，亦有不如歸去之嘆。無心仕金而被迫出仕者，自是更在現實與理想的兩難中掙扎，時見徘徊在對故國的追憶之中；既令是有心振作之輩，卻也常受制於大環境的包袱與限制而無法大展手腳。更何況多數

〔註84〕《金史》卷126〈文藝傳・贊〉，頁2743。
〔註85〕《中州集》卷1，頁29、30。
〔註86〕《中州集》卷1，頁35。
〔註87〕《全金元詞》，頁12、13。
〔註88〕《金史》卷125〈文藝上・蔡松年傳〉，頁2717。

士人不比蔡松年，仕途坎坷便令此輩多生書空咄咄、有志難伸之感。以劉著為例，其為舒州皖城（今安徽潛山縣）人，宋宣和末登進士第，「歸朝預銓調，碌碌州縣，年六十始入翰林，充修撰，出守武遂，終於忻州刺史。」〔註89〕由於仕宦不達，劉著心中甚是鬱悶，於〈月夜泛舟〉道：

> 浮世渾如初岫雲，南朝詞客北朝臣，傳郵擾擾無虛日，吏俗區區老卻人。入眼青山看不厭，傍船白鷺自相親。舉杯更欲邀明月，暫向堯封作逸民。〔註90〕

隨著年歲的滋長，這種「碌碌州縣」的生活令劉著鄉愁日起，並開始後悔當初的決定。於〈至日〉道：

> 亂離南國忽經年，一線愁添未死前，心折靈臺候雲物，眼看東海變桑田。燕巢幕上終非計，雉畜樊中政可憐。安得絕雲行九萬，卻騎鯨背上青天。〔註91〕

在難伸手腳的情形下，對眼前境遇的不滿遂轉化成思鄉之情的爆發。於是在各種大環境因素的糾葛之下，抒發去國懷鄉之念與傾心隱逸生活便成為此時宋系漢士創作上的兩大主軸。這種傾向，是「流離頓挫，士踐憂患」的產物，也是亂世中士人手腳受縛、動輒得咎的感慨。

第三節　漢族士人參政的合理化

一、宋系漢士參政的合理化

經過十餘年的風雨，遼系漢士與宋系漢士分由不同的途徑與過程加入了金朝，展開他們同朝為官的仕宦之途。這兩批漢族士人對金朝而言都是「楚材晉用」，期間由於諸多因素，遼系漢士最初的仕途遠較宋系漢士順遂許多，因此遼系漢士很快在金朝政府中佔有一席之地，雖然稱不上是擠進了金朝的決策中心，但是至少也能在當初紛亂的政治局勢中勉強取得相當的政治活動空間。相形之下，宋系士人就落寞許多。當金朝於熙宗朝取得淮河以北的地區後，仕金的宋系漢士數量已是超過遼系漢士，不過就政治地位來看，宋系

〔註89〕《中州集》卷2，頁17。
〔註90〕《中州集》卷2，頁22。
〔註91〕《中州集》卷2，頁18。

漢士卻仍不如遼系漢士一般而得到女眞統治階層的信任，這種情形與原因我
們在上一節已有分析。海陵王時期後，宋系漢士開始獲得賞識，也開始在金
朝政府中發揮應有的實力，諸多宋系漢士紛紛躍入宰執之列，成就一己之功
名。海陵之後宋系漢士活躍於金朝政壇的情形，其契機可溯源自熙宗時期的
田穀黨禍。

　　熙宗年間，金朝內部發生了幾次規模極大的政治鬥爭。天會十五年（1137
年）六月，熙宗以貪贓罪名殺宗翰心腹高慶裔、劉思，七月宗翰憤恨而卒。
天眷二年（1139 年）七月，熙宗以意圖謀反爲由誅殺宗雋、宗磐。八月，又
以交通宋人爲由殺完顏昌及其黨羽，至此宗磐一派的勢力完全被清除。天眷
三年（1140 年）九月，熙宗又殺完顏希尹、蕭慶等人。希尹早年爲宗翰之左
右手，故希尹等被誅代表宗翰一派勢力亦告瓦解。〔註92〕這些不斷的殺戮乃
是熙宗有意整頓金初亂象的相關措施之一，目的在於將原爲貴族或地方軍閥
所侵奪的政治權柄重新收回於皇帝與朝廷的掌控。在一連串的整頓中，金朝
中央政府內的成員也被不斷替換，被替換者除了女眞權貴外，也含原先依附
於這批貴族的漢士僚屬。熙宗及其支持者宗弼，透過這幾次政爭，整治了原
先把持朝政的女眞貴族；最後又透過皇統七年（1147 年）的一次大規模的獄
案，進一步的解決了先前依附於這批舊女眞貴族之下的漢族官員，徹底瓦解
了熙宗的敵對勢力。

　　皇統七年的這次獄案，史稱田穀黨禍。關於此次黨禍的背景，《金史》
道：

　　　韓企先爲相，拔擢一時賢能，皆置機要。【孟】浩與田穀皆在尚書
　　　省，穀爲吏部侍郎，浩爲左司員外郎。既典選，善銓量人物，分別
　　　賢否，所引用皆君子。而蔡松年、曹望之、許霖皆小人，求與穀相
　　　結，穀薄其爲人拒之。〔註93〕

附帶一提的是，文中提到的「君子」「小人」之別，並非是雙方在當時的行
事眞有正邪之分，應該是《金史》所採用的史源是來自世宗時期爲孟浩等人
平反的文告所致。〔註94〕關於這個事件的產生背景，首先可以看出韓企先在

<hr>

〔註92〕政爭過程，詳參張博泉《金史簡編》，頁 124 至 127。
〔註93〕《金史》卷 89〈孟浩傳〉，頁 1978。
〔註94〕因此和希格〈從皇統黨獄始末看金朝政治〉（《內蒙古大學學報（哲社版）》1996
　　　年第 2 期，頁 16～20）便認爲蔡松年等人是「小人之輩」、「品味低下」，而其
　　　君子與小人之爭的說法便是承繼《金史》的看法而來，但這種說法並不能合

進入金朝二十餘年後,已經掌握了相當程度的人事裁量權,至少是在漢人方面。於是便出現所謂「拔擢一時賢能,皆置機要」的情形,這是如韓企先等遼系漢士多年來效忠金朝的報償。另一方面,由於女眞貴族元老們的不斷凋零,新一輩的女眞統治階層想要接下這權力棒子,對於當時進入金朝已久,已經熟悉政事的漢族士人自然重視,因此釋出更多的政治運作空間給與這批漢族士人便是一項合理的措施。在這股釋放權力的潮流下,遼系漢士由於仕金甚早,明顯受益其中。雖然至少就資料所見,這批掌握部份人事權力的遼系漢士並未刻意援引遼系漢士而排斥宋系漢士,但是親親之心人皆有之,相信他們多少對於出身燕地的漢族士人不免另眼對待而給予更多的升擢機會。不過雖言如此,在田瑴黨禍之前,遼宋漢士卻也未見曾有衝突。然而在一次私人的恩怨中,問題卻出現了。

由於韓企先的提拔與孟浩及田瑴的掌握金廷部分人事權,韓企先等人遂隱然著結黨勢態,蔡松年等新進士人爲了求得仕進機會,自然要結識田瑴等人。不過田瑴對蔡松年並無好感,常以其父蔡靖棄守燕山之事譏斥松年,[註95] 如此當然也不會回應蔡松年等人的攀結。對蔡松年而言,拒絕結交倒是其次,但田瑴譏刺的言語則是直指其心中最深的痛處。蔡松年入金已久,自思忠金之心應是眾所皆知,而田瑴之語卻似有暗示松年乃貳臣之後,品行猶待觀察,如此欲加之罪,松年自深感憤恨。於是蔡松年等人遂轉而投向宗弼幕下仕事,培養基礎伺機反撲。由於韓企先是宗翰的左右手,因此在天會年間宗翰勢盛之時,也正是韓企先、田瑴一黨的活躍期,此時蔡松年無法有所作爲,但至宗翰、韓企先相繼過世,宗弼的影響力日漸擴大時,蔡松年等人的機會便出現了。[註96] 皇統七年(1147 年),田瑴僞造文書,作假選人龔夷鑒的任官資格,後爲許霖所知並以「專擅朝政」一罪發之。六月獄成,田瑴等八人處死,其妻子與往來的孟浩等三十四人皆徙。[註97]

理反應當時的歷史情境。

[註95] 《金史》卷 89〈孟浩傳〉,頁 1978。

[註96] 此次黨禍,於韓企先生前一次宗弼和韓企先的對話中已現苗頭。《金史》卷 89 記載其時「韓企先疾病,宗弼往問之,是日,瑴在企先所,聞宗弼至,知其惡己,乃自屛以避。宗弼曰:『丞相年老且疾病,誰可繼承相者?』企先舉瑴,而宗弼先入松年言,謂企先曰:『此輩可誅。』瑴聞流汗浹背。」(頁 1979)

[註97] 《金史》卷 89〈孟浩傳〉,頁 1979;同書卷 4〈熙宗本紀〉,頁 83。

　　目前學界中，田穀黨禍的意義尚多爭議，相關意見又可略分二種說法，一是認爲田穀黨禍是燕人（遼系漢士）與南人（宋系漢士）在金廷中的卡位之爭；[註98] 二是認爲田穀黨禍是金朝宗弼與宗翰兩派競爭下波及漢族士人的結果。[註99] 關於第一種說法，劉浦江於〈金朝的民族政策與民族歧視〉中已有懷疑。[註100] 目前看來，田穀黨禍當有兩種層次的解釋。如就整體金朝政壇泛論，則田穀黨禍當可視爲以熙宗爲首、宗弼爲輔的金朝中央，對宗翰等舊勢力的最後一波剷除行動，這種解釋大體與上述第二種學界說法接近。如就漢族官員的互動與權力升降所見，則或許當可視爲已經進入金朝權力核心的舊遼官員與急於擠入金朝決策中心的新進漢士之爭。第二層次的解釋基本上承襲劉浦江的看法，以下稍以篇幅進一步申論。首先，黨禍的發生原因當與蔡松年等新進士人不滿於韓企先與田穀等「拔擢一時賢能，皆置機要」的舉動有關，畢竟當時漢族士人在金朝的活動空間已經有限，而田穀等人的專擅又壓縮了與田穀關係不佳的蔡松年等人的活動空間，爲求仕途開展，蔡松年等人需要反撲。再者，在黨禍之前，也未見遼系漢士與宋系士人有過衝突，反而是有些遼宋士人交好的記錄，如以反對田穀的主要人物蔡松年的個人交友情形來看，他私下便與田穀一派的邢具瞻是「文章友」，並有唱和之詩句傳世。[註101] 此外，蔡松年並在天會十三年曾贈詩爲高鳳廷祝壽，而高鳳廷亦爲田穀一派。[註102] 因此地域分別應非獄案的主要產生原因，田穀黨禍應非遼、宋雙方漢士在長期的對抗下的結果。[註103] 第三，可以看到藉由此案而得勢的官員並非全爲宋系漢士，此情可由下表得知：

〔註98〕陶晉生〈金代的政治衝突〉，頁 145、146。

〔註99〕張博泉等著《金史論稿》第二卷，頁 90；和希格〈從皇統黨獄始末看金朝政治〉。

〔註100〕劉浦江〈金朝的民族政策與民族歧視〉，頁 60 之註釋 1。

〔註101〕蔡松年與邢具瞻關係，參見《中州集》卷 8，頁 1。又於蔡松年《明秀集》中，可見三首贈與邢具瞻之詩詞，分別爲天會十三年所作之〈水調頭歌其二——乙卯高陽寒食次嵒夫（案：具瞻字嵒夫）韻〉（卷 3，頁 2）、皇統二年之〈瑞鷓鴣——邢嵒夫招游故宮之玉溪館壬戌人日〉（卷 2，頁 17）、及一首未知完成時間的〈雪晴過邢嵒夫用舊韻〉（卷 2，頁 12）。

〔註102〕此詩爲〈乙卯歲江上爲高德輝壽〉（案：鳳廷字德輝），詩收《明秀集》卷 1，頁 20。此外，蔡松年另有一首贈高鳳廷之詩〈水調頭歌——高德輝生朝〉，詩收《明秀集》卷 3，頁 1。

〔註103〕除邢、高二人外，《明秀集》亦收有蔡松年與其他遼系漢士唱和之詩句，如天會十二年便有〈甲寅歲從師南還贈趙肅之〉之作。（卷 3，頁 16）趙肅之，名愿恭，白霅惠合人，遼相孝嚴之孫，遼德興（1122 年）中進士。

田毂黨禍涉入人士籍貫表：

		姓名	籍貫	史料出處	備　　註
因黨禍得勢者與相關支持者	促成黨禍者（共5名，已知籍貫者3名）	蔡松年	眞定人	《金史》125	宋系漢士
		曹望之	臨潢人	《金史》92	遼系漢士
		張浩	遼陽渤海人	《金史》83	渤海人
		許霖	不明	《金史》89	
		張子周	不明	《金史》89	
	支持者（共3名）	宗弼	女眞人	《金史》89	
		張汝霖	遼陽渤海人	《金史》83	浩二子
		熙宗	女眞人	《金史》89	
因黨禍失勢者與相關支持者	被殺者（共8名，已知籍貫者3名）	田毂	廣寧人	《金史》89	遼系漢士
		邢具瞻	遼西人	《中州集》8	遼系漢士
		高鳳庭	東營安化人	《明秀集》1	宋系漢士
		奚毅	不明	《金史》89	
		王植	不明	《金史》89	
		王傚	不明	《金史》89	
		趙益興	不明	《金史》89	
		龔夷鑒	不明	《金史》89	
	被貶者（共34名，已知姓名7名，其中已知籍貫者4名）	田毂	廣寧人	《金史》89	遼系漢士
		孟浩	灤州人	《金史》89	遼系漢士
		王中安	臨潢人	《金史》96	遼系漢士
		馬柔德	通州三河人	《金史》97	遼系漢士
		李之翰	濟南人	《中州集》8	宋系漢士
		任才珍	汾陽人	《遺山先生集》9	宋系漢士
		王仲通	長慶人	《中州集》8	
		馮煦	不明	《金史》89	
		王補	不明	《金史》89	
	支持人（共2名）	韓企先	燕京人	《金史》78	遼系漢士
		劉仲洙	大興宛平人	《金史》97	遼系漢士

案：「王傚」，王寂《拙軒集》卷六〈先君行狀〉頁 6 作「王效」。

就目前資料所見，已知因田瑴黨禍得勢之 5 人中，許霖、張子周不知籍貫，故不予討論，蔡松年則為宋系士人，張浩則出身遼陽渤海大族，〔註 104〕曹望之則為遼系漢士。不但已知籍貫中之 3 人中有 2 人非為「南人」，曹望之更屬燕人。不過在田瑴黨禍中被殺、被貶者的 42 人，除了李之翰（濟南人）與任才珍（汾陽人）外，其餘 9 名已獲知其籍貫者中倒有 7 名是為遼系漢士。

所以此一案件的發展，我們可以推論如下：一、黨禍的發生應非針對遼系漢士而來。至於之所以對衝擊到遼系漢士，原因僅是遼系漢士入金較早，初期得勢的宗翰與宗望多收納他們為幕僚，待日後宗弼崛起後，所引用者則是另外一批尚未依附任何金廷貴官的宋系漢士與部份遼系漢士。當宗弼與宗翰的衝突激烈化時，依附其下的漢族士人便因此受到波及。二、這次事件當非南人與燕人之爭，一者當時宋系漢士尚無足夠的政治資源獨力掀起此次獄案，二者當時未見政壇上明確出現因為地域利益而產生的爭議。整個事件縱使是由蔡松年等新進士人所引起，他們也未必有意挑起遼宋漢士間的對抗。不過局勢的演變卻非他們所能控制，這批新進漢士反而成為女真統治階層借力使力的工具，事實上過程中掌控大局者乃是以熙宗、宗弼為首的女真統治階層。同時，也能感受到女真統治階層亦有藉由此次獄案向仕金漢士釋放訊息的作用，其訊息主旨不外是警告仕金漢士切勿結黨營私把持朝政，需留意金朝政府的主控權仍是操在熙宗及其側的女真貴族之手，任何漢族士人企圖憾搖這種既定狀況，必遭嚴厲懲罰。〔註 105〕因此，除了直接牽涉本案的關係人受到金朝嚴厲制裁外，和本案並無直接關係而只是與田瑴有所「往來」的孟浩等人亦遭池魚之殃。

不過縱使田瑴黨禍的發生並非女真統治階層刻意針對遼系漢士所致，也非宋系士人與遼系漢士的卡位之爭，卻也重挫了活躍於金初政壇的遼系士人，而遼系漢士自此一蹶不振的論點亦為絕大多數論及田瑴黨禍的學者所認同。〔註 106〕在田瑴黨禍的衝擊下，皇統七年遂成為遼系與宋系漢士政治力量

〔註 104〕張浩獲得重用的背景，史稱「田瑴黨事起，臺省一空，以浩行六部事。」《金史》卷 83 本傳，頁 1862。

〔註 105〕田瑴等人之獲罪，其罪名正是「敢為朋黨，誑昧上下，擅行爵賞之權」。見《遺山先生集》卷 29〈忠武任君墓碣銘〉，頁 3。

〔註 106〕除上引陶晉生、張博泉、劉浦江、和希格等諸學者外，日本學者外山軍治亦作如是觀，詳參〈米芾虹縣詩卷跋──金人田瑴及其周圍〉，文收氏著，李東源

消長的轉折點。但也因為這種結果，後世研究者便易將此次黨禍視為宋系漢士與女真統治階層的結合打壓遼系漢士。整體而言，不能說是宋系漢士發動此一黨獄，只能說是宋系漢士在黨獄後明顯受益。然而就算沒有田穀黨禍，宋系漢士的崛起仍是時勢所趨，畢竟宋系士人的質與量均遠勝遼系漢士。田穀黨禍只是契機。

　　這種遼系漢士沒落的趨勢在海陵即位後更為明顯。由於海陵王乃以篡立得位，為鞏固權力基礎，即位後數年間，包括太宗、宗翰子孫等宗室勛舊大臣盡為所除。〔註107〕同時，海陵王也試圖培養一批新的統治班底接續這批勛舊大臣死後的空缺，於是便開始大量引用新人進入權力核心之中。這些新人的條件，基本上總希望能夠背景單純而未與舊勢力有太多瓜葛，並且最好是官低才高。遼系漢士由於仕宦甚早，與舊金廷的女真貴族關係甚深，此一背景此時反為政治包袱，而宋系漢士的久遭淹滯，此時便為海陵青睞的有利條件。另一方面，海陵汲汲於漢治，史稱幼時「好讀書學奕象戲、點茶，延接儒生，談論有成人器」，即位後「嗜習經史，一閱終身不復忘。見江南衣冠文物，朝儀位著而慕之」，有意改造金朝成為中國的正統王朝。〔註108〕如此則宋系漢士的學養自為海陵欣賞。

　　除了兩項海陵個人的喜好外，宋系漢士參政的合理化與熙宗以降金廷用人政策的改變也有很大的關係，而這波用人政策的變化中，最重要的兩個趨勢就是講求文治與平等對待各族等觀念的產生。文治的要求在天會年間以前一直不是金朝著重的政策方向，不過隨著政權的成長，當權的女真貴族也能逐漸認同政權的穩固不能單靠軍事力量。天會十二年（1134 年）的科舉中，金朝的賦題為「天下不可以馬上治」，據宋朝使人王繪提到，此題為侍郎張炳文所出，當時丞相得知此題意後，「大喜，遂與張侍郎轉兩官」。〔註109〕皇統元年（1141 年），熙宗更藉由一次公開場合明白表示：「太平之世，當尚文物，

　　　　譯《金朝史研究》（牡丹江：黑龍江朝鮮民族出版社，1988 年），頁 457～460。

〔註107〕海陵於皇統九年十二月殺熙宗即位，隨即改皇統九年為天德元年。天德二年四月，海陵殺太宗子宗本及太宗子孫七十餘人，「太宗後遂絕」，又殺宗翰子孫三十餘人、其他諸宗室五十餘人。同年十月，海陵又以謀叛罪殺完顏果子宗義及果子孫百餘人，並及景祖孫謀里野子孫二十餘人。參見《金史》卷 5〈海陵本紀〉，頁 94～95；卷 75 太宗諸子、完顏果等諸人本傳。

〔註108〕以上海陵作為描述，詳參《大金國志校證》卷 13〈海陵煬王上〉，頁 185～187。

〔註109〕參見王繪《紹興甲寅通和錄》，收於《三朝北盟會編》卷 162，頁 11。

自古致治，皆由是也。」〔註110〕之後熙宗多次改革官制、製定各類儀禮，均可說是這種文治思想的發揮。當文治思想開始在金朝發揮作用時，漢族士人在政府的功能也就因此不斷地受到注目，而宋系漢士在這種風氣中自然可以有展現才能的機會。

再者，由於文治的講求，既凸顯了漢族士人在政權運作的效用，也使金朝有意擺脫以往一族專政的作法，開放部份政治空間給予女眞之外的族群參與。皇統八年（1148 年），左丞相宗賢與左丞完顏稟等女眞耆老曾向熙宗請求，希望「州縣長吏當並用本國人」。對於這個要求，熙宗則明白表示：「四海之內，皆朕臣子，若分別待之，豈能致一。諺不云曰，『疑人勿使，使人勿疑』。自今本國及諸色人，量才通用。」〔註111〕不過在熙宗時期未見明白呼應這項看法的具體政策，反而是在海陵即位之後，由於個人因素的推進，重用各族人士，尤其是開放宋系漢士參政的政治空間一事，開始有了突破性的作爲與結果。

貞元元年（1153 年），海陵王首先啓用蔡松年爲首名擔任金朝使宋的宋系士人。（見表五）之後在貞元元年至貞元三年間的連續 5 次遣使都有宋系漢士參與其中，而在海陵王時期宋系漢士至少擔任了 7 次出使的任務，佔全部 27 次出使的四分之一以上。（見表六）先前已經說明宋使任務的敏感，而海陵王之任用宋系漢士擔任此職，除有測試忠誠的意味外，明顯地便是要藉此機會開始重用。以蔡松年爲例，當他通過使宋的測試後，便受到海陵的不斷拔擢，最後在正隆四年松年逝世前夕，其職位已由正五品的左司員外郎升至從一品的右丞相，短短十年內高昇七階。雖然其時除了蔡松年外，擔任宰執官職的宋系漢士仍不算多，〔註112〕不過海陵任用宋系漢士的用心卻也無法抹滅，縱使宋系漢士參政的狀況並未因海陵的提拔而一舉躍升於女眞以外諸族之最盛，但是至少此時他們參政機會已經合理，不再如金初般的被刻意忽視。

除了提拔正在仕宦的宋系漢士外，海陵也放寬了宋系漢士入仕的管道。

〔註110〕《金史》卷 4〈熙宗本紀〉，頁 77。

〔註111〕《金史》卷 4〈熙宗本紀〉，頁 84、85。

〔註112〕金制，尚書令、左右丞相、平章政事，是謂宰相；左右丞、參知政事，是謂執政。參見《遺山先生集》卷 16〈平章政事壽國張文貞公神道碑〉，頁 1。而海陵王時期曾任宰執的宋士，可考者大致有劉麟（官至右丞）、張中孚（官至左丞）、蔡松年（官至右丞相），另疑爲宋士但資料未見其籍貫者，有李通（官至右丞），劉長言（官至右丞）。

金朝科舉的取士名額，最初實對宋系漢士頗爲不利。以天會六年燕山榜爲例，宋人趙子砥當時記道：

> 二月十七日引試北人，二十八日引試南人，三月二十七日開院，北人四百取六分，南人六千七十人取五百七十人。〔註113〕

「北人」即遼系漢士。此時遼系漢士的錄取率爲六成，而宋系漢士的錄取率則不及十分之一，差別待遇甚爲明顯。又以天眷二年爲例，其時的「北選」（即爲燕雲漢人所舉辦的考試）可取詞賦進士150名，經義進士50名，而「南選」（即爲宋人所舉辦的考試）則只取150名。後來略有更革，皇統二年「北選」錄取詞賦進士70名，經義進士30名，共100名，「南選」則增爲150名。不過由於遼地的漢人人口遠少於中原，所以這種名額對宋系漢士而言不啻是種變相排擠。〔註114〕這種「隱藏性的壓迫」在海陵王即位後被取消了，天德三年，金朝「罷南北選爲一」，宋系士人仕宦之途從此大開。〔註115〕海陵王這項決定的結果，世宗便評道：「異時南人不習詞賦，故中第者少，近年河南、山東人中第者多，殆勝漢人爲官。」〔註116〕不過世宗認爲金初宋系漢士及第者少之因乃爲「不習詞賦」實爲錯誤，因爲在罷南北選後，正是「專以詞賦取士」，此時反而「河南、山東人中第者多」。所以真正影響宋系漢士中第數目的關鍵，恐怕還是金初科舉制度的區域配額制所造成。

海陵王解除地域名額的限制後，作用不斷發酵，對宋系漢士而言，入仕之門不再狹窄。自海陵時期後，中原出身的士人在科舉入仕上已逐漸取得優勢；〔註117〕加以前述各項開放宋系漢士參政的舉措，宋系漢士已經逐漸融入

〔註113〕《建炎以來繫年要錄》卷14，頁304、305。唯此處李心傳言其所記有誤，不知李氏所據爲何？但觀趙子砥所言與後來金朝之取士狀況大致吻合，故引例於此，以爲一證。

〔註114〕《金史》卷51〈選舉志一〉載李晏之言道：「國朝設科，始分南北兩選，北選詞賦進士擢第一百五十人，經義五十人，南選百五十人，計三百五十人。嗣場，北選詞賦進士七十人，經義三十人，南選百五十人，計二百五十人。」，見頁1136。其中都興智認爲南北選合計350人當指天眷二年之試，嗣場當指皇統二年之試。見張博泉等著《金史論稿》第二卷，頁398。又，陶晉生亦論及這種名額規定，一定程度壓抑了宋系士人的仕金意願，見氏著〈金代的政治衝突〉，頁144。

〔註115〕《金史》卷51〈選舉志一〉，頁1135。

〔註116〕《金史》卷97〈賀揚庭傳〉，頁2151。

〔註117〕據陶晉生統計，海陵王時期後，漢人進士中宋系漢士比例升高的現象確實明顯。現將陶氏所做表格錄於其下，以明其變化趨勢：（表中數據爲各類漢人在

金朝之中。雖然比起遼系漢士仍有遲延，但這批仕金的宋系士人總算找到他們的歸屬所在，原罪已經赦免而不須徬徨，至此得以全面加入等待他們許久的金朝之中，開展另一番的歷史功業。

二、科舉制度的施行與第二代漢士的出現

在宋系漢士參政合理化的同時，第二代漢族士人也正在崛起。第二代漢士多屬第一代漢士的子姪及學生輩，相較於第一代漢族士人仕宦前朝的經歷，第二代漢士從未任職於遼朝或宋朝，他們完全接受金朝的教養。他們才是真正由金朝所培養出來的人才，之前的第一代漢士不過是金朝的「異代借才」而已。第一代遼系漢族官員在熙宗之後，除了去職或離世之外，又因與舊時的女真貴族掛勾太深，在一連串的改革政爭中不斷受到排擠，至海陵王時期已經失去他們原先在金初政壇的盛況了。第一代宋系士人雖趁機填補了這批遼系漢士離去後的空間，但是由於這批宋系漢士的年歲已大，不久亦多退休、過世，因此真正得利於熙宗、海陵王時期各族參政平等化的群體便是第二代的宋系漢士。他們的出線，與科舉的興辦關係密切。《金史》作者道：

> 金起東海，始立國即設科取士，蓋亦知有文治也。漸摩培養，至大
> 定間人才輩出，文義蔚然。〔註118〕

換言之，世宗時期人才輩出的情形，實奠基於太宗以來科舉制度的舉辦。在討論科舉興辦與第二代漢族士人崛起間的關係之前，我們有必要先瞭解此時金朝科舉制度的內容及其演變過程。

金朝第一次開科的時間是在天會元年（1123 年），直至海陵王時期三十八年的時間中（1123 年至 1160 年），金朝一共開辦了 17 次科舉。（關於此 17 次科舉的開科時間，參見表七）其中在天會元年至天會四年所舉辦的科舉，即天

全部漢族進士中之百分比，而資料不明處之數據則為人數）

進士籍貫時間（西元）	燕雲十六州與東北	中原	總計	統計人數	資料不明
1115～1144	90	10	100	10	0
1145～1174	64	36	100	14	0
1175～1204	42.5	57.5	100	80	0
1205～1234	34.5	63.5	100	52	3

表中統計引自陶晉生〈金代的政治衝突〉，頁 144。

〔註118〕《金史》卷 96〈贊〉，頁 2138。

會元年的西京榜、天會二年的瀋州榜、天會三年的平州榜與考試時間未詳的東京榜、顯州榜等五次考試，是金朝攻下遼地之後所舉辦。這 6 次考試的制度頗見粗糙，與其說是甄選人才，不如說只是提供一條遼系士人投靠金朝的管道。（參見第二章第二節的討論）此外，天會四年九月的真定榜與可能是在天會四年舉辦的朔州榜，〔註119〕亦是同樣性質的考試，不過取士對象是針對宋系士人。而且由於宋系漢士的抗拒金朝，這兩次的考試除了建立仕金管道外，更帶有測試並企圖扭轉宋系漢士政治認同的意味。（參見第三章第一節的討論）

天會六年之後，在太宗時期金朝又繼續舉辦了 4 次科舉，分別是天會六年二月的燕山榜、天會七年的蔚州榜、天會十年的白水泊榜與天會十二年不知於何地舉辦的考試，這四次科舉的考試制度已有變動。之前金朝的 7 次科舉既無固定的考試時間，也無明確的制度規範，這是因為這 7 次考試的作用不過僅是金朝用來「急欲得漢士以撫輯新附」而已，並非是嚴格意義下的科舉。但在天會六年之後，金朝開始逐步制訂詳細的考試規則。天會六年的科舉中，金朝「以河北、河東初降，職員多闕，以遼、宋之制不同，詔南北各因其素所習之業取士，號為南北選。」〔註120〕故此試「北人以詞賦，南人以經義、詞賦、策論」試士。〔註121〕這種遼宋士人分科測試的制度遂成為太宗晚年幾次考試的特點。天會七年的科舉，金朝進一步修正這項分試的制度為「遼人試詞賦，河北人試經義」，並且實行三年一試與「初鄉薦，次府解，次省試，乃曰及第」的三級考試制度。〔註122〕這些規定自此一直施行至熙宗即位之後。

熙宗即位之後，金朝逐漸走向文治政府的運作型態，同時取士制度也有變革。天眷元年五月，熙宗詔「南北選各以經義、詞賦取士」。〔註123〕除了統一遼、宋漢士的考試內容外，之後熙宗繼續改革科舉制度，另外又有三項變革：一、收回天會年間地方軍事統帥主持科舉的權力，改由中央政府統一試士；二、健全三級考試制度；三、嚴格制訂考場應試規定。經過這些改革，熙宗時期的 4 次科舉已粗具規模。隨後海陵王又在熙宗基礎上完成最後一次的大幅修正，其改革重點有三：一、確定三年一辟的考試時間。雖然天會七

〔註119〕朔州在宋太原府境內，天會三年十二月為宗翰所下，故估計可能開科時間為天會四年。
〔註120〕《金史》卷 51〈選舉志一〉，頁 1134。
〔註121〕《建炎以來繫年要錄》卷 14，頁 304、305。
〔註122〕《建炎以來繫年要錄》卷 28，頁 559。
〔註123〕《金史》卷 51〈選舉志一〉，頁 1134。

年金朝曾宣佈欲三年一試，可是海陵以前的金朝科舉均未嚴格依循，直到海陵王期間才爲確定；〔註124〕二、恢復熙宗曾經設置的御試制度，此後金朝的考試制度確定爲鄉、府、省、殿等四級；三、「併南北選爲一，罷經義策試兩科，專以詞賦取士」。經過熙宗與海陵的改革，金朝的科舉制度正式成形，遂創「大定間人才輩出，文義蔚然」之局。〔註125〕

　　金初科舉培養的人才數量爲何？現存史料已不足以清楚回答這個問題，但也許可以大致評估。在天會元年至四年之間，爲了撫輯新附地區的百姓，金朝特別開科7次，此7科史稱均是「無定數、亦無定期」。〔註126〕所謂「無定數」，或許可以解釋爲沒有硬性限定錄取名額，此與這7科均有轉銓異朝文士的性質有關。換言之，這7次考試其實是金朝用來收服遼宋漢士的工具，對於他們的主動投靠，金朝自是大表歡迎，何苦抬高錄取標準以抑天下歸金之心？但又由於7次考試全是針對特定地區的士人所舉辦，各地文治水準良莠不齊，此或金朝不加刻意限定錄取名額的原因之一，蓋方便伺機彈性調整錄取名單。這種情形，加上金初資料的殘缺，所以這段時間內的7次開科幾乎無法得知錄取數量，唯一可知者只有天會四年的眞定榜，當時錄取72人，又被稱爲「七十二賢榜」。〔註127〕這是這段時間唯一可知錄取數目，是以都興智似乎將此一數目當成這段時間中幾次考試的每科平均錄取名額。〔註128〕

　　至於天會六年至十二年之間的4次開科之中，金朝已經施行南北分試之制。此時考試的性質已經和前7次的考試大不相同，這是因爲自天會六年二月的燕山榜開始，金朝的取士範圍已從特定地區擴大到金朝所有的疆域。由於應試士人數目的增加與遼宋兩地不同的治學傾向，所以金朝在燕山榜開始採用南北分試的制度，史稱「南北選」。在這4次的開科中，只有燕山榜留有

〔註124〕如天會十年與天會十二年的兩次考試便相隔了兩年，而天會十二年（1134年）與天眷二年（1139年）間則相隔五年，皇統二年與皇統六年間則相隔四年，參見表七。

〔註125〕熙宗、海陵王時期的科舉改革，詳參都智興〈金代的科舉制度〉，頁386至388，與趙冬暉〈金代科舉制度研究〉，（文收《遼金史論集》第4輯，北京：書目文獻出版社，1984年，頁212～235），頁214至216等述論。

〔註126〕《金史》卷51〈選舉志一〉，頁1134。

〔註127〕周密《癸辛雜識別集》卷下，頁5。

〔註128〕參見都興智〈金代的科舉制度〉，頁399所列之表一。表一中都興智認爲天會元年至天會四年間金朝每科平均錄取七十人，不知所論何據，或以眞定榜之錄取名額作爲推斷基礎。

錄取名額的記載，其中北選錄取 240 名，南選錄取 570 名，合計錄取 810 名，名額相當龐大。之所以錄取這麼多人，或與當金朝首次舉辦全國性的科舉之時，卻還是延續使用前幾次科舉的「籠絡」辦法，這導致當一地之試擴大為全國之試，錄取名額便膨脹到極為驚人的程度，而燕山榜遂也呈現著極為特殊的錄取數量。至於燕山榜之後的 3 次開科，由於史文闕佚，亦不知其取士名額。整體而言，這 4 科因為記載闕如與此時之科舉制度正處於激烈的改革過程，錄取名額難以估計。

熙宗後的考試錄取名額就比較清楚了，已知天眷二年南北榜合計共錄取 350 人，皇統二年南北榜合計則錄取 250 人。由於熙宗時金朝的科舉制度已漸完備，錄取情況應較穩定，所以 300 人左右應是熙宗、海陵王年間的南北榜時期 5 次考試每科大致的平均錄取數目。海陵王天德三年雖然下令罷南北榜。但事實上天德三年的考試仍維持南北分榜的情形，真正實施南北榜併一的時間當是貞元二年之試。〔註129〕在南北榜合一之後，錄取名額縮減許多，世宗朝李晏在檢討當時縣令缺員的情形時，曾向世宗說明是因為進士錄取名額過少，「其後南北通選，止設詞賦科，不過取六、七十人，以入仕者少，故縣令員闕也。」〔註130〕正隆二年通過海陵御試者，據載也確實僅有 73 名，與李晏之言相符。〔註131〕故海陵王時期在貞元二年之後的 3 次科舉中，平均每科錄取名額約是 70 名左右。

在這 19 次的考試中，初期由於金朝欲透過科舉籠絡境內漢士，是以錄取的規定頗為寬鬆。就熙宗時期來看，金朝透過期間的 4 次考試至少錄取了 1000 名以上的進士，這些進士中，又以漢族進士佔絕大多數。如再考慮赴試未中者，就這些參試漢族士人的龐大數目所見，可以明白當時的科舉舉辦對金朝境內漢族士人生活影響甚深。尤其是宋系漢士，雖然之前曾經提到有大量的仕金現象，但事實上選擇不出仕的宋系漢士仍有相當的數量，可是在金朝科舉的誘引之下，父兄對故國的思念而造成的拒不仕金未必會成為第二代宋系漢士仍然堅守的信念。如在真定試以拒絕回答金朝批評徽欽二帝試題而出名的褚承亮，雖然後來選擇了歸隱一途，但是其子褚席珍卻在正隆二年參試中選，「官州縣有聲」。〔註132〕

〔註129〕參見都智興〈金代的科舉制度〉，頁 388；趙冬暉〈金代科舉制度研究〉，頁 214 至 215。
〔註130〕《金史》卷 51〈選舉志一〉，頁 1136。
〔註131〕《金史》卷 125〈鄭子聃傳〉，頁 2726。
〔註132〕《金史》卷 128〈褚承亮傳〉，頁 2748。

　　這種現象的產生原因，一方面是來自於中國傳統士人的文化特殊性格，不出仕則無以展現士人在社會及自己生命中的價值。雖然有云立德、立功、立言爲士人之三不朽，但不在其位亦難成事，而在位即爲入仕爲宦，是以要求與宋朝無甚瓜葛的第二代宋系漢士放棄自己唯一的人生舞臺來追隨首代宋系漢士的執念，恐怕頗爲不近人情。另一方面，第二代宋系漢士自幼長成於金朝治下，耳濡目染之際自然視金朝爲正朔所在。皇統三年（宋紹興十三年，1143 年）使金拘禁多時的宋使洪浩被放歸宋，路經河朔，當地父老便指其子孫向洪晧嘆曰：「是皆生長兵間，已二十餘矣，不知有宋。」。〔註133〕而後大定十年（1170 年）時，南宋使金使節范成大在途經開封時，更指出當地居民已「久習胡俗，態度、嗜好與之俱化」。〔註134〕這種現象亦表現在第二代宋系漢士的身上。所謂「遺民不世襲」，從此時宋系漢士政治認同的轉變上表露無遺。於是透過科舉的誘引，第二代宋系漢士乃至漢族士人，遂以積極赴試的作爲回應了金朝多年以來引取漢族士人的努力。

　　由於第二代漢士的出現，第一代的漢士終將結束他們的仕金生涯。這批首代仕金的漢士雖然仕宦期間波折不斷，金朝卻在他們與女眞統治階層及其他族屬的仕金官員的不斷努力下，逐漸發展出特有的政治運作模式，也穩定了金朝進入中原後的統治。一方面透過科舉的誘引，漢族士人逐漸由參與政治的過程認同了金朝，另一方面也因爲漢族士人的參政，金朝的政權運作遂能成功的步上軌道。在金初這段時間中，漢族士人的參政無疑是金朝得以穩定燕雲、華北地區動亂的社會的一個重要因素。只是在這歷史大勢的不斷推演中，卻是由許多的幸與不幸所堆砌而成。

〔註133〕《三朝北盟會編》卷 221，頁 9。
〔註134〕范成大《攬轡錄》卷 2，頁 2。

第五章　結　論

　　金初的四十餘年中，漢族士人與女眞統治階層不斷透過各種方式於諸多場合之中完成溝通。在這一連串的溝通過程中，漢族士人逐漸融入金朝，而金朝的政治體制也在漢士加入的同時完成了轉化與改造，雙方越行越近，淮河以北的政治生態遂逐漸的趨於穩定及統合。然而，這些繁密的溝通與互動卻也是奠基於此起彼落的紛爭與衝突。從本文的討論中不免發現，雖然絕大部份金朝治下的漢族士人最終均選擇加入金朝陣營之中，但這批漢族士人的決定卻常是得自環境條件的約束，尤其是金朝政策的勸誘或逼迫。

　　金初年間，金朝引用漢族士人的政策乃隨著時間與對象的不同而調整，調整依據則來自於女眞統治階層對漢族士人認識的深入，及漢族士人對金朝態度的轉變。前者是金朝調整政策的最大原因，後者則是金朝之所以用不同政策對待遼系與宋系漢士的重要理由。在女眞人初興時，他們尚未具備理解漢族傳統政治知識對於政權建立的重要性的能力，引用漢族士人的目的不在於漢族士人本身的政治知識，而在漢族士人所能挾帶的人力、物力資源。因此在天輔年間之前，金朝較有興趣的投附者是能夠挾城池、人戶來降之輩。天會年間之後，由於政權規模的擴大，更重要的是對漢文明的接觸與瞭解，女眞統治階層開始認識漢族傳統政治知識，尤其是儒家學說，與熟習此說的士人，在建立政權上的重要性。於是金朝對投附遼系漢士的官職授與，便從天輔年間的逕行安插至女眞原有政治結構之中，轉變爲根據遼系漢士的政治作用而「量才授職」。

　　另一方面，由於天會年間金朝軍事活動的頻繁，此時金朝政制一直保持高度的彈性，隨時因爲統治區域的變更而有所調整，事實上這也表現出金初

政制的不成熟。然而此時不論是遼系漢士或是後來加入的宋系漢士，均在期間與部份有心的女眞統治階層合作，不斷的修正、補充金朝的政治制度。透過一連串的改造過程，此時諸如科舉制度的實施與發展，以及文治政府架構的出現等，不但使金朝的政制持續地朝向傳統漢人王朝的運作型態發展，也爲漢族士人的加入金朝提供有利條件。這些努力在正隆與大定年間後，遂爲金朝盛世的有力基礎。

除了認識漢士的程度外，漢士回應女眞統治階層的態度也影響了金朝對待漢士政策的制訂，這種情形明顯地表現在金朝對待遼、宋漢士的差異上。金朝對待遼、宋漢士的政策，可以注意到最初金朝對雙方的加入均抱持著鼓勵態度，但是經過遼宋漢士不同的對應方式後，金朝制訂了不同的待士之道。由於遼系漢士的友善，尤其顯示於入金的過程順暢與仕金的盡忠職守，致使金朝在政策上採取了較爲被動的立場，少見金朝爲了爭取或臣服遼系漢士而大費周章。但是由於宋士對於金朝的敵視態度，使金朝的爭取宋士政策採取了比引用遼系漢士更爲積極的手段，常見者便是各類強制性手法的施行。甚至因爲宋士態度過於強硬，在不得解決之道的情形下，金朝一度放棄全面爭取宋士的企圖，而藉由將河南宋士交付劉豫政權的方式以降低「馴化」的難度。但是隨著肯定金朝的宋士的數量增加，金朝才又重拾招引宋士的想法，經由熙宗年間的幾次試探與篩選，願意仕金的宋士遂正式加入金朝。

在認識了金朝對待漢士政策的演變後，我們可以進一步處理關於漢士進入金朝的經過。首先，比較遼系漢族士人與宋系漢族士人的仕金過程，遼系漢士的入金顯得比較順利。之所以如此，可以簡單歸類出幾項原因：第一，遼系漢士入金時間較早，當時正值金朝急於用人之際，對於遼系漢士加入便有大加籠絡的需要，況且當時政制草創，也有較大的彈性與有較多的職缺可以安插遼系士人。而宋系漢士進入金朝之時，政治架構與職務安排多已確定，已無法如先前可以臨時設立職位安插新附官員，此亦爲當時入金之宋系漢士多被派至地方任職的原因之一。另外，原已入金的宋系漢士在齊國建立時期，被大批遣送至齊國治下任官，而在齊國，河南地又有七八年的時間無法定奪去留，河南陝西的守土官員便常需要隨地遷轉，在宋金之間徘徊。以上均延遲了宋士全面入金的時間，使宋士難如遼系漢士之易獲得女眞貴族的賞識與提拔。第二，遼系漢士仕金後政治認同轉向極快，心態上迅速由遼士轉成爲金臣，這不但可從遼系漢士轉投金朝的過程中，除張覺事件外，再無其他大

規模抗拒女真統治的作為可見，也能從金朝在爭取遼系漢士加入時，少見使用強制手段逼迫他們改變政治效忠對象的情形可以看出，這使得女真統治階層在經過短暫的觀察後便開始重用遼系漢士。至於宋系漢士的入金則多見宋士與女真統治階層的衝突，一方面常見金朝以高壓手段逼迫宋士出仕金朝，但卻仍有相當數量的宋士仍然拒不仕金的現象可以得知，再者亦多見仕金後反覆於宋金之間者。而宋士入金後，也見部分宋士雖然不敢明白表示，卻常透過詩文申述心境，這種思懷故國之情，女真統治階層當有所感，稍後或更因獄案發動當下所取得的相關證物而感受確實。諸如種種，均使女真統治階層無法不對宋系漢士提防，亦使引用宋系漢士時多有顧忌。第三，由於宋朝未滅，南宋猶在，此為女真統治階層與宋系漢士建立正常關係的最大障礙。對女真統治階層而言，南宋的存在造成重要的行政事務，包括機要性的中央行政及對宋外交事務等無法放心交託宋系漢士處理，這無疑縮小了宋系漢士在金朝政壇中的活動空間與升遷管道，也使得海陵王時期以前，仕金宋系漢士通常僅能負責地方業務與文學詞臣等工作。對宋系漢士而言，南宋的存在則增強了他們仕金的「罪惡感」，這種愧疚雖然無法在具體的政事作為中看出，但卻也減低了宋系漢士在金朝中的活動力。相對於宋系漢士，由於遼國早遭滅亡，遼系漢士則無這類負擔，是以進入金朝後，女真統治階層既肯放心重用，而他們也由盡心於政事以報答女真統治階層的重用。

在上述三類原因中，我們進一步從女真統治階層、遼系漢族士人、宋系漢族士人等三方不同的角度，來觀察女真統治階層與遼、宋漢士建立關係所面臨的問題所在。從女真統治階層與遼系漢士建立政治關係的過程中，我們可以得知關係建立的過程順利，其原因正當為遼系漢士的態度。由於遼系漢士在金朝收納之初並未強烈反抗金朝統治，此使女真貴族尚未動用到任何強制政策時，遼系漢士便已經順利地投入金朝的陣容當中。而在加入金朝後，遼系漢士除了在對宋交涉事務上的表現盡心外，謹慎處事的作風亦使遼系漢士在太宗年間的頗令女真統治階層放心。在這種情形下，女真統治階層自不用費心思考統治遼系漢族士人的方式，而雙方亦能相安無事。因此雖然說遼系漢士是在女真統治階層的招攬下才加入金朝，遼系漢士的態度看似被動，但由雙方的相處過程所見，女真統治階層對遼系漢士的放心當是來自遼系漢士的積極友好態度，是以雙方良好互動之產生關鍵在於遼系漢士，對此金朝多只是被動對應。

　　宋系漢士與女眞統治階層之間的關係則有不同的建立過程。宋系漢士的入金一直充滿各式波折，這與宋系漢士本身的態度有所關係。無論是少數宋系漢士之對金朝的滿懷敵意，還是多數宋系漢士之對故宋猶存思念之情，這些態度均使金朝不敢也不願給予宋系漢士過分優渥的待遇。不過，大部份的宋系漢士在仕金後雖然在心中自有考慮，但單就這批仕金宋系漢士入金後的政治作爲來看，表現於外的順服卻也不下於遼系漢士，當然這是不考慮向有諸多華北漢士仍在金廷之外參與抗金運動。只是雖然大部份仕金的宋系漢士已經明顯與金廷妥協，不再去碰觸有關政治認同的敏感問題，然而宋士最初強烈抵制金朝收編的陰影猶在，對此金朝不免耿耿於懷。況且更重要爲南宋政權猶是殘喘於金朝之側，隨時可能伺機反撲，此狀更令金朝對曾是北宋臣民的宋系漢士提防有加，縱使仕金宋系漢士已經放棄了抗金的實際作爲，但是金朝仍是持續保持對宋系漢士的警戒心，以致稍有風吹草動，諸如宇文虛中事件便也出現了。因此檢討這段時間女眞統治階層與宋系漢士的關係，大體在天會年間雙方關係的緊張可以歸因爲部份宋系漢士極力抗拒金朝的態度，但在經過齊國時期的過渡後，入金宋系漢士之選擇仕金，實已表示他們對於非宋政權存在於中原這一事實的妥協。所以在天會末年後雙方的緊張關係依舊，則是因爲此刻的「宋未亡」。如此，天會末年至海陵王時期，雙方關係緊張的關鍵已非宋系漢士仍然意圖抗金，而是「宋未亡」對女眞統治階層與宋系漢士雙方所造成的內心陰影所催化的結果。

　　有關遼系漢士由遼入金的過程順利，就目前研究所見應是無庸置疑。但令學界更感興趣的問題是，爲何遼系漢士的轉仕金朝會如此順利？這個問題可以切割爲兩個子題討論，一是遼系漢士爲何不具宋士思念故國的情懷，亦未見以任何作爲表示對遼的懷念？二是何以遼系漢士如此迅速盡忠於金朝？這兩個問題在本文中並沒有試著提出解答，最重要的原因是因爲關於現存的遼系漢士活動記錄過少，尤其是在缺少他們的詩詞文集下，頗難進一步掌握這批士人的關懷焦點爲何。不過值得注意的是，從有限的史料中可以發現，遼系漢族士人在國家效忠對象上的思考似乎相當開放，他們並無太多先驗的假設存在於選擇效忠對象的課題上，相較於宋系漢士，遼系漢族士人的國家觀念顯然頗爲淡薄。不過在選擇效忠對象的過程中，遼系漢士依舊有其信念，而此一信念或來自遼系漢族士人對所屬的社會地方的關懷。他們雖然不免以個人日後的政治前途選擇未來效忠的對象，但更關心的卻是在他們的效忠對

象是否能妥善維護、或增進燕雲地區與遼國境內漢人社會的利益。於是在遼末燕雲地區的歸屬尚未明確時，當地的遼系漢士對自己政治前途的種種考慮，便多有依據金、宋兩政權對待燕雲地區的政策以調整自己看法的反應。這種關心的產生應是遼國境內漢人社會在特殊的歷史環境下所演變的成果。至於這種作為型態的產生原因與過程，便非本文的討論範圍了。

相較於遼系漢士，宋系士人對於「忠心」的看法則顯得嚴肅許多。在金宋交戰初期，宋系漢士排拒金朝政權的態度顯得極為堅決。對宋士而言，國家認同的問題深刻地扣緊他們任何政治上的思考。所謂「行衢道者不至，事兩君者不容」(《荀子‧勸學篇》)，一個在國家認同產生偏差的讀書人是沒有立場體現身為士人的職責。但在宋金戰爭的持續下，戰況的激烈衝擊了多數士人的信念，許多宋士，如蔡靖、張孝純等人的抗金立場，開始由堅定變成軟弱。從時人的記載中，可以注意到像宋士投降狀況的日益惡化等現象均說明了宋士已經開始猶疑。這種在國家認同上的猶疑，齊國建立時被宋士以行動具體化了。或許是金朝政權最初的政治運作型態與宋朝相差太多，此使多數宋士即使因為戰敗而降金，但卻未見主動投金以求開創政治第二春者。但在齊國建立後，主動背宋的現象開始出現，進一步這批原為宋士的漢族士人在進入齊國後，竟也出現詆毀宋朝的言論，甚至有獻齊、金攻宋之策等作為的產生。齊國的存在，剝離開了叛宋與仕金這兩個概念。

在齊國建立之前，以當時的局勢來看，叛宋的下一步動作只有仕金，但在仕金之途的不具吸引力下，連帶亦影響了叛宋舉動的不被考慮。但在齊國建立之後，破壞了這種叛宋與仕金的關係連結性。雖然就日後的研究可以看出劉齊政權僅是金朝的傀儡，但就當時局勢所見卻是渾沌未明。齊國初肇，任誰都難以評估劉豫政權的成長空間會有多大，而劉豫政權又據中原之地，似乎還比殘喘於江南一隅的南宋「島夷」更具規模。況且齊國政制與北宋大同小異，這對宋士而言，比起當時漢蕃制度駁雜的金朝政權來說更具親和力。在這些因素之下，仕齊一途遂提供不看好於南宋政權的前景、有心另闢政治舞臺、卻又不願仕金的宋系漢士一項相當具有吸引力的選擇。仕齊遂成為叛宋與仕金間的橋樑。

宋士在齊國的歲月中，不論是消極做好自己身為齊官的本分，或是積極地「助紂為虐」幫助金、齊消滅南宋，均呼應了他們逐漸適應不在宋朝而脫離與南宋聯繫的事實。只是宋士在齊國的歲月並不長久，隨即又要面對另一

次政治版圖的調整。此時，叛宋與仕金的因果關係又重新連接。對於部份曾經以發言或行動傷害宋朝的仕齊宋士而言，在後無退路之餘，仕金已成為必然之道。而對其他大部份齊國時期政治態度保持低調的仕齊宋士而言，由於入齊任官的經歷使他們適應了進出於不同政權間的相應之道，於是他們對仕金不再存有先前的恐懼。因此金朝廢齊之後，仕齊宋士雖然一度因為金朝還地與宋的政策，隨地遷至南宋的治理之下，但是在後來金朝重新收回齊地時，這批仍被南宋安置於原地任官的宋系漢士，其表現已不似天會五年至八年間宋士面對金軍初次南下時的驚慌失措，這批經過「歷練」的宋士紛紛以不加抵抗，甚至是「望風投拜」的過程正式投入金朝治下。

透過上述的討論，可以明瞭金朝初年漢士與金朝之間關係的建立是經由一連串的互動所產生，雙方均在本身條件的限制下表現自己的態度與相關回應。在互動的過程中，金朝無疑是絕對強勢，而遼、宋漢士在這種強勢壓力下，各自採取了不同的因應之道。遼系漢士在知曉勢不可為的情形下，透過對金朝的順服伺機取得自己所要求的利益，宋系漢士則是抱持著知其不可為而為之的立場，縱使最後大部份的仕金宋系漢士不免妥協於金朝的強大政治力量下，他們最初仍然試著對金朝的強勢壓力展開批判與反擊。最終，隨著首代的漢士與女真權貴的逝去，漢士與女真統治階層的互動逐由第二代人物在世宗朝之後繼續接手，此時金朝的歷史又將進入下一個階段，而無論女真、漢人、契丹的諸族人物均為金朝臣民的事實也暫時確立。

附　表

表一　遼系漢人入金過程一覽表

說明：

（一）金初資料缺乏，相關人物身份常難以斷定。「備註」一欄則簡單標明現有資料較能確定之身份內容與涉及身份認定的相關事蹟以爲備考。

（二）「出處」一欄，「《金史》125」，即表「《金史》卷 125」。

（三）本表以入金時間先後爲序。馬諷以下則爲未知入金時間者。

姓　名	遼朝最後仕官	降　金　經　過	初任金官	終任金官	史料出處	備　註
盧克忠	不詳	收國元年（？），高永昌據遼陽，克忠至斡魯營降。	不詳	靜難軍節度使	《金史》125	武人
張崇	雙州節度使	天輔二年正月降金。	不詳	不詳	《金史》1	
霍石	不詳	天輔二年閏九月降。	千戶	不詳	《金史》2	武人
韓慶和	不詳	天輔二年閏九月降。	千戶	不詳	《金史》2	武人
張慶古	不詳	天輔二年十月降。	千戶	不詳	《金史》2	《遼史》卷28 作「張應古」
劉仲良	不詳	天輔二年十月降。	千戶	不詳	《金史》2	
李孝功	不詳	天輔二年十月率眾來降。	千戶	不詳	《金史》2	
孔敬忠	寧昌軍節度使幕官	天輔二年十二月勸寧昌軍節度使劉宏降斡魯古。	順安令	歸德軍節度使	《金史》75	
劉宏	寧昌軍節度使	天輔二年十二月從幕官孔敬忠議降斡魯古。	不詳	不詳	《金史》75、2	

劉弘	懿州節度使	天輔二年十二月以州降。	知咸州（千戶）	同知平章政事	《金史》95	劉璋父
王伯龍	不詳	天輔二年，率眾二萬及其輜重來降。	世襲猛安，知銀州	益都尹	《金史》81	遼末聚眾為盜
楊詢卿	不詳	天輔三年七月率眾來降。	謀克	不詳	《金史》1	
羅子韋	不詳	天輔三年七月率眾來降。	謀克	不詳	《金史》1	
盧彥倫	團練使，勾當留守司公事	天輔四年從上京留守撻不野降。	夏州觀察使權發遣上京留守事	大名尹	《金史》75	武人
毛子廉	東頭供奉官	天輔四年率兩千六百人降。	不詳	寧昌軍節度使	《金史》75、《遼史》29	武人
李三錫	左承制	天輔五年（？）以來州降。	攝臨海軍節度副使	河北西路轉運使	《金史》75	武人
翟昭彥	不詳	天輔六年十月以蔚州降。	刺史	不詳	《金史》2	同月翟昭彥與田興殺知州蕭觀寧等叛，後復降。
徐興	不詳	天輔六年十月以蔚州降。	刺史	不詳	《金史》2	
田慶	不詳	天輔六年十月以蔚州降。	團練使	不詳	《金史》2	
韓企先	不詳	天輔六年正月為完顏杲下中京時所收。	樞密副都承旨	尚書右丞相	《金史》78	
蘇京	西京留守	天輔六年三月以西京降。	不詳	不詳	《金史》89	蘇保衡父
郭企忠	左散騎常侍	天輔六年（？），金至雲中，降。	勾管天德軍節度使事	權泌州刺使	《金史》82	武人
沈璋	不詳	天輔六年九月隨李師夔降耶律余睹。	武定軍節度副使	鎮西軍節度使	《金史》75	
李師夔	永興麴監	天輔六年九月與沈璋降耶律余睹。	領奉聖州節度使	陝西東路轉運使	《金史》75	
左企弓	司徒、加侍中	天輔六年十二月隨燕京眾官降太祖。	太傅、中書令	同左	《金史》75	
左泌	棣州刺史	天輔六年十二月從企弓降。	平州刺史（？）	陝西路轉運使	《金史》75	左企弓子
虞仲文	參知政事領西京留守、同中書門下平章事、內外諸軍都統	天輔六年十二月隨燕京眾官降太祖。	樞密使、侍中	同左	《金史》75	
曹勇義	中書侍郎平章事、樞密使	天輔六年十二月隨燕京眾官降太祖。	以舊官守司空	同左	《金史》75	

康公弼	參知政事	天輔六年十二月隨燕京眾官降太祖。	同中書門下平章事、樞密副使權知院事	同左	《金史》75	
劉彥宗	簽書樞密院事	天輔六年十二月隨燕京眾官降太祖。	左僕射	同中書門下平章事、知樞密院事、加侍中	《金史》78	
劉萼	閤門祇候	天輔六年十二月從彥宗降。	禮賓使	濟南尹	《金史》78	
劉筈	尚書左司員外郎	天輔六年十二月從彥宗降。	尚書左司郎中	尚書右丞相、兼中書令	《金史》78	劉彥宗子
張彥忠	樞密副使	天輔六年十二月隨燕京眾官降太祖。	不詳	不詳	《金史》2	
程案	殿中丞	天輔七年太祖入燕時降。	尚書都官員外郎	彰德軍節度使	《金史》105	
時立愛	平州節度使、兼漢軍都統	天輔七年正月以平州降，居家不出。天會三年十二月，宗望再取燕山，詣幕府上謁，得官。	同中書門下平章事、侍中知樞密院事加中書令	同左	《金史》78	
田顥	權歸德節度使	天輔七年二月以四州降太祖。	舊官加都官郎中權節度使事	刑部尚書	《金史》81、2	
杜師回	隰州刺史	天輔七年二月降。	不詳	不詳	《金史》2	
高永福	遷州刺史	天輔七年二月降。	不詳	不詳	《金史》2	
張成	潤州刺史	天輔七年二月降。	不詳	不詳	《金史》2	
趙溫訊	不詳	先入宋，宋朝於天輔七年四月應金朝要求送回。	不詳	不詳	《會編》15	天輔七年三月，金朝索還入宋舊遼官民，四人應索獲遣
李處能	不詳	先入宋，宋朝於天輔七年四月應金朝要求送回。	不詳	不詳	《會編》15	
王碩儒	不詳	先入宋，宋朝於天輔七年四月應金朝要求送回。	不詳	不詳	《會編》15	
韓昉	不詳	先入宋，宋朝於天輔七年四月應金朝要求送回。	不詳	汴京留守、儀同三司	《會編》15	
趙諴	太子左衛率	天輔七年宗望討張覺時降。	洛苑副使、灤州千戶	太子詹事鎮沁南	《金史》81《遼史》29	
李瞻	平州望雲令	本爲張覺部屬，以天輔七年五月覺叛，降。	興平府判官	忠順軍節度使	《金史》128	
張忠嗣	不詳	天會元年十一月以南京降。	不詳	不詳	《金史》3	

張敦固	不詳	天會元年十一月以南京降，復叛，天會二年五月爲闍母所殺。	不詳	不詳	《金史》3	
劉公胄	不詳	天會二年二月以張敦固據南京叛，棄家踰城來降。	廣寧尹	不詳	《金史》3	
王永福	不詳	天會二年二月以張敦固據南京叛，棄家踰城來降。	奉先軍節度使	不詳	《金史》3	
張通古	樞密院令史	天會三年（？）宗望再收燕京時爲劉彥宗召之。	樞密院主奏	司徒	《金史》83	
趙元	尚書金部員外郎	天會三年十二月隨郭藥師降。	樞密院令史	武勝軍節度使	《金史》90	
王樞	不詳	天會三年十二月隨郭藥師降。（《會編》卷23有爲郭藥師所撰之降表，疑同郭藥師降金。）	不詳	直史館	《中州集》9	
翟永固	未仕，爲宋舉燕地榜第一	先入宋，爲宋舉燕地榜第一，金破宋後北歸，復中天會六年詞賦科。	懷安丞	眞定尹	《金史》89	
任熊祥	樞密院令史	太祖平燕後入宋，任武當丞，天會六年正月歸金。	樞密院令史	太子少師	《金史》105、《會編》114	
馬諷	未仕	先入宋，登宣和六年進士第，後入金。	蔚州廣靈丞	忠順軍節度使	《金史》90	
張斛	武陵守	先入宋，金初理索北歸。	不詳	不詳	《中州集》1	
張用直	不詳	宗幹延於門下。	宗幹官屬	太子詹事	《金史》105	
王庭	未仕	率縣人保縣，以眾降。	不詳	不詳	《金史》121	王維翰父
范承吉	御前承應文字	不詳。	殿中少監	光祿大夫	《金史》128	
韓秉休	不詳	不詳。	忠正軍節度使	不詳	《金史》97	韓錫父
魏某	不詳	不詳。	不詳	兵部侍郎	《中州集》8	魏道明父
孟浩	登進士第	不詳。	天會三年爲樞密院令史	眞定尹	《金史》89	
趙興祥	閤門祗侯	不詳。	不詳	左宣徽使	《金史》91	

表二　宋系漢士入金經過一覽表

說明：

（一）本表所收人物以文士爲限。另，有部分人物無法確定身份，但如所任
　　　職務多爲文士充任者，本表亦視之爲士人並收錄其中。

（二）本表以入金時間先後爲序。如先仕齊而後仕金者，則統一以齊廢時間
　　　爲入金時間。如多次出入金朝者，則以首次入金爲排序依據。

（三）由於宋人入金者眾，本表僅錄確知其降金時間或事跡之宋士。如未見
　　　降金經過，則本表暫不收錄。

姓　　名	仕宋最後職稱或入金前身份	降金經過	初任金官	終任金官	史料出處	備　註
蔡靖	燕山宣撫使	天會三年十二月燕京城破被俘。	不詳	翰林學士	《會編》24《要錄》1	
蔡松年	管勾燕山府機宜文字	天會三年十二月從靖降。	元帥府令史	右丞相	《金史》125	
李植	權威勝軍	天會四年二月以城降。	不詳	不詳	《宋史》23	
張孝純	河東安撫使	天會四年九月被執，堅不仕金，齊建入齊，齊廢仕金。	行臺左丞相	同左	《會編》193	
許必	舊宋進士	天會四年九月被刮試眞定試。	不詳	不詳	《金史》127	
祁宰	醫官	天會四年閏十一月以汴京破入金。	隸太醫署	太醫使	《金史》83	
高世由	知澤州	天會四年閏十一月以澤州降。	不詳	不詳	《宋史》23	
周良	前知沙宛監	天會五年十二月金軍脅以洗城，遂以周州降。	定國軍節度使知同州	不詳	《會編》114	
史良臣	成安主簿	天會四、五年間，金下河朔，爲安撫司辟舉爲官。	監北京內東倉	潞州觀察判官	《滏水集》12《中州集》5	公奕父
傅慎微	河東路經制使	（天會五年？）爲婁室所俘，愛其才弗殺，羈置歸化州，後爲希尹所收置門下。	陝西經略使	禮部尚書	《金史》128	傅慎微疑即傅亮入金後之改名，但無確證，姑全錄之。

傅亮	河東路經制副使	天會六年正月以兵降。	不詳	不詳	《宋史》25	
李操	簽書武勝軍節度判官廳公事	天會六年正月金軍脅以洗城，遂以鄧州降。	不詳	不詳	《會編》114	
趙士㬢	不詳	天會六年正月同李操降。	不詳	不詳	《會編》114	
李復	秦州經略使	天會六年正月降。	不詳	不詳	《宋史》25	
宇文虛中	資政殿大學士	天會六年五月使金被留。	不詳	禮部尚書兼翰林承旨	《金史》79《要錄》15	
楊粹中	知濮州	天會六年十一月城陷，金人許以不死，遂降。	不詳	不詳	《會編》119	
李某	迪功郎知淄州	天會六年十二月以淄州降。	不詳	不詳	《會編》119	
劉豫	知濟南府事	天會六年十二月金人遣使「啗豫以利」，遂以城降。	京東東、西、淮南安撫使	不詳	《宋史》175	
劉麟	承務郎	天會六年十二月從劉豫降金。	不詳	尚書右丞	《會編》141	豫子
劉益	不詳	天會六年十二月從劉豫降金。	不詳	不詳	《會編》141	豫弟
張柬	郡卒	天會六年十二月從劉豫降金。	不詳	不詳	《會編》141	劉豫部屬
范拱	不詳	天會六年十二月從劉豫降金。	梁王宗弼官屬	太常卿	《金史》105	
裴億	大名府轉運判官	天會六年十二月降。	不詳	不詳	《宋史》25	
折可求	威武軍宣承使	天會七年正月以晉寧府降。	不詳	不詳	《會編》120《要錄》18	《要錄》言降於天會六年十一月
孔德基	通判滄州事	天會七年二月叛降。	不詳	不詳	《會編》121	
齊志行	高郵判官	天會七年二月叛降。	不詳	不詳	《會編》123	
朱琳	知楚州事	天會七年二月降。	不詳	不詳	《宋史》25	

曾班	知泰州事	天會七年二月以泰州降。	不詳	不詳	《宋史》25	
龔璹	不詳	天會七年五月使金被留。齊建始出仕爲齊官。	不詳	不詳	《宋史》373	
郭允迪	知順昌府	天會七年閏八月以順昌府降	不詳	不詳	《會編》132	
凌唐佐	南京守臣	天會七年九月被執而降。	不詳	不詳	《宋史》25	
楊憲	不詳	天會四年九月使金被留。齊建始出仕爲齊官。	不詳	不詳	《會編》222	
馬世元	壽春安撫使	天會七年十月壽春城破，降	不詳	不詳	《金史》3	
李會	淮南西路安撫使	天會七年十一月以盧州降。	不詳	不詳	《要錄》29	
李儔	和州知軍州事	天會七年十一月以和州降，至齊建始出仕爲齊官。	不詳	不詳	《要錄》29	
李積中	權知洪州事	天會七年十一月以洪州降。	不詳	不詳	《要錄》29	
王仲山	撫州知軍州事	天會七年十一月以撫州降。	不詳	不詳	《要錄》29	
王仲嶷	顯謨閣待制	天會七年十一月以袁州降。	不詳	不詳	《要錄》29	
邊某	六安軍知軍事	天會七年十一月以城降，金軍留北兵三百人守城，不殺不掠。	不詳	不詳	《要錄》29《會編》134	天會八年六月22日復盡殺金人歸宋。
陳邦光	沿江都置制使	天會七年十一月以建康降。	不詳	不詳	《會編》134《要錄》29	
李梲	戶部尚書	天會七年十一月同邦光降	不詳	不詳	《會編》134《要錄》29	
王宗望	淮西兵馬都監	天會七年十一月以濠州降金	不詳	不詳	《宋史》25	天會八年五月，宗望、浩然爲李玠所囚，濠州復歸宋。
陳浩然	迪功郎	天會七年十一月隨王宗望降	同知濠州事	不詳	《要錄》29	
曾恩	知餘姚縣事	天會七年十二月知金軍至，主動以城投附。	不詳	不詳	《會編》135	

李鄴	兩浙安撫使	天會七年十二月以越州降，至齊立始出仕爲齊官。	不詳	不詳	《要錄》30	
鄭建充	知延安府事	天會七年降金。	知延安府事	平涼尹	《金史》82	
唐佐	知應天府	天會七年降金。	不詳	不詳	《會編》151	入齊後以約結宋朝爲劉豫所殺。
鄭億年	顯謨閣直學士	天會八年正月避敵山間，爲金所執。至齊建始出仕爲齊官，齊廢入金。	不詳	不詳	《要錄》31	
王夔	都水使者	天會八年二月爲金人延用。	汴京留守	不詳	《要錄》31	
杜充	江淮宣撫使	天會八年二月宗弼「許以中原地封之」，遂降。	不詳	尚書右丞相	《要錄》31	
張中彥	涇原副將知德順軍事	天會八年十月以其眾降宗輔。	涇原路招撫使	臨洮尹	《金史》79《宋史》26	
張中孚	鎮戎軍安撫使	天會八年十一月以其眾降宗輔。	鎮洮軍節度使知渭州	南京留守	《金史》79《宋史》26	
李彥琦	知鎮戎軍	天會八年十一月以眾降。	不詳	不詳	《金史》3	
俱重	西寧州守臣	天會九年正月降。	不詳	不詳	《宋史》26	
楊可昇	慶陽府守臣	天會十年二月被執後降。	不詳	不詳	《宋史》27	
施宜生	潁州教授	先入齊，齊廢入金。	太常博士	翰林侍講學士	《金史》79《要錄》58	正隆四年以使宋洩密獲誅。
馬定國		先入齊，齊廢入金。	不詳	翰林學士	《金史》125	
趙鑑	盧州司理參軍	先入齊，齊廢入金。	知城陽軍	河北西路轉還使	《金史》128	
張奕	不詳	先入齊，齊廢入金，天眷元年隨河南地入宋，天眷三年宗弼取河南地，復入金。	同知歸德尹	戶部尚書	《金史》128	

孔璠		天會八年七月齊建受封，齊廢入金。			《金史》105	孔子四十九代孫。
王倫	端明殿學士，簽書樞密院事	天眷二年十月使金被留。	不詳		《要錄》132	
孟庾	觀文殿學士	天眷三年五月以城破降。			《會編》200《宋史》29	天眷五年六月中放歸宋。
李師雄	知興仁府	天眷三年五月以城降。			《會編》200《宋史》29	
李正民	宣徽閣待制	天眷三年五月以淮寧府降。			《宋史》29《會編》208	
路允迪	南京留守	天眷三年五月，金軍兵臨城下，許以降則不殺不掠，允迪遂降。			《會編》200	至汴京後七日不食死。
王彥先	知亳州	天眷三年五月降。	不詳	不詳	《宋史》29	
宋萬年	慶陽府守臣	天眷三年十月以城降	不詳	不詳	《宋史》29	
吳激	不詳	使金，以知名不遣。	翰林待制	知深州	《金史》125	
高士談	忻州戶曹參軍	不詳。	不詳	翰林直學士	《金史》79	
王競	屯留主簿	不詳。	大寧令	翰林學士承旨兼禮部尚書	《金史》125	
祝簡	宋末登科	不詳。	不詳	太常丞兼直史館	《中州集》2	
張子羽	不詳	不詳。	不詳	官洛陽	《中州集》2	
劉著	宣和末登進士	不詳。	不詳	忻州刺史	《中州集》2	
李之翰	宣和末擢第	不詳。	不詳	守寧州	《中州集》8	
張仲容	宋末登科	不詳。	不詳	屯田員外郎	《中州集》9	
李聿興	沈晦榜第三甲	不詳。	不詳	不詳	《會編》162	
陳味道	進士	不詳。	不詳	不詳	《會編》132	受郭允迪命，勸降知蔡州程昌禹，為昌禹殺。

表三　宋系漢士仕齊經過一覽表

說明：

（一）本表所收人物以確知入齊時間，或在齊國仕宦有具體作爲的宋士爲限。
　　　另，有部分人物無法確定身份，但如所任職務多爲文士充任者，本表
　　　亦視之爲士人並收錄其中。

（二）本表以入齊時間先後爲序。馬定國以下爲入齊時間不明者。

（三）先降金再入齊者，其降金經過詳參表二。

姓　名	宋朝最後仕官或入齊前身份	入齊經過	初任齊官	入齊作為	史料出處
劉豫	知濟南府事	先降金，天會八年七月入齊。	齊帝		《會編》141
劉麟	承務郎	先降金，天會八年七月入齊。	大中大夫知濟南府		《會編》141
劉益	不詳	先降金，天會八年七月入齊。	北京留守		《會編》141
張柬	濟南通判	先降金，天會八年七月入齊。	權吏部侍郎兼右丞		《會編》141
范拱	不詳	先降金，天會八年七月入齊。	不詳	上書陳什一稅之弊，劉豫從而改之。	《金史》105
李孝揚	宗正寺丞	先降金，天會八年七月入齊。	權左丞		《會編》141
王燮	都水使者	先降金，天會八年七月入齊。	汴京留守		《會編》141
李鄴	兩浙安撫使	先降金，天會八年七月入齊。	不詳		《會編》141
李俅	不詳	先降金，天會八年七月入齊。	陽穀令	言什一稅利害。	《會編》141
李儔	和州知軍州事	先降金，天會八年七月入齊。	監察御史		《會編》141
鄭億年	顯謨閣直學士	先降金，天會八年七月入齊。	權工部侍郎		《會編》141
張孝純	河東安撫使	先降金，天會八年七月入齊。	尚書左丞相		《會編》141
唐佐	知應天府	先降金，天會八年七月入齊。	不詳	天會九年九月，以約結宋人爲劉豫所殺	《會編》151

孔璠	不詳	天會八年七月齊建受封，齊廢入金。	不詳		《金史》105
馮長寧	順昌府鎮撫使	天會八年十月以淮寧降。	戶部侍郎	請立、刪修什一稅	《會編》143
龔璹	不詳	先降金，天會八年入齊受官。	不詳		《宋史》373
楊憲	不詳	先降金，天會八年入齊受官。	不詳		《會編》222
劉晏	楚州通判州事	天會十年十月劫禮幣降。	不詳		《宋史》27
祝友	知楚州	天會十年十月叛降。	不詳		《會編》153
施宜生	潁州教授	天會十年底以罪走齊。	不詳		《金史》79 《要錄》58
羅興	閤門宣贊舍人知壽春府	天會十二年四月殺通判府事叛降。	不詳		《會編》158
馬定國	不詳	以詩撼劉豫，入齊仕宦，齊廢入金。	不詳	進〈君臣名份論〉	《金史》125
趙鑑	盧州司理參軍	以江淮用兵，棄官歸故鄉濟南，齊建出仕。	歷城令	齊國仕宦期間所任皆難治劇邑，政績卓著	《金史》128
祝簡	不詳	不詳。	不詳	進〈遷都賦〉、〈國馬賦〉	《會編》181
朱之才	宋崇寧間登科	不詳。	諫議大夫		《中州集》2
范巽	不詳	不詳。	不詳	上書陳什一稅之弊，豫不從，巽坐貶官。	《金史》105
楊堯弼	不詳	不詳。	不詳	劉豫本遣楊堯弼赴金乞兵攻宋，堯弼堅辭，後劉豫另遣韓元英、游何。	《偽齊錄》上
韓元英	不詳	不詳。	不詳		《偽齊錄》上
游何	不詳	不詳。	不詳		《偽齊錄》上
許伯通	不詳	不詳。	不詳	與馮長寧刪修什一稅	《偽齊錄》上
盧載揚	不詳	不詳。	不詳	上書陳結南夷以擾南宋四川、兩廣	《偽齊錄》上

表四　金初宋朝遣金使者一覽表（太祖至海陵王時期）

說明：

（一）本表主要據施國祁《金史詳校》卷五所製，不另註明資料出處。

（二）表中以使者抵金時間爲排序依據。

時　間	使者姓名與官職	活動內容	金朝回應	備註
天輔元年八月	高藥師	未至金國而返。		
天輔二年閏九月	登州防禦使馬政呼延慶、高藥師	議請夾攻遼國。	金遣李善慶等與之入宋議事。	
天輔三年六月	呼延慶	以詔書來聘。	金朝留之，同年12月遣回。	
天輔四年四月	趙良嗣、王瓌	議夾攻遼朝及取燕京、西京地。		
天輔四年十一月	馬政、馬擴	再議取燕京、西京事。	太祖只允宋取回燕京。	
天輔六年十一月	趙良嗣	索燕京等六州二十四縣之地，並議每歲納金銀絹數目。		
天輔六年十二月	趙良嗣	再議每歲納金銀絹數目，並求營、平、灤三州并西京地。	太祖回絕宋朝取回西京等地之議。	
天輔七年正月	趙良嗣	議以銀絹代燕地賦稅。		
天輔七年二月	趙良嗣	再議以銀絹代燕地賦稅，並議畫疆、遣使賀正旦生辰、置榷場等事，復議取西京地。		
天輔七年三月	盧益、趙良嗣、馬擴	持誓草至。		
天會二年四月	太常少卿連南夫	弔祭金太祖之逝。		
天會二年十月	給事中衛膚敏	賀金生日。		
天會三年正月	賀允中	賀金正旦。		
天會三年六月	龍圖閣直學士許亢宗（大金登寶位使）、廣南西路廉訪使童緒（副使）、鍾邦直（管押禮物官）	賀太宗即位。		
天會三年十月	給事中衛膚敏	賀金生日。	以爭押璽雙跪事爲金所留，靖康初始還。	

天會三年十二月	給事中李鄴	請復修好。	宗望留軍中不遣，後放歸。	此條據《金史》卷74補
天會四年正月	工部侍郎鄭望之（計議使）、高世則（副使）	詢問金人修好條件。	金命吳孝民與望之入汴議修好條件。	
天會四年正月	知樞密院李梲、工部侍郎鄭望之	奉書謝罪且請修好。	宗望許修好，命蕭三寶奴等同李梲入汴議修好事。	
天會四年正月	給事中沈晦（國信使）、康州防禦使王仲通（副使）	持誓書與所割三鎮地圖入金。		
天會四年正月	右文殿修撰宋彥道（河東軍前報和使）、成州刺史郝抃（副使）			
天會四年二月	資政殿學士宇文虛中	以書辯姚平仲出兵非宋主意。	金命王汭等人與虛中入汴議割地事。	
天會四年二月	資政殿學士宇文虛中（計議使）、知閤門事王俅（副使）	議割地歲聘事。		
天會四年二月	簽院路允迪、右文殿修撰宋彥道、工部侍郎滕茂實	至宗翰軍前交割三關地。		
天會四年二月	給事中王雲（計議使）、侍衛親軍曹曚（副使）	請增歲幣以免割三鎮，並請放肅王。		
天會四年九月	徽猷閣待制王雲、閤門宣贊馬識遠	使金國議和。		
天會四年九月	著作劉岑	使軍前議和。		
天會四年九月	吏部侍郎李若水（山西軍前和議使）、相州觀察王履（副使）	使軍前議和。		
天會四年十月	康王趙構、馮澥	使宗望軍前，未至而還。		
天會四年十一月	康王趙構、王雲	使宗望軍前，許割三鎮與尊太宗為皇叔。		
天會四年十一月	資政馮澥、李若水	使宗翰軍前。		
天會四年十一月	耿南仲	使宗望軍前，許畫河為界。		
天會四年十一月	聶昌	使宗翰軍前，許畫河為界。		
天會四年閏十一月	馮澥（報謝使）、曹輔（副使）	赴金軍前請和。	金不加理會。	

天會四年閏十一月	景王杞（請命使）、謝克家（副使）、李仔（副使）	赴金軍前請和。	金不加理會。	
天會四年閏十一月	濟王栩、中書侍郎陳過庭、右僕射何㮚	請金軍暫時撤離汴京。	金不加理會。	
天會四年閏十一月	御史中丞秦檜、奉朝郎李若水、武翼大夫王履	請勿以上皇出質。	金不加理會。	
天會四年閏十一月	宋宗室諸王共十一人	請勿以上皇出質。	金不加理會。隔日欽宗入金軍，再二日宋降，金軍入汴。	
天會五年正月	濟王栩、景王杞	詣兩帥軍前賀正旦。		
天會五年五月	太常少卿周望	使宗望軍前通問二主。	適宗望逝，不問。	
天會五年七月	宣義郎假工部侍郎傅雱	使宗翰軍前通問二主。	宗翰先以宋牒文書其國號阻雱渡河，後以取二帝事大飭回。	
天會五年十一月	假刑部侍郎王倫（軍前通問使）、閤門舍人朱弁	未知事由。	金留置不遣，王倫天會十年八月放歸，朱弁皇統二年八月放歸。	
天會六年二月	試戶部尚書劉誨、合州防禦使王㿟（軍前通問使）	未知事由。	金本欲於天會七年正月一併放歸劉誨、王㿟、楊可輔、宇文虛中，虛中則以兩帝未歸執意留金，遂留置不遣。	此條據《要錄》卷 15、19 補
天會六年五月	資政殿大學士宇文虛中（祈請使）、□□□□楊可輔（副使）	未知事由。		
天會六年七月		奉表稱臣。		
天會六年十一月	假禮部侍郎魏行可、合州團練使郭元邁（軍前通問使）	未知事由。	金留置不遣。	
天會七年正月	李鄴、周望、宋彥通、吳德休（軍前通問使）	未知事由。		
天會七年二月	閤門祇候劉俊民	使金軍前求和。		
天會七年五月	朝散郎洪皓（通問使）、龔璹	未知事由。	金留置不遣，洪皓皇統二年放歸。	
天會七年七月	試工部尚書崔縱、閤門宣贊舍人郭元明	使金軍前求和。	金留置不遣。縱後卒於金。	
天會七年八月	假資政殿學士杜時亮（軍前通問使）、假武功大夫宋汝爲（副使）	使金軍前求和。		

時間	使者	事由	結果	
天會七年九月	張邵（通問使）、楊憲（副使）	未知事由。	金留置不遣，張邵皇統二年八月放歸。	
天會七年十一月	通直郎孫悟（軍前致書使）、承信郎卜信臣（副使）	未知事由。	金留置不遣。	
天會十年九月	潘致堯（軍前通問使）	未知事由。	致堯隔年四月歸，言金欲重臣通使以取信。	
天會十一年五月	端明殿學士韓肖冑、□□□□胡松年（軍前通問使）	未知事由。		
天會十二年正月	樞密承旨章誼（奉表通問使）、中書舍人孫近（副使）	答金言畫江爲界事。	宗弼致書約淮南勿屯兵。	
天會十二年八月	試工部侍郎魏良臣、果州團練使王繪（軍前奉表通問使）	論迎請二帝與和議條件。	金不答可否，命之歸。	
天會十三年五月	何蘇、范寧之	請和、通問二主。	得知徽宗、寧德皇后訃訊。	
天會十五年二月	假徽猷閣待制王倫、武經大夫高公繪（迎奉梓宮使）	請還徽宗、寧德皇后遺體。	金許之，又許還河南諸州軍。	
天會十五年十二月	王倫（迎奉梓宮使）	議還徽宗、寧德皇后遺體。		
天眷元年七月	端明殿學士王倫、知閤門事藍公佐（迎奉梓宮使）	議還徽宗、寧德皇后遺體。		
天眷元年十二月	端明殿學士王倫（國信計議使）、宗正少卿馮楫（副使）	未知事由。		
天眷二年四月	端明殿學士韓肖冑、德慶軍節度使錢愐（奉表報謝使）	謝金賜還河南地。		
天眷二年八月	禮部侍郎蘇符	賀金正旦。	宗弼以謀復取河南故留之，隔年三月放歸。	
天眷二年九月	端明殿學士王倫、保信軍節度使藍公佐	請歸徽宗遺骸及高宗母韋氏。	金拘王倫、遣藍公佐先歸。倫後死於金。	
天眷三年四月	禮部尚書莫將、宣州觀察使韓恕（迎護梓宮奉迎兩宮使）	來迎徽宗遺骸及高宗母韋氏。	金以取河南戰事起，留之，隔年八月遣還。	

皇統元年九月	□□□□劉光遠、成州團練使曹勛（通問使）	答莫將攜回之「金元帥第一書」。	
皇統元年十月	魏良臣、王公亮（稟議使）	答「元帥第二書」。	
皇統二年二月	端明殿學士何鑄、容州觀察使曹勛（報謝進誓表使）	進誓表，確定議和內容，許歲幣銀絹二十五萬兩匹，畫淮爲界。	金許歸還梓宮及高宗母韋氏。
皇統二年四月	孟忠厚（迎護梓宮禮儀使）、王次翁（迎護兩宮禮儀使）		
皇統二年八月	參知政事万俟卨、榮州防禦使邢孝揚（金國報謝使）	奉表謝封冊誓詔。	
皇統二年十二月	參知政事王次翁、德慶軍節度使錢愐（金國報謝使）	奉表謝歸三喪及母韋氏。	
皇統三年正月	中書舍人楊愿、宣州觀察使何彥良	賀金正旦。	
皇統三年正月	戶部侍郎沈昭遠、福州觀察使王公亮	賀金生辰。	
皇統四年正月	權兵部侍郎鄭朴保、順軍承宣使何彥良	賀金正旦。	
皇統四年正月	權工部侍郎王師心、解州防禦使康益	賀金生辰。	
皇統四年三月	吏部尚書羅汝楫、鎮東軍宣承使鄭藻	謝金賀正旦。	
皇統四年四月	假吏部尚書陳康伯、假保信軍承宣使謝愷	謝金賀生辰。	
皇統五年正月	權吏部侍郎林保、知閣門事康益	賀金正旦。	
皇統五年正月	權禮部侍郎宋之才、閣門宣贊舍人趙	賀金生辰。	
皇統六年正月	權邢部侍郎錢周材、閣門祗候俞似	賀金正旦。	
皇統六年正月	權工部侍郎嚴抑、閣門祗候曹浚	賀金生辰。	
皇統六年十一月	端明殿學士何鑄賓、德軍節度使邢孝揚	未知事由。	
皇統七年正月	權戶部尚書邊知白、閣門宣贊舍人孟思恭	賀金正旦。	

皇統七年正月	權禮部侍郎周執羔、知閣門事宋錢孫	賀金生辰。		
皇統八年正月	禮部侍郎沈該、閣門宣贊舍人蘇華	賀金正旦。		
皇統八年正月	工部尚書詹大方、閣門宣贊舍人容肅	賀金生辰。		
皇統九年正月	起居舍人王墨卿、惠州刺史蘇華	賀金正旦。		
皇統九年正月	權禮部侍郎陳誠之、吉州刺史孟思恭	賀金生辰。		
天德元年十二月	太常少卿張杞、和州團練使趙述	賀金正旦。	皇統九年十二月完顏亮篡位，改元天德，諸使於中路遣還。	
天德元年十二月	司農卿湯鵬舉、吉州刺史石靖	賀金生辰。		
天德二年六月	參知政事余唐弼、保信軍節度使鄭藻	賀海陵即位。	金以徽宗玉帶賜還。	
天德三年正月	權禮部侍郎陳誠之、均州觀察使錢愷	賀金正旦。		
天德三年正月	權直學士院王曦、和州團練使趙述	賀金生辰。		
天德三年六月	簽書樞密院事巫伋、保信軍節度使鄭藻（祈請使）	請修奉陵寢、放歸欽宗、宋朝君主自稱爲帝三事。	前兩事海陵不許，第三事海陵同意宋朝「當自理會」。	
天德四年正月	中書門下省檢正諸房公事陳夔、惠州刺史蘇華	賀金正旦。		
天德四年正月	樞密院檢詳文字陳相、吉州刺史孟思恭	賀金生日。		
貞元元年正月	權國子司業孫仲鼇、閣門宣贊舍人陳靖	賀金正旦。		
貞元元年正月	吏部員外郎李琳、忠州防禦使石靖	賀金生辰。		
貞元二年正月	中書門下省檢正諸房公事施鉅、帶御器械冀彥明	賀金正旦。		
貞元二年正月	左司郎中吳栗、閣門宣贊舍人張彥攸	賀金生辰。		
貞元三年正月	國子司業沈虛中、敦武郎張掄	賀金正旦。		
貞元三年正月	左司郎中張世襄、閣門宣贊舍人張說	賀金生辰。		

正隆元年正月	禮部侍郎王珉、閤門宣贊舍人王漢臣	賀金正旦。	
正隆元年正月	宗正丞鄭枏、閤門宣贊舍人李大授	賀金生辰。	
正隆元年五月	翰林學士陳誠之、假崇信軍節度使領閤門事蘇華（賀尊號使）	賀金主尊號。	
正隆二年正月	宗正少卿李琳、侍衛馬軍司幹辦公事宋均	賀金正旦。	
正隆二年正月	左司郎中葛立方、閤門宣贊舍人梁份	賀金生辰。	
正隆三年正月	太常少卿假禮部侍郎孫道夫、閤門宣贊舍人鄭朋	賀金正旦。	
正隆三年正月	起居郎假秘書少監劉章、閤門宣贊舍人李邦傑	賀金生辰。	
正隆四年正月	秘書少監沈介、閤門祗候宋直溫	賀金正旦。	
正隆四年正月	國子司業黃中、閤門祗候李景夏	賀金生辰。	
正隆四年七月	同知樞密院事王綸、昭信軍節度使曹勛	奉表謝賜戒諭。（另負探金敵情任務）	此條據《宋史》卷372〈王綸傳〉補
正隆四年十二月	翰林學士周麟之、吉州團練使知閤門事蘇華	告高宗母韋氏哀。	
正隆五年正月	起居舍人楊邦弼、榮州刺史張說	賀金正旦。	
正隆五年正月	太府卿李潤、閤門宣贊舍人張安世	賀金生辰。	
正隆五年二月	參知政事賀允中、保信軍節度使鄭藻（韋后遺獻使）	報謝金國弔祭韋后之喪。	
正隆五年四月	同知樞密院事葉義問、和州防禦使劉允升	謝弔祭。	
正隆六年正月	起居舍人假工部尚書虞允文、知閤門事孟思恭	賀金正旦。	
正隆六年正月	樞密院檢詳文字徐度、帶御器械王謙	賀金生辰。	
正隆六年七月	樞密院承旨、知閤門事張掄（稱賀使）	賀金遷都。	金朝中道遣返。

表五　金初金朝遣宋使者一覽表（太祖至海陵王時期）

說明：

（一）金朝遣宋使者活動時間，金方記錄常與宋方紀錄不同。原因或有二，一是兩者有一方紀錄有誤，二是金方資料常以出發時間爲記，宋方資料常以抵宋時間爲記，如由此因而使記載時間不同者，則雙方記錄所見誤差便爲金宋路程之所需，而此一時間就一般使節活動記錄所見大約爲兩至三個月左右。關於前者原因，尤其常見於天輔年間記載，此時《三朝北盟會編》與《金史》紀年多見出入，本文並未詳考眞僞，暫僅以《金史》與《金史詳校》所記列表。關於後者，本表除了當次出使僅見於宋方資料而姑以到宋時間爲據外，餘者均依金方資料而以出發時間爲準，並在「活動內容」一欄註明其到宋時間。

（二）史料出處一欄所列史料，《會編》指《三朝北盟會編》，《國志》指《大金國志》，《詳校》指《金史詳校》，《弔伐錄》指《大金弔伐錄》，《要錄》指《建炎以來繫年要錄》。另，在排列使者之入宋年月時，多參考施國祁《金史詳校》，此處參考表中則未逐一列出。

時　　間	使　　者	活動內容	史料出處
天輔二年八月	渤海人李善慶、生熟女眞二人（小散多、勃達）	同馬政赴宋，議攻遼事。（三年正月至宋，又《國志》卷1記爲天輔元年十二月出發。）	《會編》2、3《宋史》22《國志》1
天輔四年七月	孛菫斯剌習魯、渤海人高隨、大迪烏	持國書來許燕地。（九月至宋）	《會編》4《宋史》22
天輔五年正月	曷魯、大迪烏	持書入宋議夾攻。（五月入汴，八月至金）	《會編》4、5
天輔六年四月	徒姑坦烏歇、高慶裔	議軍事。	《會編》7、9《國志》2
天輔六年十一月	李靖（大使）、王度剌（副使）、撒盧母（計議官）	議燕地每歲銀絹。（《詳校》卷5記王度剌爲王永昌）	《宋史》22《會編》11、12、14
天輔六年十二月	李靖、王度剌	議燕地賦稅。（七年正月至宋）	《奉使錄》《會編》13《宋史》22
天輔七年二月	銀尤可（國信使）、耶律松（國信副使）、撒盧母（計議使）	報聘於宋，答趙良嗣請加歲幣代燕地租稅、畫疆、遣使等事，並許以武應等州。（《會編》中言並取西京賞賜。）（三月至宋）	《金史》60《會編》14《宋史》22

天輔七年四月	撒盧母、楊天壽	同趙良嗣往索燕地戶口。	《會編》15
天輔七年四月	楊璞	復誓書於宋，並以燕京及涿、易、檀、順、薊六州歸宋。	《弔伐錄》1《國志》2《宋史》22
天輔七年四月	不詳	遣使齎御押地圖來。	《詳校》5
天會元年十二月	孛菫李靖	告哀於宋。	《金史》60
天會二年正月	盧州管內觀察使都孛菫高慶裔、大中大夫守大理寺卿楊璞	賀宋正旦。	《會編》19《宋史》22
天會二年正月	奚人辰州管內都孛菫富謨古（國信大使）、漢人清州防禦使李簡（副使）	赴宋送訃書，告以金太祖逝世。	《會編》19
天會二年四月	高尤僕古等充遣留國信使，高興輔、劉興嗣充告即位國信使	告宋以金太宗即位。	《金史》60
天會二年八月	孛菫烏爪乃、李用弓	賀宋生辰。	《金史》60
天會二年十二月	盧州管內觀察使孛菫高居慶、大理卿丘忠	賀宋正旦。（《會編》記「丘忠」爲「楊意」）	《金史》60《會編》21
天會三年七月	渤海人李孝和、王永福	以滅遼告慶於宋。（《金史》記爲「天會三年六月遣李用和等以滅遼告慶於宋。」）	《會編》22《金史》60
天會三年七月	耶律固等爲報謝宋國使	未言。	《金史》60
天會三年十二月	昭文館學士王介儒、孛菫撒盧母	爲宗望遣來送牒問罪。	《弔伐錄》1
天會四年正月	孛菫吳孝民	爲宗望遣來問宋取平山首謀。	《金史》60
天會四年正月	蕭三寶奴、高永義、張彥恭	爲宗翰所遣，同李梲入汴議修好事。	《弔伐錄》1《會編》29
天會四年正月	王介儒、撒盧母及親信人	爲宗翰遣入宋議軍事。	《弔伐錄》1《會編》29
天會四年正月	輔國上將軍耶律度、福州觀察使王汭	答議定合約事。	《弔伐錄》1
天會四年正月	韶陽節度使耶律忠（計議使）、乾文閣待制太平甫（副使）	奉書論修好事。	《會編》31《弔伐錄》1
天會四年正月	崇義軍節度使大安仁、龍州團練使耶律忠	送還康王。	《會編》31
天會四年二月	檀州刺史張恭禮爲計議使	責宋以兵襲宗望軍營。	《弔伐錄》2

天會四年二月	福州觀察使王汭（計議使）、安州團練使耶律寧（副使）	索兵襲金營者。	《弔伐錄》2
天會四年二月	權宣徽韓鼎裔（代辭使）、桂州觀察耶律克恭（副使）	以金軍回，遣使副代辭。	《弔伐錄》2
天會四年二月	崇義軍節度使高仁安、彪州防禦使耶律忠	入宋議交割金銀。	《弔伐錄》2
天會四年二月	靖江節度使高僧奴、彪州防禦使大迎充爲賀謝使。	謝宋餞禮。	《弔伐錄》2
天會四年三月	利州觀察使蕭仲恭、太僕少卿趙倫爲回謝使。	宗翰所遣，報謝宋朝達成合約。	《弔伐錄》2
天會四年八月	保靜軍節度使楊天吉、昭德軍節度使王汭	元帥府所遣，以宋約結契丹人事責宋。	《金史》60《弔伐錄》2
天會四年九月	昭德軍節度使王汭	宗望所遣，來索三關地。	《會編》56
天會四年十月	保靜軍節度使楊天吉、昭德軍節度使王汭、李董撒盧母	宗望所遣，送以黃河爲界書。	《弔伐錄》3《會編》58
天會四年十月	劉晏	未言。	《宋史》23
天會四年閏十一月	保靜節度使蕭慶、司農少卿楊貞幹、李董撒盧母	議交割索人事。（《宋史》記「楊貞幹」爲「楊貞諧」）	《弔伐錄》3《宋史》23
天會四年閏十一月	劉晏	來趣親王、宰相出盟。	《宋史》23
天會四年十二月	蕭慶	索降表。	《會編》71
天會十一年十二月	職方郎中王栩、□□□□李永壽	元帥府所遣，欲畫江爲界，以益劉豫。	《宋史》27
天眷元年五月	烏陵思謀、少卿石慶充	同宋使王倫等入宋論和議事。	《宋史》29
天眷元年八月	右司侍郎張通古、名威將軍蕭哲	以河南地賜宋事詔諭江南。	《金史》60
皇統元年十一月	蕭毅、邢具瞻爲審議使	確認劃淮爲界，和議成，立盟書。	《宋史》29
皇統二年三月	光祿大夫左宣徽使劉、禮部尚書完顏宗表爲江南封冊使	冊宋康王爲宋帝。	《金史》60
皇統二年三月	左副點檢完顏宗賢、都轉運使劉筈、高居安	護送徽宗遺體與高宗母韋氏歸宋。	《宋史》30
皇統二年五月	中書侍郎劉筈、禮部尚書完顏宗表等九人	賜宋誓盟。	《宋史》30《金史》60

皇統三年十二月	右宣徽使完顏曄、秘書少監馬諤	賀宋正旦。	《宋史》30、380
皇統四年五月	安國軍節度使烏延和、大理少卿孟浩	賀宋生日。	《宋史》30 《國志》11
皇統四年十二月	殿前右副都點檢孛散溫、東上閣門使高慶先	賀宋正旦。	《宋史》30 《國志》11
皇統五年五月	殿前左副都點檢完顏宗尹、翰林待制程寀	賀宋生日。	《宋史》30
皇統五年十二月	殿前左副都點檢蒲察說、刑部侍郎吳磐福	賀宋正旦。	《宋史》30
皇統六年四月	彰德軍節度使烏古論海、同知宣徽院事趙興祥	賀宋生日。	《宋史》30
皇統六年十一月	會寧尹盧彥論、四方館使張仙壽	賀宋正旦。	《宋史》30
皇統七年四月	殿前右副都點檢完顏卞、東上閣門使大蛙	賀宋生日。	《宋史》30
皇統七年十一月	殿前左副都點檢完顏宗藩、東上閣門使吳前範	賀宋正旦。	《宋史》30
皇統八年四月	會寧尹蕭秉溫、東上閣門使申奉顏	賀宋生日。	《宋史》30
皇統八年十一月	殿前右副都點檢召守忠、同知宣徽院事劉君詔	賀宋正旦。	《宋史》30
皇統九年四月	殿前左副都點檢唐括德溫、四方館史高居安	賀宋生日。	《宋史》30
天德元年十二月	殿前右副都點檢完顏珗、東上閣門使劉箴	賀宋正旦。	《宋史》30 《神麓記》
天德二年正月	不詳	以海陵名諱告諭宋。	《金史》60
天德二年正月	侍衛親軍步軍都指揮使完顏思恭、翰林直學士翟永固為報諭宋國使。	告海陵王即位。	《金史》60 《宋史》30
天德二年二月	兵部尚書完顏元宜、修起居注高懷貞	賀宋生日。（五月至宋。又《宋史》記「元宜」為「思恭」。）	《金史》60 《宋史》30
天德二年十二月	秘書監左諫議大夫蕭頤、翰林待制王競	賀宋正旦。	《宋史》30
天德三年三月	翰林學士中奉大夫劉長言、少府監耶律五哥	賀宋生日。（五月至宋）	《金史》60 《宋史》30
天德三年十月	右副都檢不尤魯阿海、翰林侍講學士蕭永祺	賀宋正旦。（十二月至宋。又《宋史》記「不尤魯阿海」為「兀尤魯定方」。）	《金史》60 《宋史》30

天德四年三月	刑部尚書田秀穎、東上閤門使大斌	賀宋生日。（五月至宋）	《金史》60 《宋史》30
天德四年十月	汴京路都轉運使左瀛、左司郎中溫都斡帶	賀宋正旦。（本爲太子詹事張用直出任，後用直卒，十二月改遣左瀛代之。又《宋史》記金使爲「張利用」。）	《金史》60 《宋史》30
貞元元年四月	右宣徽使紇石烈撒合輦、廣威將軍兵部郎中蕭簡	賀宋生日。（五月至宋。又《宋史》記「紇石烈撒合輦」爲「紇石烈大雅」。）	《金史》60 《宋史》31
貞元元年十一月	戶部尚書蔡松年、右司郎中夔室	賀宋正旦。（十二月至宋）	《金史》60 《宋史》31
貞元二年四月	工部侍郎耶律安禮、吏部侍郎許霖	賀宋生日。（五月至宋）	《金史》60 《宋史》31
貞元二年十月	刑部侍郎白彥恭、翰林待制胡礪	賀宋正旦。（十二月至宋）	《金史》60 《宋史》31
貞元三年三月	左司郎中李通、同知南京路都轉運司事耶律隆	賀宋生日。（五月至宋）	《金史》60 《宋史》31
貞元三年十月	翰林學士承旨耶律歸一、大理少卿馬諷	賀宋正旦。（十二月至宋。又《要錄》中記「馬諷」爲「馬楓」，由於《要錄》記馬楓時爲大理少卿，與《金史》馬諷本傳合，故以馬諷登錄表中。）	《金史》60 《宋史》31 《要錄》170
正隆元年三月	左宣徽使敬嗣暉、大理卿蕭中立	賀宋生日。（五月至宋）	《金史》60 《宋史》31
正隆元年十一月	左司郎中梁銶、左將軍耶律湛	賀宋正旦。（十二月至宋。又《宋史》記「梁銶」爲「梁」）	《金史》60 《宋史》31
正隆二年三月	禮部尚書耶律守素、刑部侍郎許宏	賀宋生日。（五月至宋）	《金史》60 《宋史》31
正隆二年十一月	侍衛親軍馬步軍副都指揮史高助不古、戶部侍郎阿勒根窳產	賀宋正旦。（十二月至宋。又《宋史》記「高助不古」爲「高思廉」）	《金史》60 《宋史》31
正隆三年三月	兵部尚書蕭恭、太府監魏子平	賀宋生日。（五月至宋）	《金史》60 《宋史》31
正隆三年十一月	工部尚書蘇保衡、吏部侍郎阿典和實滿	賀宋正旦。（十二月至宋）	《金史》60 《宋史》31
正隆四年四月	資德大夫秘書監王可道、朝散大夫左司郎中王蔚	賀宋生日。（五月至宋）	《金史》60 《宋史》31
正隆四年十一月	翰林侍講學士施宜生、宿州防禦使耶律闢里剌	賀宋正旦。（十二月至宋）	《金史》60 《宋史》31

正隆四年十二月	左副點檢大懷中、大興少尹褥溫都謙爲宋弔祭使。	弔祭高宗母皇太后韋氏。（韋氏逝於正隆四年九月。弔祭使正隆五年二月至。）	《金史》60 《宋史》31
正隆五年三月	殿前右副都點檢蕭榮、太子右諭德張忠輔	賀宋生日。（五月至宋）	《詳校》5 《宋史》31
正隆五年十一月	濟南尹僕散烏者、翰林直學士韓汝嘉	賀宋正旦。（十二月至宋。又《宋史》記「僕散烏者」爲「僕散權」）	《金史》60 《宋史》31
正隆六年四月	簽書樞密院事高景山、刑部侍郎王全	賀宋生日。（五月至宋）	《金史》60 《宋史》32

表六　金初金朝遣宋使者族屬表（太祖至海陵王時期）

說明：

（一）本表數據得自表四之一之統計。

（二）天會五年至十五年間，由於宋金征戰，金朝不遣使者赴宋，故此時本表不予統計。

（三）「各族參與出使次數」之族屬欄位，欄位名稱之「燕人」表遼系漢人，「南人」表宋系漢人。

（四）天德元年至正隆六年間，漢族使者在資料上已難以區別出身是遼系漢人或宋系漢人，是以多列一欄「漢人」以容納這批僅知爲漢人的使者，但如確知其爲遼系或宋系漢人者，則列入遼系或宋系漢人之欄中。

（五）在判斷使者族屬時，如無明確資料確定，則以其姓氏作判斷根據。

時　　　　間	派遣使者次數	各 族 參 與 出 使 次 數						
		女真	渤海	契丹	燕人	南人	漢人	其他
天輔二年～天輔七年 （1118年～1123年）	10	8	6	1	0	0		1
天會元年～天會四年 （1123年～1126年）	27	7	9	11	16	0		0
天眷元年～皇統九年 （1138年～1148年）	18	13	4	3	15	0		0
天德元年～正隆六年 （1149年～1161年）	27	12	5	13	7	7	8	0
1118～1161年總計	83	40	24	28	38	7	8	1

表七　金初科舉年表（太宗至海陵王年間）

說明：

　　表中「史料出處」一欄專記特別說明當次考試制度與經過之史料，如僅述及當次考試中榜進士之史料則不予備錄，另在表八再加說明。

時　間	魁選（科別）	錄取人數	備　註	史料出處
天會元年 （1123 年）	劉撝（詞賦）〔1〕		又稱「西京榜」。〔2〕	《登科記‧序》，引自《金史詳校》卷 4
天會二年 （1124 年）			又稱「沈州榜」。〔2〕	出處同上
天會三年 （1125 年）			又稱「平州榜」。〔2〕	出處同上
天會元年 至四年間			此四年有「東京榜」、「顯州榜」未知確切開科日期。〔2〕	出處同上
天會四年 （1126 年）			又稱「朔州榜」。〔3〕	出處同上
天會四年 （1126 年） 九月	許必	72 名	又稱「眞定榜」	《癸辛雜識》下 《金史》127 《金文最》43
天會六年 （1128 年） 二月	趙洞（詞賦） 孫九鼎（經義）	北人 400 人應試取 240 名，南人6070 人應試取 570 名，共810 名	又稱「燕山榜」，開始採南北分試。	《會編》98 《要錄》14 《金史》51
天會七年 （1129 年）			又稱「蔚州榜」，開始採三年一試與三級考試制度。	《會編》132、244 《要錄》28
天會十年 （1132 年） 夏	胡礪（詞賦）		又稱「白水泊榜」，此試宗翰命不取中原人	《國志》7 《金史》125
天會十二年 （1134 年）			試題爲「天下不可以馬上治」	《會編》162
天眷元年 （1139 年）	石琚（詞賦） 劉彧（經義）	北選 200 人南選150 人〔4〕	此科南北選各以詞賦、經義取士。	《金史》51、88
皇統二年 （1142 年）	劉仲淵（詞賦） 宋端卿（經義）	北選 100 人南選150 人〔4〕		《金史》51
皇統六年 （1146 年）	孫用康（詞賦）			《金史》51

皇統九年 （1149年）	王彥潛（詞賦） 黃從龍（經義）			《會編》245
天德三年 （1151年）	楊建中（詞賦） 王堪（經義）		始行殿試。	《會編》244 《金史》51
貞元二年 （1154年）	呂忠翰（詞賦）	南北通選後每科約取六、七十名。〔4〕	罷南北選及諸科，始以詞賦、法律取士，詞賦爲正科，法律爲雜科。〔5〕	《會編》244 《金史》51
正隆二年 （1157年）	鄭子聃（詞賦）	73名。		《金史》125
正隆五年	任中傑（詞賦）			《會編》245

【註釋】

〔1〕《金史詳校》卷10稱劉撝爲天會二年詞賦進士第一，未詳其說論據。（頁692）由於劉祁《歸潛志》卷8言：「余高祖南山翁（案：即指劉撝），金國初，闢進士舉，詞賦狀元也。」（頁81）金朝首科創於天會元年，故今仍就《金史》所載，以劉撝爲天會元年詞賦進士第一。又撝爲西京路渾源人，以里籍故當爲西京榜出身，故推西京榜當爲天會元年舉辦。

〔2〕天會初年諸科考試時間之推測可參考都智興〈金代的科舉制度〉，頁385（收錄於張博泉等著《金史論稿》第二卷）的討論。然而關於瀋州榜、平州榜的舉辦時間，都智興以《中州集》卷八記載邢具瞻「遼西人，天會二年進士」，認爲遼西人當入瀋州榜，故確認瀋州榜當爲天會二年舉行。而又因爲《金史》卷128記「劉敏行，平州人，登天會三年進士」，故亦確認天會三年當爲平州榜舉辦之時。但金人魏道明在《明秀集》卷二〈雪晴過邢嵓夫用舊韻〉中註解邢具瞻之平生時，卻說明邢爲「天會二年平州榜及進士第」（頁12）。如魏道明所言爲確，都氏對平州、瀋州兩試舉辦時間的說明便有斟酌的空間。但此處仍以都興智研究結果爲製表依據。

〔3〕朔州在宋朝太原府境內，天會三年十二月爲宗翰所攻下，故可能考試時間應在天會四年。

〔4〕《金史》卷51〈選舉志一〉載世宗時李晏之言道：「國朝設科，始分南北兩選，北選詞賦進士擢第一百五十人，經義五十人，南選百五十人，計三百五十人。嗣場，北選詞賦進士七十人，經義三十人，南選百五十人，計二百五十人。……其後南北通選，止設詞賦科，不過取六七十人。」（頁1136）其中都智興以爲上述首科當爲天眷二年之試，「嗣場」則爲皇統二年之試。見都智興〈金代的科舉制度〉，頁398。

〔5〕《金史》卷51〈選舉志一〉雖言天德三年「併南北選爲一，罷經義策試兩科，專以詞賦取士。」（頁1135）但事實上天德三年仍見南北選之分，故天會三年僅爲宣佈併南北選，眞正施行時間是貞元二年。（詳細論證參見都智興〈金代的科舉制度〉，頁388。）

表八　金初進士榜（太宗至海陵王時期）

說明：

（一）表中進士以中榜時間排序。

（二）「史料出處」一欄中，《會編》即指《三朝北盟會編》，《遺山集》即指《遺山先生集》。

姓　名	籍　貫	生卒年	考試時間	考試科別與名次	史料出處	備　註
劉撝	西京渾源		天會元年（西京榜）	詞賦進士第一	《歸潛志》8	劉祁高祖
李安上	弘州襄陰		天會元年		《金史》126	李純甫祖
邢具瞻	利州龍山		天會二年（濬州榜）		《中州集》8《明秀集》2	
王繪	濟南		天會二年		《中州集》8	
劉敏行	平州		天會三年（平州榜）		《金史》126	
許必	不詳		天會四年（眞定榜）		《金史》127	
孫九鼎	忻州定襄		天會六年（燕山榜）	經義進士第一	《中州集》2	九疇、九億兄
趙洞	不詳		同上	詞賦進士第一	《會編》224	〔1〕
孫九疇	忻州定襄		同上	經義進士	《中州集》2	九鼎弟
孫九億	忻州定襄		同上	經義進士	《中州集》2	九鼎弟
翟永固	中都良鄉		同上	詞賦進士	《金史》89	
王仲通	長慶		同上		《中州集》8	
高鳳廷	東營安化		同上		《明秀集》1	
任才珍	汾陽		同上		《遺山集》29	
胡礪	磁州		天會十年（白水泊榜）	詞賦進士第一	《金史》125	〔2〕
高昌福	中都宛平		同上		《金史》128	
邊元勳	豐州		同上		《中州集》2	
李天吉	燕人		同上		《會編》245	
蘇仲文	眞定		同上		《遺山集》24	
石琚	定州	1111～1182	天眷二年	詞賦進士第一	《金史》88	
劉彧	安陽		同上	經義進士第一	《中州集》2	
晁會	高平		同上	經義進士	《中州集》8	〔3〕
劉徽柔	大興安次		同上		《金史》90	

楊邦基	華陰	？～1181	同上		《金史》90	〔4〕
敬嗣暉	易州	？～1170	同上		《金史》91	
李偲	定州安喜		同上		《金史》92	
劉樞	通州三河	？～1164	同上		《金史》105	
梁肅	奉聖州	？～1188	同上		《金史》89	
王璲	太原		同上		《中州集》8	
史激	榮澤		同上		《中州集》9	
賈少沖	通州		同上		《金史》90	
盧孝儉	宣德州		同上		《金史》92	
梁球	廣寧府		同上		《會編》245	
馬倬	燕人		同上		《會編》245	
張汝爲	遼陽		同上		《會編》245	
畢逢吉	瀋州		同上		《會編》245	
任侗	燕人		同上		《會編》245	
田穀	廣寧府		同上		《會編》245	兄
馮仲尹	大定		同上		《遺山集》19	〔5〕
劉仲淵	燕人		皇統二年	詞賦進士第一	《會編》245	
宋端卿	不詳		同上	經義進士第一	《會編》245	
朱自牧	棣州厭次		同上	經義進士	《中州集》1	
韓汝嘉	大興宛平		同上	詞賦進士	《中州集》8	昉子
張景仁	廣寧府		同上	詞賦進士	《會編》245	
馬柔德	廣寧府		同上	詞賦進士	《會編》245	子百祿
王今	黃龍府		同上	詞賦進士	《會編》245	
牛德昌	蔚州定安		同上		《金史》128	
丁暐仁	大興宛平	？～1181	同上		《金史》90	
程輝	蔚州靈仙	1114～1196	同上		《金史》95	
王蔚	香河		同上		《金史》95	
王脩	涿州	1133～1207	同上		《金史》105	
楊伯雄	眞定藁城		同上		《金史》105	伯仁兄
孫用康	燕人		皇統六年	詞賦進士第一	《會編》245	
張恭	廣寧府		同上	詞賦進士第二	《會編》245	
張錫	燕人		同上	詞賦進士	《會編》245	

郭長倩	文登		同上	經義進士乙科	《金史》125	
李晏	澤州高平	1123～1197	同上	經義進士	《金史》96	
張亨	大興潞陰	1125～1202	同上		《金史》97	
王彥潛	不詳		皇統九年	詞賦進士第一	《會編》245	
黃從龍	山東密州		同上	經義進士第一	《會編》245	
董師中	洺州	1129～1202	同上		《金史》95	
楊伯仁	真定藁城	？～1184	同上		《金史》125	
王琓	太原		同上		《中州集》8	珣兄
王珣	太原		同上		《中州集》8	琓弟
楊建中	不詳		天德三年	詞賦進士第一	《會編》245	
王堪	棣州		同上	經義進士第一	《會編》245	
劉璣	益都臨朐	1116～1197	同上	詞賦進士上甲及第	《金史》97《會編》245	〔6〕
王元節	弘州		同上	詞賦進士	《金史》126	
楊幡	中京		同上	詞賦進士	《會編》245	
任侗	燕人		同上	詞賦進士	《會編》245	侗子
孔固	曲阜		同上	經義進士	《會編》245	
賀揚庭	曹州濟陰		同上	經義進士	《金史》97	
劉瞻	亳州		同上	經義進士	《中州集》2	
劉汲	渾源		同上		《中州集》2	撝子
蔡珪	真定	～1174	同上		《金史》125	松年子
邊元鼎	豐州		同上		《中州集》2	
王寂	薊州玉田		同上		《中州集》2	
喬扆	洪洞		同上		《中州集》2	
宋楫	濟州長子		同上		《中州集》8	
馬惠迪	大興潞陰		同上		《金史》95	
張大節	代州五臺	1121～1200	同上		《金史》97	
鄧儼	懿州宜民		同上		《金史》97	
陳克基	臨晉人		同上		《山西通志》	〔7〕
呂忠翰	燕人		貞元二年	詞賦進士第一	《會編》245	
趙可	高平		同上		《金史》125	
鄭子聃	大定府	1126～1180	正隆二年	詞賦進士第一	《金史》125	〔8〕
張萬公	定州安喜		同上		《金史》95	

康元弼	大同雲中	？～1198	同上		《金史》97	
任詢	易州軍市		同上		《金史》125	
郝俁	太原		同上		《中州集》2	
馮子翼	大定府		同上		《中州集》2	
劉仲尹	蓋州		同上		《中州集》3	
王啓	大興		同上		《中州集》8	
高公振	不詳		同上		《中州集》8	
褚席珍	眞定		同上		《金史》127	承亮子
任忠傑	西天戎縣		正隆五年	詞賦進士第一	《會編》245	
左貽慶	薊州		同上		《金史》75	企弓孫
馬琪	大興寶坻		同上		《金史》95	
李愈	絳州正平	1135～1206	同上		《金史》96	
路伯達	冀州		同上		《金史》96	
張暐	莒州日照	？～1216	同上		《金史》106	子行簡、行信
宋辰	中都宛平		同上		《金史》121	
閻時昇	濟南長清		同上		《中州集》9	
王遵古	蓋州熊岳		同上		《中州集》3	子庭筠

【註釋】

〔1〕張棣《金虜圖經》記孫九鼎、趙洞爲天會十年揀選，疑誤。見《三朝北盟會編》卷244，頁6。

〔2〕胡礪本爲宋士，但爲韓昉置於門下，遂冒籍北人赴試，中天會十年詞賦進士第一。

〔3〕曾任宋朝太子洗馬一職。

〔4〕楊邦基，《中州集》卷8記爲大定中進士。然《金史》卷90與《明秀集》卷二之魏道明註解均言其爲天眷進士，故《中州集》應誤。今從《明秀集》與《金史》本傳。

〔5〕馮仲尹，《遺山先生集》卷19〈內翰馮公神道碑銘〉言其「天眷初，以進士起家……」（頁5），而天眷年間僅二年有試，故以之爲天眷二年進士。

〔6〕劉璣，《會編》卷245（中記爲「劉機」）言其出身「初年被虜在葛王家（案：葛王即金世宗），葛王父潞王放從良，應舉狀元楊建中榜上甲及第」，其雖爲宋系漢士（益都府在今山東），但似以世宗庇護，冒籍北人參試詞賦科。

〔7〕此條據姚奠中等編《元好問全集》卷31〈故規措使陳君墓誌銘〉，頁723。

〔8〕鄭子聃，本爲天德三年第一甲第三人，但慊不得第一甲第一人，正隆二年海陵遂命其同當年會試中第舉人雜試，果中第一。參見《金史》本傳。

徵引書目

（一）史　料

1. 《景汲古閣鈔宋金詞七種》（台北：華正書局，1974 年）。
2. 元好問《續夷堅志》（常振國點校，北京：中華書局，1986 年）。
3. 元好問《遺山先生集》（「九金人集」石蓮盦彙刻本，台北：成文出版社，1967 年）。
4. 元好問編著《中州集》（汲古閣本，台北：臺灣商務印書館，1973 年）。
5. 文惟簡《虜廷事實》（説郛本，《中國野史集成》第 10 冊，成都：巴蜀書社，1993 年）。
6. 王明清《揮麈錄》（文淵閣本，上海：上海古籍出版社，1991 年）。
7. 王寂《拙軒集》（「九金人集」石蓮盦彙刻本，台北：成文出版社，1967 年）。
8. 王鶚《汝南遺事》（知不足齋叢書本，《中國野史集成》第 10 冊，成都：巴蜀書社，1993 年）。
9. 宇文懋昭撰，崔文印校證《大金國志校證》（北京：中華書局，1986 年）。
10. 佚名《大金弔伐錄》（守山閣叢書本，《中國野史集成》第 10 冊，成都：巴蜀書社，1993 年）。
11. 佚名《呻吟語》（己卯叢編本，《靖康稗史七種》，台北：文海出版社，未見出版日期）。
12. 李天民《南征錄彙》（己卯叢編本，《中國野史集成》第 10 冊，成都：巴蜀書社，1993 年）。
13. 李心傳《建炎以來朝野雜記》（台北：文海出版社，未見出版日期）。
14. 李心傳《建炎以來繫年要錄》（點校本，北京：中華書局，1988 年）。

15. 李澍田主編《金史輯佚》（長春：吉林文史出版社，1990 年）。

16. 周密《癸辛雜識》（文淵閣本，上海：上海古籍出版社，1991 年）。

17. 周密《齊東野語校注》（朱菊如等校注，上海：華東師範大學出版社，1987 年）。

18. 姚奠中主編《元好問全集》（太原：山西人民出版社，1990 年）。

19. 施德操《北窗炙輠錄》（文淵閣本，上海：上海古籍出版社，1991 年）。

20. 洪晧《松漠紀聞》（學津討原本，《中國野史集成》第 10 冊，成都：巴蜀書社，1993 年）。

21. 范成大《攬轡錄》（知不足齋叢書本，《南宋國信語錄四種》，台北：文海出版社，未見出版日期）。

22. 韋承《甕中人語》（己卯叢編本，《靖康稗史七種》，台北：文海出版社，未見出版日期）。

23. 唐圭璋編《全金元詞》（北京：中華書局，1992 年）。

24. 徐夢莘《三朝北盟會編》（光緒四年袁祖安活字排印本，台北：文海出版社，1977 年）。

25. 張金吾輯《金文最》（點校本，北京：中華書局，1990 年）。

26. 張端義《貴耳集》（點校本，台北：木鐸出版社，1982 年）。

27. 脫脫《宋史》（點校本，北京：中華書局，1990 年）。

28. 脫脫《金史》（點校本，北京：中華書局，1975 年）。

29. 脫脫《遼史》，點校本（北京：中華書局，1991 年）。

30. 莊仲方輯《金文雅》（江蘇書局刻本，台北：成文書局，1967 年）。

31. 陳衍《金詩紀事》（台北：鼎文書局，1971 年）。

32. 陳述編《全遼文》（北京：中華書局，1982 年）。

33. 陳準《北風揚沙錄》（說郛本，《中國野史集成》第 10 冊，成都：巴蜀書社，1993 年）。

34. 陸游《家世舊聞》（孔凡禮點校，北京：中華書局，1993 年）。

35. 曾敏行《獨醒雜志》（文淵閣本，上海：上海古籍出版社，1991 年）。

36. 楊堯弼《偽齊錄》（藕香拾零本，《中國野史集成》第 6 冊，成都：巴蜀書社，1993 年）。

37. 劉祁《歸潛志》（崔文印點校，北京：中華書局，1983 年）。

38. 蔡松年《明秀集》（「九金人集」石蓮盦彙刻本，台北：成文出版社，1967 年）。

39. 薛瑞兆、郭明志編纂《全金詩》（天津：南開大學出版社，1995 年）。

40. 鍾邦直《宣和乙巳奉使金國行程錄》（知不足齋叢書本，收錄於《靖康稗

史七種》，台北：文海出版社，未見出版日期）。

（二）專　書（按姓名筆畫排列）

1. 么書儀《元代文人心態》（北京：文化藝術出版社，1993 年）。

2. 王明珂《華夏邊緣》（台北：允晨文化，1997 年）。

3. 王明蓀《宋遼金史論文稿》（台北：明文書局，1981 年）。

4. 王明蓀《元代的士人與政治》（台北：學生書局，1992 年）。

5. 朱希祖《朱希祖先生文集》（台北：里仁書局，1979 年）。

6. 何冠彪《生與死：明季士大夫的抉擇》（台北：聯經出版事業公司，1997 年）。

7. 姚從吾《東北史論叢》（台北：正中書局，1959 年）。

8. 姚從吾《姚從吾先生全集》（台北：正中書局，1971 年）。

9. 胡幼峰《金詩研究》（台北：嘉新水泥公司文化基金會，1978 年）。

10. 陶晉生《邊疆史研究集──宋金時期》（台北：臺灣商務印書館，1972 年）。

11. 陶晉生《女眞史論》（台北：食貨月刊出版社，1981 年）。

12. 張博泉等著《金史論稿》（長春：吉林文史出版社，1992 年）。

13. 黃寬重《南宋時代抗金的義軍》（台北：聯經出版事業公司，1988 年）。

14. 詹杭倫《金代文學史》（台北：貫雅文化，1993 年）。

15. 王夫之《宋論》（點校本，台北：里仁書局，1985 年）。

16. 李有棠《金史記事本末》（點校本，台北：里仁書局，1982 年）。

17. 施國祁《金史詳校》（叢書集成初編本，北京：中華書局，1991 年）。

18. 畢沅《續資治通鑑》（點校本，北京：中華書局，1988 年）。

19. 楊循吉《金小史》（遼海叢書本，《中國野史集成》第 10 冊，成都：巴蜀書社，1993 年）。

20. 趙翼《廿二史劄記》（點校本，台北：王記書坊，1984 年）。

21. 錢大昕《廿二史考異》（台北：樂天出版社，1971 年）。

22. 外山軍治撰，李東源譯《金朝史研究》（牡丹江：黑龍江朝鮮民族出版社，1988 年）。

（三）期刊論文（按姓名筆畫排列）

1. 王可賓〈社會變革時期的女眞心態特點〉，《遼金史論集》第 5 輯（北京：文津出版社，1991 年），頁 225～236。

2. 王宏志〈略論金進入中原後的政策轉變〉，《遼金史論集》第 3 輯（北京：書目文獻出版社，1987 年），頁 243～260。

3. 何俊哲〈論十二世紀初年燕京地區官僚豪強在宋、遼、金角逐中的作用〉，

《遼金史論集》第五輯（北京：文津出版社，1991 年），頁 255～269。

4. 李天鳴〈宋金聯合攻遼燕京之役——燕山之役〉,《第二屆宋史學術研討會論文集》（台北：中國文化大學史學研究所史學系，1996 年），頁 283～305。

5. 李涵〈金初漢地樞密院初探〉,《遼金史論集》第 4 輯（北京：書目文獻出版社，1989 年），頁 180～195。

6. 和希格〈從皇統黨獄始末看金朝政治〉,《內蒙古大學學報（哲社版）。》1996 年第 2 期，頁 16～20。

7. 都興智〈金初女眞人與遼宋儒士〉,《遼寧師範大學學報（社科版）。》1991 年 6 期，頁 70～75。

8. 陶晉生〈金代的中國知識份子〉,《中央研究院國際漢學會議論文集：歷史考古組》（台北：中央研究院，1981 年），頁 981～994。

9. 陶晉生〈金代的用人政策〉,《食貨月刊》復刊第 8 卷 11 期（1979 年），頁 47～57。

10. 陶晉生〈金代的政治結構〉,《中央研究院歷史語言研究所集刊》第 41 本 4 分（1969 年），頁 567～593。

11. 陶晉生〈金代的政治衝突〉,《中央研究院歷史語言研究所集刊》第 43 本 1 分（1971 年），頁 135～161。

12. 陶晉生〈金代政權合法地位的建立〉,《中國歷史論文集》（臺北：臺灣商務印書館，1986 年），頁 519～531。

13. 渡邊紘良〈南宋初的招安政策——以范汝爲爲例〉,《國際宋史研討會論文選集》（保定：河北大學出版社，1992 年），頁 532～542。

14. 傅百臣〈女眞法與金朝法制〉,《遼金史論集》第 8 輯（長春：吉林文史出版社，1994 年），頁 239～251。

15. 舒焚〈金初女眞族知識份子群〉,《北方文物》1986 年 1 期，頁 53～59。

16. 舒焚〈金初無傳文臣考〉,《遼金史論集》第 9 輯（鄭州：中州古籍出版社，1995 年），頁 313～323。

17. 楊家駱〈新補金史藝文志〉,《金史》（國防研究院新刊本，台北：國防研究院，1970 年），第 2 冊。

18. 趙冬暉〈金代科舉制度研究〉,《遼金史論集》第 4 輯（北京：書目文獻出版社，1984 年），頁 212～235。

19. 齊心〈略論韓昉〉,《遼金史論集》第 3 輯（北京：書目文獻出版社，1987 年），頁 220～227。

20. 劉浦江〈金朝的民族政策與民族歧視〉,《歷史研究》1996 年第 3 期，頁 54～69。

附錄：金代漢族士人的地域分布
——以政治參與爲中心的考察

一、前　言

　　自女眞人 1115 年建立金朝後，金宋分據局勢迅速形成。整體而言，1127 年至 1234 年，雙方大致以淮河、秦嶺爲界。此一局勢不但南北切割了漢人的傳統生活空間，也影響了華北社會原有的發展脈絡。在中國社會的諸多發展脈絡中，士人的地域分布長期是學界研究的焦點，然而此時的華北，相關課題卻缺乏細部討論。〔註 1〕本文將從現存資料與所見的學界成果，試著重建金代漢族士人的地域分布。又因統計材料以進士爲主，本文便將論述範圍置於當代環境對各地漢士政治參與的影響，探討不同地域漢士的政治參與程度及規模。

　　本文分析以漢人爲限，以進士爲樣本骨幹，也利用「士人」與世宗以後的漢族宰執等兩種人物補助討論。這三類人物多有重疊，身份分化的指標則在政治成就。由於世宗之後的漢族宰執多爲進士，進士出身者多被視爲士人菁英，因此他們的分布狀況同時也是金代漢士政治成就的地域分布差異。

　　關於取樣人物的資格認定，進士方面，本文將以詞賦、經義兩科進士爲

〔註 1〕　金代華北士人地域分布，目前僅見任萬平，〈論金代文化區域結構〉，《遼金史論集》第 5 輯（北京：文津出版社，1991），頁 237～254 之研究。以進士爲主的近世人才地域分布研究概況，詳見蕭啓慶師，〈元朝南人進士分布與近世區域人才升沉〉，頁 572～573，文收蕭啓慶主編《蒙元的歷史與文化》（臺北：臺灣學生書局，2001 年），頁 571～615。

對象。金代科舉，可分進士考試、舉人考試與制舉宏詞科三類，其中進士考試包含了詞賦、經義、策論等三科，由於策論科僅供女眞人參試，因此本文排除討論。〔註2〕由於漢人的進士科考試最初的執行乃是征服策略之一環，因此當天會元年（1123）佔領了遼朝漢人群聚的燕雲地區後，金朝便開始興辦。其發展可分三期，一是天會元年至天會十二年（1134）間的「便宜行事」時期，此時的試期、取人數量、考試程序均無定制。二是天眷二年至天德三年（1151）年間的「區域配額」時期，此時以遼宋舊境爲準，劃全國爲兩大區域辦理科舉，兩區均爲三年一試，試期一致，但是考試科目與取人數量各有規定。〔註3〕三是貞元二年（1154）至金亡的「自由競爭」時期，此時不再分別地域，遼宋漢人均在同一考試制度中參試；所有參試者須通過鄉試（以縣爲單位，明昌元年後廢除）、府試（以路爲單位）、會試、御試等關卡。金朝並無解額規定，因此理論上會出現某路在某年考試中無人獲取進士的現象；又殿試亦有黜落，進士資格只授與殿試合格者。據筆者估計，1139年後金朝約錄取4160名進士。〔註4〕另外，雖然區域配額制的實行，似使當時的進士錄取數量不能完全反應各地「合理」的進士產出狀況，但因配額其實亦是當代政治條件對各地人物活動的影響因素之一，因此以下金朝全期各地發展的討論中，區域配額制的執行將被視爲「合理」的影響因素。

宰執方面，則以正式授任的左右丞相、平章政事、尚書左右丞、參知政事等四類職務官員爲對象，以他官「權」宰執者則不選取。〔註5〕由於宰執與

〔註2〕 金朝並非始終均以三科試進士。金朝的進士科分科，天會十二年以前頗爲複雜混亂；天眷二年後則以詞賦科試宋人、經義科試遼人；貞元二年後合兩科爲一，專以詞賦科內容爲試，取消詞賦、經義之名；大定二十八年後重立經義科，舊制改名詞賦科，此後兩科並存直至金亡。

〔註3〕 「區域配額」（regional quotas）與「區域自由競爭」（free interregional competition）兩詞，乃 Edward. A. Kracke（柯睿格）用以分類唐宋時期科舉制度之不依地域限定名額，及元明清三代之分別地域限定名額等兩種錄取方式。參見 Edward A. Kracke, "Region, Family and Individual in the Chinese Examination System" in John K. Fairbank（費正清） ed., Chinese Thought and Institutions. Chicago: University of Chicago Press, 1967. pp.251～268. 中譯見劉紉尼譯〈中國考試制度裏的區域、家族與個人〉，文收段昌國、劉紉尼、張永堂譯，《中國思想與制度論集》（臺北：聯經出版事業公司，1976），頁293～318。

〔註4〕 以上科舉發展與相關程序細節，參見筆者《征服王朝下的士人——金代漢族士人的政治、社會、文化論析》（新竹：國立清華大學博士論文，2007年），第二章第二節。

〔註5〕 金人習將左右丞相、平章政事合稱「宰相」，將尚書左右丞、參知政事合稱「執

進士的身份認定明確，故均是開放收錄，並未侷限於特定史料。

　　「士人」部分，由於身份認定標準模糊，本文以限定史源的方式統計，而以《中州集》爲範圍。〔註6〕此書是元好問（1190～1257）用以收錄金代傑出詩作的總集，書成於金亡以後，集中繫詩於人，每人均附小傳，約以年代排序，乃是研究金代文學史與士人生平極重要的資料之一。雖然僅錄251名，且均詩人，但除卷首的允恭太子（即顯宗）與章宗外，此書所收人物均是當時觀念中的「士人」，於是人物身份可專以金人認定爲準而較能符合當代歷史情境。〔註7〕相較之下，其餘現存金人傳記資料常收錄許多身份不易判別的「邊緣型人物」，如《歸潛志》，卷六以前之體例乃是人物小傳，所收雖以文人爲主，但卻仍有部分難能以士人視之之人物。〔註8〕這種收錄情形，亦見於近人彙編的金代文學總集，如《全遼金文》、《全金詩》、《全金元詞》等，所收亦含道士、僧侶、乃至於其他難以定論者。〔註9〕因爲《中州集》少見此類人物且剔除容易，基於不妄斷言與取樣完整，遂成較佳選擇。〔註10〕也同時，即便人數數量較少，卻仍有抽樣統計的效果。〔註11〕

　　關於地域分區，本文將完全以《金史》〈地理志〉之行政劃分爲依據，不

政官」，宰相與執政則合稱爲「宰執」，參見〔金〕元好問著，〈平章政事壽國張文貞公神道碑〉，姚奠中主編，《元好問全集》（點校本，太原：山西人民出版社，1990）卷16，頁463。宰執乃是金代政府的最高官員。

〔註6〕　本文《中州集》乃採汲古閣本（臺北：臺灣商務印書館，1973）。

〔註7〕　只是亦不可否認，士人未必等同於詩人，以《中州集》爲樣本或將排除不能詩的士人。但是，由於金朝士人極爲重視詩歌創作，詩亦爲科舉所試之四種文體之一（其三分爲賦、策、論），這種現象或使士人與詩人的身份呈現高度重疊。關於詩的地位，參見筆者《征服王朝下的士人──金代漢族士人的政治、社會、文化論析》第五章第二節。

〔註8〕　如張子和、德普、圓基。諸人事蹟參見〔金〕劉祁，《歸潛志》（崔文印點校，北京：中華書局，1997），卷6，頁65～67。

〔註9〕　唐圭璋編，《全金元詞》（北京：中華書局，1992）；薛瑞兆、郭明志編纂，《全金詩》（天津：南開大學出版社，1995）；閻鳳梧主編，《全遼金文》（太原：山西古籍出版社，2002）。

〔註10〕　本文討論時，便剔除了卷首之顯宗與章宗。

〔註11〕　另外，亦需考量是否會因爲編者的個人因素而使誤差擴大。不過元好問雖爲河東南路忻州人，但因《中州集》最初之編撰乃以中都路易州人魏道明所編之《國朝百家詩略》爲底本，在元魏兩人的交叉篩選下，或許相當程度減低了編者之地域偏好。《中州集》編撰過程，見胡傳志〈《中州集》的編纂過程和編纂體例〉，《山西大學學報（哲學社會科學版）》，1994年2月（1994年5月）：50～54。

另細考州縣轄屬調整。如曹州，〈地理志〉雖繫於山東西路，但在泰和八年（1208）前實原屬南京路。〔註12〕本文則將曹州士人一律置入山東西路。此〈地理志〉所記，據劉浦江考證，當爲泰和八年之行政建置。〔註13〕在建制中，金朝疆域被劃爲19處一級行政單位，包括五京與十四總管府路，以下共轄30處總管府與散府，44處節度州，21處防禦州、90處刺史州等185處二級單位。〔註14〕

　　在19處一級行政單位之上，本文再依學界與金人習慣歸納出六大區域，分別是河北地區，包括中都、大名府、河北東、西等四路；河南地區，即指南京路；山西地區，包括西京、河東北、南等三路；山東地區，包括山東東、西等兩路；陝甘地區，包括京兆府、鳳翔、慶原、鄜延、臨洮等五路；滿蒙地區，包括上京、北京、東京、咸平等四路。〔註15〕不過，這六大區域雖然沿用現今中國地名習稱，但是各區域的涵蓋範圍卻與今日理解有異。例如本文所稱之山東地區其實尚含今日蘇北一帶，河南地區則含皖北，山西地區則因西京路之故而涵蓋內蒙中部。由於六大區域的歸納以金朝行政區域劃分爲基準，此劃分自有當時各種政治、交通等人文條件的背景，基於討論方便與回歸金代時空的設想，本文便不再以今日中國的行政劃分修正。

　　最後，就漢士入仕情形來看，海陵世宗之際金朝政權由草創而穩定，入仕狀況漸趨正常；章宗衛紹之際則是蒙古大舉南下，中原開始長期紛擾而導致華北士人游離於各政權間的關鍵期，因此筆者將金代區分爲前、中、晚三

〔註12〕〔元〕脫脫，《金史》（點校本，北京：中華書局，1975），卷25〈地理中〉，頁617。

〔註13〕劉浦江〈金代戶口研究〉，頁165～166，文收氏著，《遼金史論》（瀋陽：遼寧大學出版社，1999），頁154～176。

〔註14〕此一數目爲筆者根據《金史・地理志》各路敘述加總所得，此數與卷24〈地理上〉，頁549～550所言不同。對此，錢大昕以爲後者數據當是來自大定以前，「故各路總計之數不能盡合」，見氏著《廿二史考異》，卷84，頁1376，書收《錢大昕讀書筆記廿九種》（臺北：鼎文書局，1979）。不過錢氏所言之明昌年間金朝京府州當爲184處，與筆者計算有異，在此姑以筆者計算爲準。

〔註15〕關於六大區域的名稱與地域劃分，在近人研究方面，韓茂莉在《遼金農業地理》（北京：社會科學文獻出版社，1999）一書中便以此六大區域分述金代的農業生產，只是韓茂莉稱滿蒙地區爲「本土」。另外，滿蒙地區尚有蒲與路、合懶（曷懶）路、速頻（恤品）路、胡里改路、曷蘇館路、婆速府路等節度使路（萬戶路），學界一般認爲其地位約當州級政區，其中蒲與路、合懶（曷懶）路、速頻（恤品）路、胡里改路等四路或轄於上京路，曷蘇館路、婆速府路或轄於東京路。本文襲此說法。

期，以觀察各地各期的發展。此三期將以君主在位時間爲斷限，前期爲太宗、熙宗、海陵王三朝（1123～1160，共 38 年），中期爲世宗、章宗兩朝（1161～1208，共 48 年），晚期爲衛紹王、宣宗、哀宗三朝（1209～1234，共 26 年）。

二、漢士政治成就的地域分布狀態

首先，我們將整理金朝各地士人在不同時期的政治參與規模及程度，而先從進士分布狀況分析。

金代進士分布狀況，過去曾見陶晉生與都興智的研究。〔註 16〕不過陶氏研究旨在分析遼宋舊境出身之漢士在金朝政壇中的勢力消長，並未細分區域討論。都氏則曾以所收 238 名進士分析各路的進士地域分布情形，但因討論篇幅過少，尙多意猶未盡之處。在此則以較大樣本規模細部論述。目前筆者已收進士 1135 名，扣除 63 名已知之非漢族進士，則收有 1072 名漢族進士。這 1072 名進士，其地域分布參見表一：

表一：金代十九路各期進士地域分布

地區	路		首科進士	前期	中期	晚期	不明	總數	1200
河北	大名府路		1173 孫鐸	0	9	1	8	18	2
	中都路			42	44	14	47	147	5
		中都路 A	1125 劉敏行	40	39	11	44	134	5
		中都路 B	天會間高某	2	5	3	3	13	0
	河北西路		1128 李範	25	58	39	43	165	4
	河北東路		1149 王彥潛	2	10	7	8	27	0
河南	南京路		1151 劉瞻	2	49	13	2	66	2
山西	西京路		1123 李安上	26	19	11	9	65	1
	河東北路		1128 孫九鼎	14	20	14	68	116	1
	河東南路		1128 麻思誠	38	92	28	51	209	10
山東	山東西路		天會間趙慤	4	20	8	8	40	2
	山東東路		1124 王繪	10	10	5	5	30	2

〔註16〕陶晉生，〈金代的政治衝突〉，《中研院史語所集刊》，43.1（1971 年 6 月）：135～161；都興智〈金代的科舉制度〉，頁 421～422，文收張博泉等著，《金史論稿》第二卷（長春：吉林大學出版社，1992），頁 384～430。

陝甘	京兆府路	1139 楊邦基	4	25	16	29	74	0
	鳳翔路	1160 任忠傑	1	3	0	1	5	0
	鄜延路	1227 史學	0	0	1	3	4	0
	慶原路	1197 李節	0	2	1	1	4	0
	臨洮路	無	0	0	0	0	0	0
滿蒙	上京路	1142 王今	1	1	1	1	4	0
	北京路	1139 田穀	9	7	1	4	21	1
	東京路	天會間康斌	3	5	3	2	13	0
	咸平路	1182 路枕	0	2	0	1	3	0
	不明	1124 邢具瞻	1	0	0	0	1	0
不明籍貫		1126 許必	10	9	12	29	60	0
總　計			192	385	175	320	1072	30

　　表一中，「首科進士」一欄乃是已見各路首次及第的榜次與進士姓名。再者，為求觀察遼宋舊地漢士在金登科情形，因為中都路兼含遼宋舊地，便再依遼宋舊界區隔中都路為 A、B 兩區，A 區為舊遼統治區域，B 區為舊宋統治區域。第三，表末另再附繫「1200」一欄，乃是承安五年（1200）經義進士的地域分布。〔註 17〕雖然該榜僅是單科且不含詞賦，但因乃是金朝唯一的完整榜單，故可用之對校筆者所收之進士的地域分布合理性。

　　根據上表，再繼續整理金代六大區域的各期進士及第狀況：

表二：金代六大區域各期進士地域分布

地區	前期		中期		晚期		不明榜次		進士總數		1200 年	
	人數	比率	人數	比率	人數	比率	人數	比率	人數	比率	人數	比率
河北	69	35.9	121	31.4	61	34.9	106	33.1	357	33.3	11	36.7

〔註17〕　榜單參見〔金〕李俊民，〈題登科記後〉，《莊靖集》（《九金人集》，臺北：成文出版社，1967），卷 8，頁 18a～20a。又該文亦載於張金吾輯，《金文最》（點校本，北京：中華書局，1990），卷 48，頁 701～704，唯標題作〈承安登科記跋〉。榜單中原有 33 名，但石抹世勣（咸平路酌赤列猛安莎果歌仙謀克人）、伯德維（中都路和魯胡千戶所人）、嚴葛希奭（婆速路五里甲海下人）三人，石抹、伯德為契丹姓氏，嚴葛（亦譯粘葛、粘合）為女真姓氏，均非漢族，故在此別除而以 30 人為論。上述三姓族屬，參見陳述，〈金史氏族考〉，頁 133、138、146，文收氏著，《金史拾遺五種》，書收《新校本金史並附編七種》（臺北：鼎文書局，1992）附編一。

河南	2	1.0	49	12.7	13	7.4	2	0.6	66	6.2	2	6.7
山西	78	40.6	131	34.0	53	30.3	128	40.0	390	36.4	12	40.0
山東	14	7.3	30	7.8	13	7.4	13	4.1	70	6.5	4	13.3
陝甘	5	2.6	30	7.8	18	10.3	34	10.6	87	8.1	0	0.0
滿蒙	14	7.3	15	3.9	5	2.9	8	2.5	42	3.9	1	3.3
不明	10	5.2	9	2.3	12	6.9	29	9.1	60	5.6	0	0.0
總計	192	100	385	100	175	100	320	100	1072	100	30	100

　　目前所收已知為 1139 年以後登科的進士有 705 名，而據筆者估計，1139年以後金朝約錄取 3480 名漢族進士，因此收錄數量約佔估計錄取總額的 20.3%。〔註 18〕比例雖然不高，但是比較表二所列之金代中期與承安五年兩項的漢族進士地域分布數據，兩者大致吻合，只有陝甘地區或因承安五年僅是單科榜單，所以該年恰巧無人及第而無法進行比較。由於承安五年可視為一隨機抽樣，對照 1139 年以後的統計，筆者所收名單所呈現的數據當具一定合理性。

　　在表一所見的首科進士登第時間中，天會年間（1123～1138）有八路即見進士及第，河北、山西兩區即佔五路，僅有大名府路與河北東路未見。同時，就金初所見開科地點來看，滿蒙地區當有相當數量之進士產出，上表便見東京路亦有天會進士。〔註 19〕而天會二年（1124）及第之不明籍貫邢具瞻，《中州集》記為「遼西人」，或為北京府路人士。〔註 20〕至於他路，大抵首科進士出現均晚，鄜延路甚至遲至正大四年（1227）金亡前夕才見史學（1174～1225）及第。〔註 21〕另外，山東地區首次及第的時間，雖見王繪與趙愨為天會進士，但是次名進士的出現，山東東路須至皇統二年（1142，朱自牧），山東西路則為天德元年（1149，孔固）。〔註 22〕因此山東地區亦不能單純歸為金初便有大

〔註 18〕3480 人乃是以前述筆者估計之 4160 名之錄取總數，扣除策論進士 680 名所得。705 名則是以 1072 名漢族進士，扣除 320 名不明榜期與 47 名天會年間（1123～1137）進士所得。

〔註 19〕如李世弼所記金初遼地六科中，東京與顯州（後改廣寧府，隸北京路）便屬滿蒙地區。參見〔金〕李世弼，〈登科記序〉，頁 652。文收《金文最》，卷 45，頁 651～653。

〔註 20〕《中州集》，卷 8，頁 1a。

〔註 21〕史學及第資料參見《中州集》，卷 7，頁 66a；《歸潛志》，卷 3，頁 28；〔金〕元好問，《續夷堅志》（常振國點校，北京：中華書局，1986），卷 4〈史學優登科歲月〉，頁 77。

〔註 22〕王繪，雖然以元好問《中州集》將之置於卷 8 第二人而前後均是金初人物來看，當是天會進士無誤，但其及第年份甚是可疑。《中州集》載王繪乃「濟南

量進士產出的地區。這種首科進士分布時間的早晚，不僅表現了各地的學術水準高低，也說明了該地士人與金朝的結合快慢，而這種結合速度也影響後來不同地區的士人參與科舉的熱衷程度。

從表一與表二中，可見金代漢族進士的分布集中於河北與山西這兩處最早熱衷參與科舉的地區，兩地共佔收錄進士總數的 69.7%。以路別判斷，河東南路則為各路之冠，登第人數達 209 人。加上中都路、河北西路、河東北路，四路進士總數均達百人以上，構成金代進士的主要來源，合計共 637 人，佔收錄進士總數 59.4%。在這四路的大量登第下，金代出現了嚴重不均衡的進士地域分布狀態。這種現象不因時期不同而有變化，以地區來看，河北與山西地區在金代全期一直各維持著三成以上的比例，其餘地區除中期河南與晚期陝甘勉強升至 11、12% 左右外，均在一成以下，六大地區各期變化的百分比，高低均未超過 10%。

河北、山西地區的優勢，持續維持在士人與漢族宰執的地域分布中。以下將《中州集》士人、進士、宰執及金代戶數統計合作一表，觀察這種地域分布的現象：

表三：金代區域戶數與士人地域分布之比較

地區	人　口		《中州集》士人		進　士		宰　執	
	人數	比率	人數	比率	人數	比率	人數	比率
河北	2,475,090	30.4	78	33.2	357	33.3	14	41.2
河南	721,915	8.9	27	11.5	66	6.2	0	0.0
山西	1,696,972	20.9	68	28.9	390	36.4	10	29.4
山東	1,578,029	19.4	21	8.9	70	6.5	5	14.7
陝甘	981,239	12.1	21	8.9	87	8.1	1	2.9
滿蒙	679,970	8.4	14	6.0	42	3.9	2	5.9
不明			6	2.6	60	5.6	2	5.9
總計	8,133,215	100.0	235	100.0	1072	100.0	34	100.0

人，天會二年進士」（卷 8，頁 1b），然而金朝直至天會三年（1125）秋天才有起兵伐宋之舉，若非元好問誤記，則王繪這種宋士主動北上投金赴試的行為便頗值注意。至於趙愨，《中州集》則稱「國初登科」（卷 8，頁 22b），亦當天會進士。朱自牧登第參見《中州集》，卷 2，頁 24b；孔固見〔宋〕徐夢莘，《三朝北盟會編》（上海：上海古籍出版社，1987），卷 245，頁 15b。

　　上表中，《中州集》數據除了 10 名非漢族人士，亦扣除 6 名籍貫不在金朝疆域的入金宋士，至於宰執則專以世宗以後就職者爲論。由於《中州集》士人難有具體分期標準，而宰執的分期討論以下將有詳論，故先以總數分析。另外，本表「戶數」數據乃根據《金史》〈地理志〉所製，開封府戶數則依吳松弟研究修正。〔註23〕

　　從表三可見，在士人、進士、宰執三種統計中，河北與山西的合計比例均佔總數的六成以上。除河北、山西地區外，只有河南士人與山東宰執曾在這些統計項目中出現超過 10% 的比例，其餘均不足 10%。就這些指標來看，河北與山西乃是金代士人、進士、宰執的發達產出區域，其餘則則明顯沈寂，發達與沈寂地區間的落差極爲明顯。

　　另外，表三自左向右的項目，即《中州集》士人、進士、宰執的排列，由於《中州集》士人兼收未第之士，因此數據也呈現了不同政治成就者的地域分布狀態。爲求細微觀察地域背景與士人政治成就的關係，以下再依入仕管道的不同，統計《中州集》不同出身士人的地域分布：

表四：《中州集》中不同出身士人的地域分布

地區	遼宋舊士		不　明		未　仕		其他管道		進　士	
	人數	比率	人數	比率	人數	比率	人數	比率	人數	比率
河北	6	33.3	3	17.6	11	29.7	6	24.0	49	35.5
河南	4	22.2	6	35.3	5	13.5	4	16.0	8	5.8
山西	2	11.1	3	17.6	13	35.1	7	28.0	43	31.2
山東	5	27.8	0	0.0	2	5.4	2	8.0	15	10.9
陝甘	1	5.6	2	11.8	5	13.5	3	12.0	10	7.2
滿蒙	0	0.0	1	5.9	1	2.7	1	4.0	11	8.0
不明	0	0.0	2	11.8	0	0.0	2	8.0	2	1.4
總計	18	100.0	17	100.0	37	100.0	25	100.0	138	100.0

〔註23〕關於〈地理志〉之各地戶數的年代，目前已見金末說、泰和七年說、貞祐以前全盛時期說三種，學界則多支持泰和七年說，參見吳松弟，《中國人口史》第三卷「遼宋金元時期」（上海：復旦大學出版社，2000），頁 212～213；韓茂莉《遼金農業地理》，頁 167。又開封府，《金史》記其戶數爲 1746210，吳松弟指出此爲貞祐年間大量河北人戶避戰南渡後的數據，章宗時期估計當僅爲 30 萬戶左右，見上引吳松弟書頁 394，表 9-1 註 10。

　　上表中，「其他管道」即指除了進士登科外的其他所有入仕管道，內含特恩、恩例、武舉、經童、蔭補、薦舉與不明入仕管道等七種；〔註24〕「不明」一欄則收錄不明仕宦有無者；「遼宋舊士」一欄則合計 19 名仕金與 5 名未仕者而剔除 6 名籍貫不在金朝轄下的士人，得 18 人。另外，《中州集》所載之不明仕宦者，事蹟均相當簡略而完全未見於其他史料，筆者懷疑這批士人可能亦是未仕者，故僅有詩作傳世而未見政治活動。〔註 25〕因此，以下則將此批不明仕宦有無的士人與未仕者歸爲一類，並與《中州集》之其他管道入仕者、筆者收錄之進士與金代漢族宰執合觀，製作一不同政治成就士人的地域分布表：

表五：各種政治成就的士人地域分布比例

地區	戶　數		《中州集》中未仕與不明		《中州集》中其他管道		進　士		宰　執	
	比例	戶數比	比例	戶數比	比例	戶數比	比例	戶數比	比例	戶數比
河北	30.4	1.00	25.9	0.85	24.0	0.79	33.3	1.09	41.2	1.35
河南	8.9	1.00	20.4	2.29	16.0	1.80	6.2	0.69	0.0	0.00
山西	20.9	1.00	29.6	1.42	28.0	1.34	36.4	1.74	29.4	1.41
山東	19.4	1.00	3.7	0.19	8.0	0.41	6.5	0.34	14.7	0.76
陝甘	12.1	1.00	13.0	1.07	12.0	0.99	8.1	0.67	2.9	0.24
滿蒙	8.4	1.00	3.7	0.44	4.0	0.48	3.9	0.47	5.9	0.70
不明	0.0		3.7		8.0		5.6		5.9	
總計	100.0		100.0		100.0		100.0		100.0	

　　在上表中，由左至右的四種取樣可被視爲由低至高的從政成就，其中可見河北地區士人在越是較高階的政治成就，比重有逐漸擴大的趨勢。

　　爲了能夠更清楚觀察這種現象，筆者將六大地區各種政治成就士人的比例除以該地戶數在全國總戶數中的比例，藉此說明其比例是否合理反應該地戶數的比重，其中數值越接近 1 者，表示該地該種成就的士人產出越是合理，此即上表中「戶數比」一欄。在此可用兩種方式解讀上表，首先是從各欄數據高低觀察，在代表著具備較佳從政機會的進士與已獲高階從政地位的宰執

〔註24〕管道的內容，參見筆者撰，〈金代漢族士人的入仕之途——以《中州集》爲主的考察〉，《遼夏金元史教研通訊》2004 年 1 月（2004 年 6 月）：55～92。

〔註25〕除張琚收於卷 7 外，餘 17 名均收於卷 8 與卷 9。

等兩欄中，六大地區僅有河北與山西的數值均高於 1，顯示這兩地士人的政治成就與登科情形，相較該地於全國戶數的比重，均有超乎水準的表現。至於其餘地區則表現不佳。

　　第二種解讀的方式是觀察各地士人在不同從政成就的發展趨勢。雖然與山西地區均爲金朝政治表現優秀的地區，但河北地區特殊的是，越是高階的政治成就表現便越佳，類似型態尙有山東與滿蒙地區。相形之下，山西地區則持平發展，這是第二種型態，顯示其參政之成功與士人規模之間的關係正常。第三種型態是河南與陝甘地區，他們於越高階的政治成就表現越差，又以河南地區最是明顯，不僅未仕與不明者的人數比重與該地戶數相較有著不正常的大量，而且宰執一職更是全無表現。這種情形陝甘地區亦然，只是未如河南突出。

三、遼宋舊境的進士分布發展

　　從表二所見，如以六大區域觀察，各地進士產出比重在三期中的變化有限。然而金代進士的地域分布並非始終維持穩定局面，因爲三期中進士的地域比重變化，實是展現在遼宋舊境之別。

　　因其原屬政權的不同，金初漢族士人遂能區分爲遼系與宋系兩大群體。遼系漢士在金初遠較宋系漢士順服，多爲金朝重用，從政空間亦較寬廣。在科舉取士過程中，遼系漢士一度擁有法定優待，此即天眷二年（1139）至天德三年（1151）間南北分榜之「區域配額制」，其制分別遼宋士人並限額錄取。最初遼宋名額比例爲四比三（200 人與 150 人），後改爲二比三（100 人與 150人）。〔註 26〕由於遼宋舊境的士人數量相差極大，因此無論配額爲何，遼士錄取機會均遠大於宋士。〔註 27〕隨後，這種配額制因爲不合時宜而被放棄，其置廢也代表遼、宋漢士在金朝政壇的地位消長。陶晉生先生在〈金代的政治衝突〉中便曾利用《金史》156 名漢族進士的資料，製作「金代漢進士依地域分配表」說明此一現象。〔註 28〕由該表所見，大定十四年（1174）前，遼系

〔註 26〕《金史》，卷 51〈選舉一〉，頁 1136。
〔註 27〕雖然不明南北榜時期遼宋士人參試的數量，但以天會六年燕山榜中遼士 400人參試取 240 人，宋士 6070 人參試取 570 人的情形所見，可知兩地錄取率的落差。燕山榜詳情參見〔宋〕李心傳，《建炎以來繫年要錄》（標點本，北京：中華書局，1988），卷 14，頁 304〜305。
〔註 28〕參見陶晉生，〈金代的政治衝突〉，頁 144〜147。現將該表轉引如下：

漢士的錄取均佔有優勢。對此，今則利用已收之 1072 名進士再製一表觀察：

表六：金代遼宋舊境各期進士分布

地區	前　　期		中　　期		晚　　期		不明榜次		進士總數	
	人數	比率	人數	比率	人數	比率	人數	比率	人數	比率
遼境	80	41.7	73	18.9	27	15.6	61	19.1	241	22.5
宋境	102	53.1	305	78.8	134	77.5	230	71.9	771	71.9
不明	10	5.2	9	2.3	12	6.9	29	9.1	60	5.6
總計	192	100.0	387	100.0	173	100.0	320	100.0	1072	100.0

　　比較兩種統計，可知當樣本數量擴充後，遼宋舊境各期的進士分布出現了不同的比例分配。問題首先在分期的不同，表六之金代前期直至 1160 年，貞元二年（1154）後的南北通榜與海陵王時期以後金代政治環境的改變當稀釋了之前遼系漢士的錄取優勢。整體而言，遼地進士佔整體進士的錄取比重總在宋地之下，只是前期近乎五五波的狀況還是說明了初期遼系漢士確實存在著入仕優勢，至於中晚期則因自由競爭，宋地錄取數量正式遠過遼地。再者，上表在 1161 至 1234 年間遼宋的比例則在二比八，不過在陶氏研究中，1175 年至 1234 年間遼宋錄取比例則為四比六左右。差距原因或許在《金史》所收多是高官重臣，於是遼士雖然登科人數有限，但在仕宦中卻仍有優勢。也因此如將其他史料中政治成就有限的進士增入統計範圍，遼士比例便急速縮減。

　　南北通榜後，遼士錄取比例大幅降低，又以河北地區遼宋兩地的消長為最。在舊遼區域中，燕雲地區乃是漢族士人的聚居之所，又以燕地，即表一所列之中都路 A 區為進士產出重鎮。以下乃以河北地區為統計範圍的各路進士錄取比例：

期　　別	燕雲十六州及東北	中原漢人	總計	統計人數	資料不明人數
Ⅰ 1115～1144	90.0%	10.0%	100%	10	0
Ⅱ 1145～1174	64.0%	36.0%	100%	14	0
Ⅲ 1175～1204	42.5%	57.5%	100%	80	0
Ⅳ 1205～1234	34.5%	65.5%	100%	52	3

表七：河北地區各期進士比例

地　　區	前　　期	中　　期	晚　　期	不　　明	總　　數
中都路 A 區	58.0	32.2	18.0	41.5	37.5
中都路 B 區	2.9	4.1	4.9	2.8	3.6
大名府路	0.0	7.4	1.6	7.5	5.0
河北西路	36.2	47.9	63.9	40.6	46.2
河北東路	2.9	8.3	11.5	7.5	7.6
各期合計	100.0	100.0	100.0	100.0	100.0

　　上表可見，中都路 A 區的進士錄取優勢逐期弱化。相較於西京路之所佔山西地區的錄取比例雖亦是逐期降低，但山西進士最大產出地卻自始一直是河東南路，西京路在錄取比例最高的金代前期不過佔山西地區的 33.3%。但是燕地不同，最高曾佔河北地區近六成的比例，而中晚期減少的百分比，基本上是由河北西路所吸收，這似乎顯示金代河北地區文化重心正逐步朝向西南移動。當河北西路的登科比例不斷提高，而河東南路則持續發展，兩者遂在世宗以後結合爲一處位於金朝疆域中心的核心地區，而此舊宋區域也取代了燕地，成爲金朝最具優勢的進士產地。

　　另外，必須說明遼系漢士政治勢力持續時間。《歸潛志》中有段關於金代名士地域分布的論述，其道：

> 金朝名士大夫多出北方，世傳雲中三老圖，魏參政子平宏州順聖人，梁參政甫應州山陰人，程參政暉蔚州人，三公皆執政世宗時，爲名臣。又，蘇右丞宗尹天成人，吾高祖南山翁順聖人，雷西仲父子渾源人，李屏山宏州人，高丞相汝礪應州人，其餘不可勝數。余在南州時，嘗與交游談及此，余戲曰：「自古名人出東、西、南三方，今日合到北方也。」〔註29〕

都興智以這段話應證金代進士多出燕雲、河東與東北地區，並據此肯定金朝定都中都（今北京）對「北方」文化水平的提升幫助甚大。〔註30〕然而，

───────────────

〔註29〕《歸潛志》，卷 10，頁 118。

〔註30〕都興智，〈金代的科舉制度〉，頁 422。文中推論金代進士多出燕雲等地的依據，在其所收進士有 143 名來自舊遼地區，共佔總收錄之 60%。不過都氏計算，除了包含非漢族進士，也將中都路 44 名進士均視爲遼地產出，而中都路實另

首先從前述可知，金朝漢族進士產出最大地是河東南路與河北西路，而這兩路均難以視爲金朝疆域的「北方」。再者，更重要的是劉祁（1203～1250）所羅列的 9 名「北方名士大夫」均是西京路人，故其「北方」當單指西京路而言，但不論就筆者、都興智或是任萬平的統計數據來看，西京路在金朝的進士錄取數量均是有限。〔註 31〕因此，都氏推論似可商榷，而劉祁所言尚可深論。

劉祁所舉的「名士大夫」中，有一項值得注意的身份特徵是，所舉之 9 名西京路士人有 5 名仕至宰執。〔註 32〕世宗以後的漢族宰執中，還有楊伯通亦爲西京路人而未爲劉祁所舉。〔註 33〕換言之，世宗以後 34 名漢人宰執的地域分布，西京路佔 17.6%，這遠高於該地佔全國進士的比重。關於六大區域的金朝漢族宰執分布，表三已見河北地區爲最大產地，共有 14 名而佔 41.2%，第二爲山西地區，共 10 名而佔 29.4%。以地區爲論，宰執與進士的分布相差不大，但如就路級單位觀察，兩者分布狀況實有差異。河北、山西兩區，最大的宰執產地是中都路（9 名）與西京路（6 名），兩地人數合計 15 名。相形之下，進士產量突出的河東南路（2 名）與河北西路（3 名）便顯得沈寂，兩地宰執合計 5 名。事實上，現象的癥結還是在遼宋舊境之別。以下便將世宗以後漢人宰執依遼宋舊境分別，製成一表：

表八：金代遼宋舊境宰執進士分布

地　區	世宗時期		章宗時期		金末時期		總　　計	
	人數	比率	人數	比率	人數	比率	人數	比率
遼　境	10	83.3%	3	37.5%	4	28.6%	17	50.0%
宋　境	1	8.3%	5	62.5%	10	71.4%	16	47.1%
不　明	1	8.3%	0	0.0%	0	0.0%	1	2.9%
總　計	12	100.0%	8	100.0%	14	100.0%	34	100.0%

含舊宋轄地，如此便提高了舊遼進士的比重。

〔註 31〕都興智統計之西京路進士比例爲 11.3%，任萬平爲 7.9%，筆者則爲 6.1%。都、任兩位先生的數據，分見都興智，〈金代的科舉制度〉，頁 421～422；任萬平，〈論金代文化區域結構〉，頁 241。

〔註 32〕劉祁所述有一「梁甫」，當爲天眷二年進士世宗朝參知政事梁肅。《金史》卷 89 本傳記爲西京路奉聖州人，《歸潛志》則記爲同路應州山陰人。

〔註 33〕楊伯通，天眷二年進士，仕至參知政事，見《金史》卷 95 本傳。

世宗以後就任的 34 名漢人宰執，遼地出身便佔近五成的比例，就遠不及宋地的戶口數量來看，表現令人側目。〔註 34〕如此高之比例，關鍵當是世宗朝遼地宰執數量的大量。世宗的漢人宰執，除河北西路中山府（時爲定州）的石琚與不明籍貫的張仲愈外，餘皆出於遼地。這說明遼系漢人在金朝政壇上的活躍，並未止於熙宗時期。

過去論及遼宋漢士的政治力量，基本上是以皇統七年（1147）的田瑴黨禍爲斷限，學界認爲此後遼系漢士便因黨禍而在政壇一蹶不振，地位亦迅速爲宋系漢士、渤海人等其他族群人士取代。〔註 35〕但事實上，透過南北分榜時的區域配額制，遼系漢士以進士資格大量進入政壇，再結合降金遼士及其以蔭補管道入仕的後代，這批仕宦遼士雖然在北南合榜後飽受大量高素質宋士的衝擊，但是他們直至世宗時仍在高層政壇佔有優勢。因此，當總計世宗以後遼宋兩地的宰執人數時，遼士便因世宗朝的絕對優勢而使全期比例不遜宋士，河北、山西地區也在遼宋舊境士人先後崛起的情形下，一直在政治人才的提供上維持著強勢地位。

不過因爲金初遼士的凋零與宋士及第者的快速增加，這種優勢在章宗朝時消失。至章宗時，遼宋兩地士人擔任宰執的比重快速翻轉，當時首任宰執的漢士，除董師中及第於皇統九年（1149）外，其餘均在天德三年（1151）之後。〔註 36〕這顯示南北通榜對高官地域分布的效應其實是展現在章宗以後，宋士正式超越遼系漢士而成金朝仕宦士人的核心群體。只因遼士曾在金朝盛世的世宗政壇享有一席之地，此便爲其後人直至金末仍所津津樂道，「雲中三老」事蹟亦得傳誦。

四、進士地域分布格局的成因

因爲大部分時間的進士錄取乃採區域自由競爭，高產量進士區域的發達也代表著金朝其餘地區的進士錄取遭受排擠。這種排擠現象，如果比較北宋時期的華北，則有一些發展值得注意。在被「排擠」時，扣除滿蒙而觀察其餘地區，除了五代以來已屬相對落後的陝甘地區外，長期屬於北宋文化發達

〔註34〕就《金史》〈地理志〉所載戶數計算（開封以 30 萬戶計，理由詳前），屬於舊宋領土的戶數有 6,363,919 戶，遼地則有 1,948,778 戶，宋遼比約爲 3：1。

〔註35〕田瑴黨禍影響，參見陶晉生，〈金代的政治衝突〉，頁 145～146。

〔註36〕董師中事蹟參見《金史》卷 95 本傳。

區域的山東與河南，其沒落便甚引人注目。〔註37〕以下便從這兩大地區進士產出的「沈寂」出發，整體探討影響金代區域發展的主要因素。

這項問題，可從任萬平對金朝文化區域分布的討論談起。其研究利用各項人才數據分析金代各區文化發展，並特別說明山西、河南兩地在金代分別出現文化興盛與衰微的各項因素。關於山西崛起，任氏以爲有政治環境優良（政治地位提高而戰爭破壞相對較輕）、印刷業發達、交通方便、官員興學之風盛行等四項原因，而河南衰落則有政治環境惡劣（政治優勢喪失且戰爭頻繁）、河患嚴重、百姓與士人移民他鄉等三項因素。〔註38〕

不過任氏所論之導致山西崛起的第三、四項因素，其實其他地區也有，而這些因素卻未在其他地區同樣造成「崛起」的結果。就區中與對外交通狀況而言，河南未必比山西更不方便，此點光憑自然地形的理解即可判明。同時，山西之官員興學風氣亦未見特別突出。以方志所見之金代各地地方官學數量來看，學校興建最多爲山東（75 處）、其次分爲河北（74 處）、山西（70 處）、河南（56 處）。〔註39〕中見山西的官學修築未有超越其他地方甚多。另於大定二十九年（1189）的建制中，山西的地方官學學生配額雖佔全國六大地區的第二位，但與第三位以下地區學生配額的落差並不明顯。〔註40〕

〔註37〕 開封府爲主的京畿路與京東東、西兩路爲北宋的文化發達區域，現今學界研究成果多見。以《宋元學案》人物爲樣本的統計，參見顧宏義，《教育政策與宋代兩浙教育》（武漢：湖北教育出版社，2003），頁 60；文士的討論，參見何佑森，〈兩宋學風的地理分布〉，《新亞學報》1（1944 年 8 月）：331～379；《宋史》列傳人物的討論，參見程民生，《宋代地域文化》（開封：河南大學出版社，1997）第二章第四節〈人才的地域分布〉；以北宋統治階層，即仕宦官員爲樣本者，參見陳義彥，《北宋統治階層社會流動之研究》（臺北：嘉新水泥公司文化基金會，1977）第二章第四節〈統治階層之地理分布〉；宰執的討論，參見楊遠，〈北宋宰輔人物的地理分布〉，《中國文化研究所學報》（香港：香港中文大學，1982）13：147～211；李裕民，〈兩宋宰相群體研究〉，文收漆俠、王天順主編，《宋史研究論文集》（銀川：寧夏人民出版社，1999），頁 31～45。

〔註38〕 任萬平，〈論金代文化區域結構〉，頁 248～249。

〔註39〕 Tao Jing-shen（陶晉生），"Public Schools in the Chin Dynasty" in Hoyt C. Tillman（田浩） & Stephen H. West, ed China under Jurchen Rule (New York: State University of New York Press, 1982), p.58。不過，陶氏所論之學校分布均以清代省分重劃，由於本文旨在探索大勢，此處並未修正回本文所設定的地域區劃。

〔註40〕 金代各地學生配額，最多是河北 405 名（23.2%），以下分爲山西 360 名（20.6%）、山東 290 名（16.6%）、陝甘 260 名（14.9%）、河南 220 名（12.6%）、滿蒙 210 名（12.0%）。參見《金史》，卷 51〈選舉一〉，頁 1133。

　　另在第二點，任氏視印刷業興盛為金代山西崛起的原因之一，但此筆者傾向視兩者關係互為因果。雖然山西，尤其是平陽一帶盛產印刷業所需物料，金代著名之「平水本」亦相應而出，但在北宋雍熙三年（986），該地已能夠製作一定水準的刻本。如果因此背景而造就了金代山西之文風鼎盛，則北宋當亦有如是影響，但事實上山西的崛起卻還是在金代完成。所以雖然不否認平陽印刷術推進了山西文風，但也必須指出山西文風鼎盛亦對平陽印刷業發達有所貢獻，兩者盛況當是相互推拱而成。〔註41〕至於山西的第一點與河南的論述則少爭議。

　　整體而言，任氏所論雖均事實，但卻無法統整一套得以處理全金區域發展的解釋架構。這種缺憾，關鍵在於任氏未能全面關照所有華北地區的發展，而僅就特定區域的突出現象討論所致。因此，討論必須建立在金代各地環境條件的互較上。

　　如果比較「發達」之河北、山西與「衰落」之山東、河南，金代雙方的條件確實有其優劣。第一，政治條件方面，相對於河北與山西，河南與山東乃是位於金朝疆域的「邊陲」而緊鄰金宋交界。這種位置造成三種影響，首先是金宋對峙期間的數次交戰，嚴重破壞了該地正常的社會經濟發展，此就兩地在交戰期間的人口大量外流可以得知。〔註42〕再者，又因國防政策的設

〔註41〕平陽印刷術發展，參見李晉林，〈金元時期平水刻板印刷考述〉，《文獻季刊》2001年2月（2001年4月）：64～75；2001年3月（2001年7月）：128～146。文中李氏論駁了金朝初年遷徙北宋汴京工匠至平陽一帶導致該地印刷技術大幅躍升，以及金宋之際平陽地區不受戰亂影響而使書坊工匠匯集於此等兩項說法，而這兩種解釋多為學界襲用，如漆俠、喬幼梅，《遼夏金經濟史》（河北：河北大學出版社，1994）便是以此解釋金代平陽印刷的興盛。（頁365～366）進而李氏也指出平陽印刷興盛之原因與金代大環境有關，其三項因素之第二項便是山西文化發達。

〔註42〕吳松弟曾統計金代初期南宋北方移民的地域分布，數據如下：

	河南	山東	江蘇	河北	甘肅	安徽	山西	陝西	湖北	其他	不詳	總計
數量	601	127	71	37	34	38	30	26	17	6	20	1006
比例	60	12.6	7.1	3.7	3.4	3.8	3	2.6	1.7	0.6	2	100

資料中所列地名為今日中國省區劃分。表中可見河南、山東兩地的南移百姓數量，約佔吳松弟所收移民總數的82.6%。吳氏亦估計在紹興合約簽訂之前，南方大致接收了約五百萬人左右的北方移民，按上述比例換算，則河南地區便有近三百萬人南徙。參見吳松弟，《北方移民與南宋社會變遷》（臺北：文津出版社，1993），頁134～137。

計，同是征服地區，河南、山東卻與首都四周的河北有所區隔，其時金朝「慮南宋有取河南、山東之意，每視之爲度外來去之物，凡河南財物貢賦悉儲於大名，山東之貢賦悉運之於鎮州」。〔註43〕這種內外之別，造成金廷最初無心於河南、山東的經營，兩地的戰後復甦也較緩慢。最後，在海陵王將首都遷至中都而「以天下之力培植之」後，除加速中都與周遭河北地區的建設外，該地士人活動不免因爲貼近朝廷而能有類似北宋河南的空間優勢，尤其是因爲仕宦文士的集中首都而使附近流動著大量的文化人才，無形中也提振了地方學術氣氛，這也當是河北興起的最大優勢。〔註44〕

第二，在自然條件方面，值得注意的是黃河在金代的擾動。自北宋開始，黃河中下游的氾濫與改道次數的日益頻繁，加上宋金交戰之際或是人爲的決堤破壞，或是戰亂之際無暇治河，均導致入金之後河患規模日趨擴大。〔註45〕尤其在天會六年（1128）宋朝東京留守杜充以決河堤阻金兵後，黃河河道日漸南移，決口地點不斷往西伸延，河水奪淮勢態開始成形，大致上開封府以西的南京路東部、大名府路及山東地區南部均在漫流範圍。〔註46〕相形之下，山西與大部分的河北地區便少受其害。

進而宋金之間政治與自然條件的轉變，也影響了農業活動。由於緊鄰宋遼交界，北宋時期河北、山西兩地的農業，便因政治因素的干預而長期不振，如爲求防禦契丹騎兵南下，宋廷在河北大量開挖水塘以爲防禦工事，又廣置牧地豢養戰馬，「民不得耕者十八九」。類似干預亦見宋廷之大量遷徙晉北民戶，「空塞上之不耕，號禁地」，大約太原以北一帶的農業生產均受嚴重打擊。〔註47〕

〔註43〕〔宋〕張師顔，《南遷錄》，（《中國野史集成》，成都：巴蜀書社，1993），頁36a。

〔註44〕「以天下之力培植之」，語出《元好問全集》，卷33〈臨錦堂記〉，頁758。

〔註45〕黃河中下游的氾濫，其實唐代晚期後便開始加劇，不過至少在北宋滅亡前，雖然積弊日益惡化，但因治河政策得宜，河患尚不至失控。黃河活動與治河沿革，學界討論參見程遂營，《唐宋開封生態環境研究》（北京：中國社會科學出版社，2002），頁51～79的整理。

〔註46〕金代河患，參見韓昭慶，《黃淮關係及其演變過程研究：黃河長期奪淮期間淮北平原湖泊、水系的變遷和背景》（上海：復旦大學出版社，1999）；董光濤，〈金代黃河氾濫及治理〉，文收《宋旭軒教授八十榮壽論文集》（臺北：宋旭軒論文集編委會，2000），頁585～606；外山軍治〈章宗時代的河患〉，文收氏著，李東源譯，《金朝史研究》（牡丹江市：黑龍江朝鮮民族出版社，1988），頁388～408。

〔註47〕北宋華北農業，詳見程民生，《宋代地域經濟》（開封：河南大學出版社，1992），頁42～46。

但在金代，這些不利條件消失，如原在宋遼邊界白溝河附近的安州，便由邊陲躍為國家之「腹裏」，而使原有之良好自然環境在國家的安養下充分發展為一重要的小麥產區。〔註48〕於是，河北、山西便在金代迅速成為「久被撫寧，人稠地窄，寸土盡墾」的地區。〔註49〕相形之下，河南、山東既有戰亂屠戮，復次又因河患而見「民罹其患者，貲產皆空」，加上遠離金朝政治中心而使原在北宋苦心維護的水利建設逐漸荒廢，生產條件便相對不足。〔註50〕

金代各地發展的落差，進一步又反應在人戶繁衍。宋金時期華北各地區戶數變化，參見下表：

表十一：宋金北方各區戶數比較

地　區	宋代戶數		金代戶數		宋金差距	
	戶數	比例（%）	戶數	比例（%）	戶數增減	比例增減
河　北	1,066,808	17.2	1,843,908	29.0	777,100	+11.7
河　南	1,312,734	21.2	721,915	11.3	-590,819	-9.9
山　西	815,868	13.2	1,238,828	19.5	422,960	+6.3
山　東	1,725,275	27.9	1,578,029	24.8	-147,246	-3.1
陝　甘	1,263,752	20.4	981,239	15.4	-282,513	-5.0
合　計	6,184,437	100.0	6,363,919	100.0	179,482	0.0

說明：本表金代戶數資料來源詳前，並已扣除原遼朝統治的燕雲地區。宋代資料乃根據吳松弟《中國人口史》第三卷「遼宋金元時期」表三之二「北宋南方、北方各府州軍的主客戶戶數」（頁 122～127）之崇寧元年（1102）戶數資料而製。本表已以府州為單位，將宋代戶數依照金代地方行政建制調整。如應天府在北宋雖屬京東西路，為山東地區，但在金代則改名為歸德府，屬南京路，本表便將其戶數調至河南地區。

上表可見，金代盛產進士的河北、山西地區在宋金之間戶數均是正成長，而

〔註48〕 韓茂莉，〈金代主要農作物地理分布與種植制度〉，頁 151。文收《國學研究》7（2000 年 7 月）：147～170。

〔註49〕 〔金〕趙秉文，〈梁公墓銘〉，《閑閑老人滏水文集》（《九金人集》，臺北：成文出版社，1967），卷 11，頁 1b～2a。但此處所言「寸土盡墾」之地尚含山東，其發展見下詳論。

〔註50〕 「民罹其患者，貲產皆空」，語見大定二十六年世宗要求尚書右丞張汝霖停止推排該年河患地區的討論。金代河南水利荒廢，參見程遂營，《唐宋開封生態環境研究》，頁 221～223。

河南、山東、陝甘等地戶數則呈負成長，這種戶數的增減便影響在以之為基礎的士人規模上。比較宋金時期環境的變化，發達區域之產生或源於政治地緣條件之由邊陲轉為中央及自然環境之維持舊狀，衰落地區則是政治地緣、自然條件均嚴重惡化。

五、關於山東的「沒落」

整體而言，大部分地區的士人政治參與程度與規模，均與人文、自然因素的優劣有關，唯一例外為山東地區。金代山東的問題在於，雖然該地政治地緣條件不佳，但是自然環境與相關文教建設條件卻是優良。整體而言，山東或許有未及河北、山西之處，但仍勝陝甘、河南一籌。只是就表五所見，除宰執外，在其餘進士、其他管道入仕、未仕或不明入仕有無等項目中，其產出數量與該地戶數的比例，山東表現不但未能超越陝甘、河南，甚至還頗有不如。以進士為例，其戶數比僅有 0.34，這乃是六大區域中排名最末，連滿蒙地區也有 0.47。本文最後，便試著觀察這種現象。

前述所提及的政治與自然兩項不利背景，河南所受衝擊最為直接，尤是原為北宋精華的東部平原一帶，宋金交戰既是直接打擊此地，而水患影響亦令受創甚深。至大定年間，河南東部猶是「土廣人稀」，當時同知西京留守事曹望之便建議朝廷能夠遷徙山東、河北百姓「以實其處」。〔註51〕但是山東的精華區，即東平、濟南、益都三府所在的北部，則是較少直接受到這些不利因素的傷害。山東受到較大影響的區域是濟州、滕州以南的西南徐海，即今日皖北、蘇北一帶，所以在大定四年（1164）通檢法實施時，朝廷便區隔徐海以南與其餘山東地區，前者與河南、陝西等三地被歸為「物力少、賦稅輕」的「寬鄉」，後者則與河北、山西並列為「狹鄉」。〔註52〕另就戶數論，山東在宋金之間所佔全國的比重雖然下降，但在金代還是僅次河北而維持第二。依此排序，進士產出也當排名第二，但事實上山東表現卻遠不如戶數排行第三的山西。三者，金代的山東經濟、文化狀況亦佳，所謂「山東富庶甲天下」，東平、濟南一帶的經濟發展亦多時人讚揚。〔註53〕文教建設方面，前述之金

〔註51〕《金史》，卷 92〈曹望之傳〉，頁 2037。

〔註52〕《滏水集》，卷 11〈梁公墓銘〉，頁 1b～2a。

〔註53〕「山東富庶甲天下」，語出金末國用安與趙秉文議論，見《金史》，卷 117〈國用安傳〉，頁 2563；《閑閑老人滏水文集》，卷 14〈邊都論〉，頁 18a～19b。濟南、東平一帶的農商發達情形，參見程民生，〈試論金元的北方經濟〉，頁 49；

代各地的官學修建，雖然領先不多，山東卻是排名第一。且據元好問所言，單是東平一地的學校經營便「視他郡國為最盛」。〔註54〕

這種經濟繁盛、文教建設發達與進士及第數量過少的不對稱現象，現存金人敘述中似無法尋獲有效解釋。本文目前也無法定論此一現象的產生原因，然而在相關資料的閱讀中，筆者也注意到某些現象，也許能夠構成往後進一步分析的假說基礎。

關於這項討論，可先從程民生對北宋山東的觀察談起。他曾指出，北宋山東具有三點文化特色。〔註55〕第一項文化特色是文風鼎盛，如濟南、東平一帶均在北宋培育出大量的文士。這種山東文風鼎盛的說法，金代也曾出現，承安三年（1198年）時，金人陳大舉便稱「天下十有九路，文風號稱郁郁然者，莫如山東」。〔註56〕稍後，元人王惲亦言東平府屬縣東阿，「在金一代，由進士而位卿相者幾二十人，鄆則不需論也」，事實上東阿進士當有23名。〔註57〕不過這種說法未必盡合事實，主要是如就前述筆者的統計所見，山東進士僅佔全國進士之 6.5%，而文人則佔 8.9%，這兩類與學術風氣息息相關的人才，其分佈均不到全國的一成。由於這種分佈狀況，實難將山東視為文風鼎盛，也因此就進士與詩人產出狀況而言，山東在金應已沒落。

程氏所論的第二點特色，便是山東地區盛產許多「以豪放而不得志為特點的文人」，其文化「某些方面不大符合朝廷口味」，這種奇特文風似乎導致了部分北宋山東士人長年落魄科場。第三點山東地區的人文特色則是儒風盛行。該地一度在孫復、石介等人的引領下，在北宋前期於儒學發展上取得領導地位。〔註58〕雖然北宋晚期後逐漸沒落，然而這種「沒落」似乎僅在於宋

韓茂莉，《遼金農業地理》，頁 225～227。

〔註54〕《元好問全集》，卷 32〈東平府新學記〉，頁 728。

〔註55〕程民生，《宋代地域文化》，頁 83～85、243～245。

〔註56〕〔金〕陳大舉，〈濟陽縣創建先聖廟碑〉，文收《金文最》，卷 78，頁 1137～1139。

〔註57〕〔元〕王惲，〈哀辭後〉，《秋澗先生大全文集》（《四部叢刊》，臺北：台灣商務印書館，1979），卷 44，頁 454。確定數目參見《元好問全集》，卷 40〈跋張仲可東阿鄉賢記〉，頁 109～110，其中記金代東阿「由文階而進者凡二十有三人」，金制僅有進士出身方入文階，故而確定。另外令人注意的是，東阿縣這 23 名進士中，竟有 2 人仕至宰執（張萬公、侯摯），1 名曾權參知政事（高霖），這種仕宦成功比例當為全國第一。

〔註58〕何佑森，〈兩宋學風的地理分布〉，頁 379；王明蓀，〈地靈人傑：歷代學風的地理分布〉，頁 436，文收林慶彰主編，《中國文化史新論．學術篇：浩瀚的學

學中的先進地位逐漸爲其他地區取代，事實上其原有舊式學風依舊保持，因此最終山東士人仍有習經者甚多的現象，所謂「大率東人皆樸魯純直，甚者失之滯固，然專經之士爲多」所言即此。〔註59〕

　　關於第二、三之文風與儒術的特色，如就科舉的分科成就而言，便是長於明經而拙於經義、詞賦。但在金代，科舉的核心科目是詞賦，而明經科也在中期數度的科舉改革後爲經義科所取代，此使山東學風似較難發揮於科場。而且就表三與四來看，不但進士考試表現不佳，在山東出身的傑出詩人亦是比例有限。相形之下，河南地區的進士表現雖亦沈寂，但詩人產出猶有一定水準，而山東卻在兩項指標均大幅落後。

　　雖然這種地域風氣在金代未見相關描述，但仍有些許跡象可尋。陳大舉便指出，作爲山東地區學術中心之一的濟陽縣，尚有「其俗尚義任氣，然失之夸奢者或有」的狀況，此則頗有「京東學究」遺緒。〔註60〕進而就金代見載之山東士人具體作爲觀察，長於文學者亦不多見，雖然或得詞賦進士及第，但觀其成就，多以長經學、擅政事、行爲忠謹等特色見長。〔註61〕不過，除了經學造詣外，其餘特色卻是金代仕宦升遷的有利因素。〔註62〕這似乎也說明山東士人雖然在全國各地進士及第比重有限，卻有超出進士表現之宰執擔任比重的現象。

　　除了地方文風無法配合當代舉業取向外，另一項更值得注意的山東文化特色是宗教氣息濃厚，此亦見於陝甘地區，而主要推進教派爲全眞道。〔註63〕

　　　海》（臺北：聯經出版事業，1981），頁413～462。另外，孫復等人的學術成就，詳見陳植鍔，《北宋文化史述論》（北京：中國社會科學出版社，1992），頁191～195所論。

〔註59〕〔元〕脫脫等撰，《宋史》（點校本，北京：中華書局，1985），卷85〈地理一〉，頁2112。

〔註60〕〔金〕陳大舉，〈濟陽縣創建先聖廟碑〉，《金文最》，卷78，頁1138。

〔註61〕金代山東進士，以經義狀元及第者有黃從龍（皇統六年）、王堪（皇統八年，以上見《三朝北盟會編》，卷245，頁15a、b）、劉汝翼（興定二年，見《元好問全集》，卷22〈大中大夫劉公墓碑〉）；以政事見長有張萬公、侯摯、高霖、黃久約等人；以經學、禮學、德行見長有張暐、行信、行簡父子、張特立等人。（以上各見《金史》本傳）另外，山東士人於文學上有突出表現較少，佼佼者或僅見党懷英。

〔註62〕關於金代升遷的有力因素，參見筆者《征服王朝下的士人——金代漢族士人的政治、社會、文化論析》，第三章第三節。

〔註63〕另外，山東尚有眞大與太一兩派新道教的流行。兩派活動與山東關係，參見牟鍾鑒等著，《全眞七子與齊魯文化》（濟南：齊魯書社，2005），頁81～83。

全眞道在王嚞（1113～1170）創教後，活動範圍便以陝甘、山東爲主，又以山東爲收徒的核心區域，所謂之「全眞七子」均是出身山東東路寧海、萊、登三州人士。〔註64〕王嚞逝後，七子往來關中與山東，兩地全眞勢力基礎穩固。〔註65〕雖然，山東之流行全眞教與王嚞等人的大力宣導有關，但是觀察其宣教經過，令人好奇的是何以全眞教一、二兩代的宣教重點均置於金朝疆域東西邊陲的陝甘、山東兩大地區，而在第三代才逐步轉移至河北、山西這些金朝核心區域？〔註66〕對此，除是當時宣教者機緣與主觀判斷外，陝甘、山東地區的客觀條件或亦是促成現象發生的背景之一。〔註67〕

　　陝甘地區自北宋以來即爲四戰之野，社會經濟條件的不佳使之成爲宗教流行之地。〔註68〕至於山東地區，自古便是神仙思想的流行地，日本學者窪德忠便以爲這種人文傳統使山東成爲「宗教的溫床」。〔註69〕因此似可推論，山東士人除了創作文風有著無法見容於朝廷科舉考試的特殊取向外，又因宗

〔註64〕除劉處玄爲萊州人、丘處機爲登州人外，其餘均是寧海州人。關於王嚞收徒經過與全眞七子之出身背景，參見窪德忠，《中國の宗教改革：全眞教の成立》（京都：法藏館，1967），頁115～133；鄭素春，《全眞教與大蒙古國帝室》（臺北：臺灣學生書局，1987），頁22～25。

〔註65〕全眞七子佈教地域，參見窪德忠撰，蕭坤華譯，《道教史》（上海：上海譯文出版社，1987），頁229～230；鄭素春，《全眞教與大蒙古國帝室》，頁25～27。

〔註66〕第二代亦有入河北、山西宣教者，譚處端曾於1170至1184年活動於河北南部，郝大通則於1173至1190年活動於山西、河北南部一帶。參見〔元〕完顏璹，〈長眞子譚眞人仙跡碑〉，收於〔元〕李道謙，《甘水仙源錄》（四庫全書存目叢書），卷1，頁428～430；〔元〕徐琰，〈廣寧通玄太古眞人郝宗師道行碑〉，收於同上書卷2，頁438～441。不過相較於餘人在陝甘、山東地區的成就，譚、郝之晉、冀活動則略顯遜色。第三代對華北地區的全面宣教經過，以山西爲例，參見藤島建樹，〈全眞教の展開：モンゴル政權下の河東の場合〉，文收秋月觀暎編，《道教と宗教文化》（東京：平河出版社，1987），頁425～438。

〔註67〕現存資料對王嚞於正隆四年（1159年）突然燒毀關中居所而直赴山東傳教的動機，均未見詳細描述，而僅見王嚞曾於東行期間不斷對人言「我東方有緣」，見完顏璹，〈終南山神仙重陽眞人全眞教祖碑〉，收於《甘水仙源錄》，卷1頁416～419。

〔註68〕北宋陝甘農業的衰敗，參見程民生，《宋代地域經濟》，頁42～44。關中宗教氣息的濃郁，詳見陳俊民，〈略論全眞道的思想源流〉，頁84～85，文收《世界宗教研究》1983年3月（1983年8月）：82～98。

〔註69〕窪德忠，《中國の宗教改革：全眞教の成立》，頁114～115。流行的原因，參見陳寅恪，〈天師道與濱海地域之關係〉，《中央研究院歷史語言研究所集刊》3.4（1933）：439～466。

教氣息的盛行而使士人面臨科舉失敗的挫折時，比其他地區士人便更易放棄堅持而轉入修道。

李純甫（1177～1223）曾在一篇為山東東路登州棲霞縣的廟學興修所撰寫的碑文中，說明了他對當地文風不振的理解：

> 地屬齊，有秦漢之遺風，故其人尚鬼道。近世又以丘、劉之說行，蜂團蟻結，雲鼓波涌，……獨章甫縫掖之士，呻吟於蓽門瓮牖之下，茫然無歸宿之地，弦歌之音闃而寂然。〔註70〕

文中首先指出齊地自古便有「尚鬼道」的風氣，進而李純甫提到棲霞的儒學受到全真道教發展盛行的嚴重擠壓。所論或因護儒心切而不免誇大，但仍反應了該地文風確實已受全真道流行的影響。

如果細觀全真教徒的活動狀況，影響或亦明顯。首先，前兩代的全真教徒多是地方大族出身，如王嚞本是咸陽大族，第二代「全真七子」除孫不二為女子、王處一家世不明外，餘五人亦皆大族出身。〔註71〕馬鈺「舊為寧海著姓，祖宗皆以通儒顯宦，自弱冠之年，遊庠序，工詞章，不喜進取」；〔註72〕譚處端「大族也」，「十五有志於學，弱冠涉獵詩書，工諸草隸」；〔註73〕劉處玄父祖世居武官，曾捨良田八十餘頃與龍興寺；〔註74〕丘處機「世為顯族」、「家世務農，世稱善門」；〔註75〕郝大通「世居寧海，為州人之首戶。昆季皆從儒學」。〔註76〕

〔註70〕〔金〕李純甫，〈棲霞縣建廟學碑〉，文收《金文最》，卷81，頁1184～1185。

〔註71〕郭旃亦指出七子均是「漢地原有地主階級的代表人物」，參見氏著，〈全真道的興起及其與金王朝的統治關係〉，頁102，文收《世界宗教研究》1983年3月（1983年8月）：99～107。但郭文並未舉證判別王處一家世的史源，如就墓碑資料所見，王氏家世不明，見〔元〕姚燧，〈玉陽體玄廣度真人王宗師道行碑〉，文收《甘水仙源錄》，卷2，頁435～438。

〔註72〕〔金〕趙抗〈重陽教化集序〉，文收《金文最》，卷39，頁568～539。另外，在范懌、國師尹、劉孝友、梁棟、劉愚之等人之《重陽教化集》序文，多指出馬鈺的家世與早年讀書成就，諸序見《金文最》，卷38。

〔註73〕〔元〕范懌，〈水雲集序〉，文收《金文最》，卷38，頁559～560；〔金〕完顏璹，〈長真子譚真人仙蹟碑〉，文收《甘水仙源錄》，卷1，頁428～430。

〔註74〕〔元〕秦志安，〈長生真人劉宗師道行碑〉，文收《甘水仙源錄》，卷2，頁430～432。

〔註75〕〔元〕李道謙，〈全真第五代宗師長春演道主教真人內傳〉，收於陳垣編纂，陳智超、曾慶瑛校補，《道家金石略》（北京：文物出版社，1988），頁634～637；〔元〕陶宗儀，《南村輟耕錄》（點校本，北京：中華書局，1959），卷10「丘真人」條，頁120～123。

〔註76〕〔金〕馮璧，〈太古集序〉，收於《金文最》，卷41，頁599～601。

除七子外，同爲王嚞山東門徒的劉通微亦是「鄉里右族」。〔註77〕另外，馬鈺、譚處端、郝大通的家世又與儒學關係密切，如無特殊機緣，或許三子均與一般漢士無異而將在科場宦途內終老一生。〔註78〕

至第三代，雖因人數眾多而無法全面統計，但資料中仍見收徒傾向近於第二代。如馬鈺所收之「玄門十解元」中，出於「大族」、「巨室」即有曹瑱、來靈玉、李大乘、雷大通、趙九淵、柳開悟與劉眞一等七人。〔註79〕一般而言，具備文學、儒術家風的地方大族，多是唐宋以來進士產出的主要家庭條件，而這類背景在第二、三代的全眞教徒中比比皆是。全眞道所收教徒的家世背景，似與一般金代進士高度重疊。

再者，自現存第一、二代全眞道士交遊詩篇中道士對交遊對象的敬稱所見，中有大量的「殿試」、「解元」、「秀才」、「書生」、「士大夫」等名號。「解元」以下四種名號，一直是傳統民間對士人的習稱，而「解元」又是金代鄉試與府試兩級地方試榜首的特定稱謂。〔註80〕至於「殿試」，似是一般民間對曾參加殿試但遭黜落的士人尊稱，儘管相關詩文資料並未提供精確定義，但能擁有此一稱謂者，當屬士人無疑。從這些贈詩的大量，除了可見全眞道士或因相似的出身背景而使之與士人的對話空間充足，也知當時道士與士人的交遊十分密切。〔註81〕這些詩文往來顯示了全眞教傳道地區的儒道關係甚爲融洽熱絡，這也增加該地士人接觸道教教義的機會。透過互動，全眞道發展興盛的山東與陝甘，士人與道士之間的身份轉換或許更較他方便。

〔註77〕〔元〕李道謙編，《終南山祖庭仙眞内傳》（四庫全書存目叢書），卷上〈劉通微傳〉，頁383。

〔註78〕如馬鈺，在補試郡庠時曾得一不祥之夢，術士孫子元解夢告知馬鈺壽命將不過四十九，這使之開始思考生死出入的問題，參見王立用〈全眞第二代抱一無爲眞人馬宗師道行碑〉，文收《甘水仙源錄》，卷1，頁423～428。馬鈺出家前活動，參見蜂屋邦夫，《金代道教的研究：王重陽與馬丹陽》（東京：汲古書院，1992），頁199～224。

〔註79〕諸人事蹟，詳見《終南山祖庭仙眞内傳》各人傳記。

〔註80〕在熙宗時期科舉回歸多級考試制度後以後，鄉試榜首均以「鄉元」、「解元」稱之。參見〔宋〕洪皓，《松漠紀聞》（翟立偉標注，吉林：吉林文史出版社，1995），頁37。不過由於明昌元年之後金朝廢除鄉試，筆者推測這一稱呼應該轉由之後作爲第一級地方試的府試榜首所承繼。

〔註81〕道士與士人的密切交往，郭旃已在〈全眞道的興起及其與金王朝的統治關係〉一文中提及（頁107），但未深論。王嚞與士人的交遊，參見梁淑芳，《王重陽詩歌中的義理世界》（臺北：文津出版社，2002），頁81～82的整理。

比較陝甘與山東地區，雖然兩地的自然經濟環境差別甚大，但登科表現的失利與全真教流行這兩種現象卻是相同。或許可以推論，由於兩地存在大量當爲參試主力的大家子弟轉投全真教的現象，因此宗教盛行的環境，似乎也壓制了該地士人參與科舉的企圖、執著、與人數規模。再者，元人虞集曾提到金代該地多有「豪傑奇偉之士，往往不肯嬰世故，蹈離亂，輒草衣木食，或佯狂獨往，各立名號，以自放于山澤之間」的現象，也見宗教氣息濃厚，或使陝甘、山東等地素質較高的士人在失意於赴舉仕宦之餘，能較其他地區更易放開俗世功名而選擇入道。〔註 82〕於是山東地區雖有利於士人教養的豐厚物質條件，卻可能在不利於儒學發展的文化氛圍中，產生了及第表現遠遜河北、山西等地的現象。

六、結　論

整體而言，金朝統治下的六大區域中，漢族士人的政治參與規模與程度的分布落差極大。扣除掉非爲漢人主要居住區的滿蒙地區，可以明顯分出兩處區域，一是參與熱絡的河北、山西地區，一是參與有限的山東、河南、陝甘地區。在進士與宰執等兩種統計數字中，山東、河南、甘陝地區三地合計後的人數，甚至均還遠不及河北、山西等兩大「發達」區域任一地區的數量，而兩大發達區域的產出比重合計約達全國總數的七成。

這種地域差距，源自不同的自然與人文條件。同時在金代，除陝甘外，其餘四大區域的興衰均與北宋情形翻轉，河北、山西乃由沒落或普通轉爲興盛，河南、山東地區則反之。這種轉變與金朝統治有關。一方面是首都的確立於中都，今日北京周遭及河北地區快速成爲北方的政治中心，該地文化水準遂得地緣關係的推進而快速提升。另一方面，由於統治疆域的型態，國家發展軸線由過去的北南縱線轉成東西橫線，北方最重要的陸路交通線由北宋之溝通南北轉成金代之溝通東西，河北、山西亦由邊陲轉成核心，也成爲國家文化中心；而北宋原爲國家腹裏的河南、山東地區卻轉爲邊陲，快速衰退爲與陝甘並列的文化邊陲地區。

但是相較於河南、陝甘在政治地緣、經濟環境等各式條件的全面衰退，金代山東的經濟條件卻仍有可觀之處，其文教建設也未落後於河北、山西地

〔註 82〕〔元〕虞集，〈真大道教第八代崇玄廣化真人岳公之碑〉，《道園學古錄》（《四部叢刊》，臺北：台灣商務印書館，1979），卷 50，頁 423。

區甚多。對於整體環境衰退不如河南、陝甘劇烈，但是進士產出規模卻僅堪與之並列，這種山東現象，本文簡單提出一種可以注意的方向，即是該地發達的宗教環境，似使部分原為參試主力的士人較易放棄舉業。也許可以推論，一旦部分具備及第潛力的士人棄舉入道，次第補上者便未必能與他地較高素質的士人競爭，此使山東進士產出數量呈現衰退。不過這種看法，其中因果仍須更多細密研究證明。

附圖：金代分路疆域圖

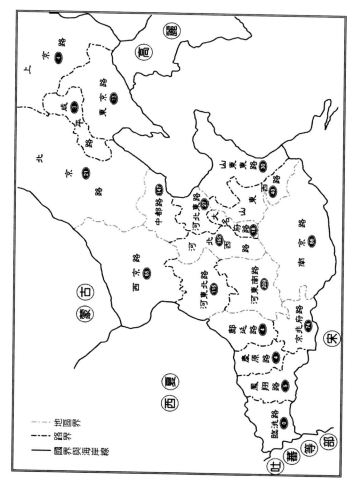

說明：

一、本圖乃筆者據譚其驤《中國歷史地圖集》第六冊「宋・遼・金時期」（北京：地圖出版社，1982年）金朝部分改繪。

二、各路中之數字，代表該路目前已收之進士數量。

七、引用書目

（一）傳統文獻

1. 〔宋〕李心傳，《建炎以來繫年要錄》，北京：中華書局，1988，標點本。

2. 〔宋〕洪皓，翟立偉標注，《松漠紀聞》，吉林：吉林文史出版社，1995。

3. 〔宋〕徐夢莘，《三朝北盟會編》，上海：上海古籍出版社，1987，據許涵度刻本影印。

4. 〔宋〕張師顏，《南遷錄》，《中國野史集成》第 10 冊，成都：巴蜀書社，1993，據學海類編本影印。

5. 〔金〕元好問，常振國點校，《續夷堅志》，北京：中華書局，1986。

6. 〔金〕元好問著，姚奠中主編，《元好問全集》，太原：山西人民出版社，1990。

7. 〔金〕趙秉文，《閑閑老人滏水文集》，集收吳重熹輯，《九金人集》，臺北：成文出版社，1967，據石蓮盦彙刻本影印。

8. 〔金〕元好問編著，《中州集》，臺北：臺灣商務印書館，1973，據汲古閣本影印。

9. 〔金〕李俊民，《莊靖集》，集收吳重熹輯，《九金人集》，臺北：成文出版社，1967，據石蓮盦彙刻本影印。

10. 〔金〕劉祁，崔文印點校，《歸潛志》，北京：中華書局，1997。

11. 〔元〕王惲，《秋澗先生大全文集》，《四部叢刊》初編集部第 74 冊，臺北：台灣商務印書館，1975，據江南圖書館藏明弘治刊本影印。

12. 〔元〕李庭，《寓庵集》，《續修四庫叢書》第 1322 冊，上海：上海古籍出版社，1995，據清宣統二年藕香零拾本影印。

13. 〔元〕李道謙，《甘水仙源錄》，《四庫全書存目叢書》第 259 冊，台南：莊嚴文化事業有限公司，1996，據上海圖書館藏清抄本影印。

14. 〔元〕李道謙編，《終南山祖庭仙真內傳》，《四庫全書存目叢書》第 259 冊，台南：莊嚴文化事業有限公司，1996，據北京圖書館藏清抄本影印。

15. 〔元〕脫脫，《宋史》，北京：中華書局，1985，點校本。

16. 〔元〕脫脫，《金史》，北京：中華書局，1975，點校本。

17. 〔元〕陶宗儀，《南村輟耕錄》，北京：中華書局，1959，點校本。

18. 〔元〕虞集，《道園學古錄》，《四部叢刊》初編集部第 78 冊，臺北：台灣商務印書館，1975，據武英殿聚珍本影印。

19. 〔清〕張金吾輯，《金文最》，北京：中華書局，1990 年，點校本。

20. 〔清〕錢大昕，《錢大昕讀書筆記廿九種》，《中國學術類編》，臺北：鼎文書局，1979。

21. 唐圭璋編，《全金元詞》，北京：中華書局，1992。

22. 陳垣編纂，陳智超、曾慶瑛校補，《道家金石略》，北京：文物出版社，1988。

23. 閻鳳梧主編，《全遼金文》，太原：山西古籍出版社，2002。

24. 薛瑞兆、郭明志編纂，《全金詩》，天津：南開大學出版社，1995。

（二）近人論著

1. 王明蓀，1981，〈地靈人傑：歷代學風的地理分布〉，收錄於林慶彰主編《中國文化史新論，學術篇：浩瀚的學海》，臺北：聯經出版事業，頁 413～462。

2. 〔日〕外山軍治著，李東源譯，1988，《金朝史研究》，牡丹江市：黑龍江朝鮮民族出版社。

3. 任萬平，1991，〈論金代文化區域結構〉，《遼金史論集》第 5 輯，北京：文津出版社，頁 237～254。

4. 牟鍾鑒等，2005，《全眞七子與齊魯文化》，濟南：齊魯書社。

5. 何佑森，1944，〈兩宋學風的地理分布〉，《新亞學報》1：331～379。

6. 吳松弟，1993，《北方移民與南宋社會變遷》，臺北：文津出版社。

7. 吳松弟，2000，《中國人口史》第三卷「遼宋金元時期」，上海：復旦大學出版社。

8. 李晉林，2001，〈金元時期平水刻板印刷考述〉，《文獻季刊》2001.2：64～75；2001.3：128～146。

9. 李裕民，1999，〈兩宋宰相群體研究〉，收錄於漆俠、王天順主編《宋史研究論文集》，銀川：寧夏人民出版社，頁 31～45。

10. 胡傳志，1994，〈《中州集》的編纂過程和編纂體例〉，《山西大學學報（哲學社會科學版）》，1994.2：50～54。

11. 梁淑芳，2002，《王重陽詩歌中的義理世界》，臺北：文津出版社。

12. 郭旃，1983，〈全眞道的興起及其與金王朝的統治關係〉，《世界宗教研究》1983.3：99～107。

13. 都興智，1992，〈金代的科舉制度〉，收錄於張博泉等著《金史論稿》第二卷，長春：吉林大學出版社，頁 384～430。

14. 陳俊民，1983，〈略論全眞道的思想源流〉，《世界宗教研究》1983.3：82～98。

15. 陳昭揚，2004，〈金代漢族士人的入仕之途──以《中州集》爲主的考察〉，《遼夏金元史教研通訊》2004.1：55～92。

16. 陳昭揚，2007，《征服王朝下的士人──金代漢族士人的政治、社會、文化論析》（新竹：國立清華大學博士論文）。

17. 陳述，1992，《金史拾遺五種》，收錄於《新校本金史並附編七種》，臺北：鼎文書局，附編一。

18. 陳寅恪，1933，〈天師道與濱海地域之關係〉，《中央研究院歷史語言研究所集刊》3.4：439～466。

19. 陳植鍔，1992，《北宋文化史述論》，北京：中國社會科學出版社。

20. 陳義彥，1977，《北宋統治階層社會流動之研究》，臺北：嘉新水泥公司文化基金會。

21. 陶晉生，1971，〈金代的政治衝突〉，《中研院史語所集刊》，43.1：135～161。

22. 程民生，1992，《宋代地域經濟》，開封：河南大學出版社。

23. 程民生，1997，《宋代地域文化》，開封：河南大學出版社。

24. 程遂營，2002，《唐宋開封生態環境研究》，北京：中國社會科學出版社。

25. 楊遠，1982，〈北宋宰輔人物的地理分布〉，《中國文化研究所學報》13：147～211。

26. 董光濤，2000，〈金代黃河氾濫及治理〉，文收宋旭軒教授八十榮壽論文集編輯委員會編《宋旭軒教授八十榮壽論文集》，臺北：宋旭軒論文集編委會，頁585～606。

27. 〔日〕蜂屋邦夫，1992，《金代道教の研究：王重陽と馬丹陽》，東京：汲古書院。

28. 漆俠、喬幼梅，1994，《遼夏金經濟史》，河北：河北大學出版社。

29. 〔日〕窪德忠，1967，《中國の宗教改革：全眞教の成立》，京都：法藏館。

30. 〔日〕窪德忠撰，蕭坤華譯，1987，《道教史》，上海：上海譯文出版社。

31. 〔日〕藤島建樹，1987，〈全眞教の展開：モンゴル政權下の河東の場合〉，收錄於秋月觀暎編《道教と宗教文化》，東京：平河出版社，頁425～438。

32. 劉浦江，1999，《遼金史論》，瀋陽：遼寧大學出版社。

33. 鄭素春，1987，《全眞教與大蒙古國帝室》，臺北：臺灣學生書局。

34. 蕭啓慶，2001，〈元朝南人進士分布與近世區域人才升沉〉，文收蕭啓慶主編《蒙元的歷史與文化》，臺北：臺灣學生書局，頁571～615。

35. 韓昭慶，1999，《黃淮關係及其演變過程研究：黃河長期奪淮期間淮北平原湖泊、水系的變遷和背景》，上海：復旦大學出版社。

36. 韓茂莉，1999，《遼金農業地理》，北京：社會科學文獻出版社。

37. 韓茂莉，2000，〈金代主要農作物地理分布與種植制度〉，《國學研究》7：147～170。

38. 譚其驤，1982，《中國歷史地圖集》第六冊「宋·遼·金時期」，北京：地圖出版社。

39. 顧宏義，2003，《教育政策與宋代兩浙教育》，武漢：湖北教育出版社。

40. Kracke, Edward. A.. 1967. "Region, Family and Individual in the Chinese Examination System". In John K. Fairbank ed., *Chinese Thought and Institutions.* Chicago: University of Chicago Press, pp. 251～268.

41. Tao, Jing-shen（陶晉生）. 1982. "Public Schools in the Chin Dynasty". In Hoyt C. Tillman（田浩）& Stephen H. West, ed *China under Jurchen Rule.* New York: State University of New York Press, pp. 50～67.